O leitor de Nietzsche

Oswaldo Giacoia Junior
organizador

O leitor de Nietzsche

1ª edição

CIVILIZAÇÃO BRASILEIRA

Rio de Janeiro
2022

Copyright da organização © Oswaldo Giacoia Junior, 2022

Todos os direitos reservados. É proibido reproduzir, armazenar ou transmitir partes deste livro, através de quaisquer meios, sem prévia autorização por escrito.

Texto revisado segundo o novo Acordo Ortográfico da Língua Portuguesa.

Direitos desta edição adquiridos pela
EDITORA CIVILIZAÇÃO BRASILEIRA
Um selo da
EDITORA JOSÉ OLYMPIO LTDA.
Rua Argentina, 171 — Rio de Janeiro, RJ — 20921-380 — Tel.: (21) 2585-2000.

Seja um leitor preferencial Record.
Cadastre-se no site www.record.com.br
e receba informações sobre nossos lançamentos e nossas promoções.

Atendimento e venda direta ao leitor:
sac@record.com.br

CIP-BRASIL. CATALOGAÇÃO NA PUBLICAÇÃO
SINDICATO NACIONAL DOS EDITORES DE LIVROS, RJ

L557   O leitor de Nietzsche / organização de Oswaldo Giacoia Junior. – 1ª ed. – Rio de Janeiro: Civilização Brasileira, 2022.
ISBN 978-85-200-1156-0
1. Nietzsche, Friedrich Wilhelm, 1844-1900. 2. Filosofia alemã. I. Giacoia Junior, Oswaldo.

21-71640

CDD: 193
CDU: 1(430)

Meri Gleice Rodrigues de Souza – Bibliotecária – CRB-7/6439

Impresso no Brasil
2022

Sumário

INTRODUÇÃO 7
CRONOLOGIA 95
BIBLIOGRAFIA 97

1. O NASCIMENTO DA TRAGÉDIA 113
2. CONSIDERAÇÕES EXTEMPORÂNEAS: I. DAVID STRAUSS, O DEVOTO E O CONFESSOR 129
3. CONSIDERAÇÕES EXTEMPORÂNEAS: II. VANTAGENS E DESVANTAGENS DA HISTÓRIA PARA A VIDA 137
4. CONSIDERAÇÕES EXTEMPORÂNEAS: III. SCHOPENHAUER COMO EDUCADOR 149
5. CONSIDERAÇÕES EXTEMPORÂNEAS: IV. RICHARD WAGNER EM BAYREUTH 157
6. HUMANO, DEMASIADO HUMANO, LIVRO I 163
7. HUMANO, DEMASIADO HUMANO, LIVRO II 175
8. O ANDARILHO E SUA SOMBRA 181
9. AURORA 193
10. A GAIA CIÊNCIA 203
11. ASSIM FALOU ZARATUSTRA 215
12. PARA ALÉM DE BEM E MAL 233
13. PARA A GENEALOGIA DA MORAL 251
14. O CASO WAGNER 263
15. CREPÚSCULO DOS ÍDOLOS 271
16. O ANTICRISTO 279
17. ECCE HOMO 287
18. FRAGMENTOS PÓSTUMOS SELECIONADOS 293

NOTAS 333

Introdução

Oswaldo Giacoia Jr.

Friedrich Nietzsche nasceu na Alemanha em 1844, na casa paroquial de Röcken, pequena comunidade próxima da cidade de Naumburg, nas redondezas de Leipzig. Seu pai era o pastor daquela comunidade, sendo Nietzsche neto de clérigos luteranos tanto pelo lado da ascendência paterna quanto pelo da materna. Aquele que mais tarde se notabilizaria como o mais implacável adversário da religião e da moral cristãs tinha, na infância, a apelido de "o pequeno pastor" — em concordância plena com uma educação doméstica que o preparara para a continuação do sacerdócio, autêntica vocação familiar.

Nietzsche foi aluno do austero internato de Schulpforta, célebre na Alemanha pelo esmero e pelo rigor da formação humanista clássica, escola pela qual também passaram os irmãos Schlegel e os poetas Novalis e Hölderlin, entre outros escritores. O acesso a Schulpforta foi possibilitado a Nietzsche graças a antigas ligações de seu pai, na qualidade de preceptor em casa de poderosas famílias da aristocracia prussiana. Tendo concluído os estudos nessa instituição, Nietzsche escolheu as carreiras universitárias de Teologia e Filosofia, de início em Bonn, tendo depois se transferido para Leipzig, onde se formaria em Filologia Clássica, depois de ter abandonado a carreira teológica (o que não ocorreu sem trauma familiar).

Em 1869, antes de ter completado 25 anos, assume, por indicação de seu orientador e mentor, o filólogo Ritschl, a cátedra de Filologia na universidade da cidade suíça da Basileia. Ao contrário do que pode parecer, Nietzsche não teve qualquer formação especializada em Filosofia nem jamais regeu uma cátedra dessa disciplina. Em sua época, Filologia

Clássica era uma especialização científica que compreendia arqueologia, crítica histórica, história da filosofia e da literatura e da arte antigas, além do estudo sistemático das línguas clássicas. Em Basileia, Nietzsche inicia uma carreira acadêmica acidentada, que abandonará definitivamente cerca de dez anos depois, com o amargo sabor da decepção e da frustração, para viver daí em diante como nômade, vagando pelos Alpes suíços, pelo norte da Itália e o sul da França, para fugir dos rigores do clima, sob os quais padecia sua frágil saúde. Nietzsche não conheceu sucesso em sua vida pessoal, afetiva ou profissional, nem como docente nem como escritor. Não viveu grandes e tormentosos amores (a despeito de seu fracassado envolvimento afetivo-intelectual com Lou Andreas Salomé), não se casou, não deixou filhos. Teve uma existência errante, abrigado em pensões e alojamentos modestos, sustentado pela pequena pensão que lhe foi concedida, em reconhecimento de seus serviços, pela Universidade de Basileia. Ainda assim, Nietzsche sempre conservou suas maneiras refinadas, o gosto e os hábitos aristocráticos, nele implantados como uma espécie de segunda natureza, por sua sofisticada e austera formação. Durante toda a vida foi implacavelmente atormentado por uma penosa enfermidade crônica, sofrendo dores atrozes, que não contribuíram pouco para gestar alguns dos *insights* mais originais e esfuziantes de sua filosofia, mas que também terminaram por levá-lo à loucura, na passagem de 1888 para 1889.

A segunda metade do século XIX foi pródiga em grandes eventos e transformações de monta em praticamente todos os setores da sociedade alemã, tanto no que concerne a seu aspecto material como também à cultura do espírito nas ciências e nas artes. Desde a juventude, Nietzsche acompanhou muito atentamente essas transformações, interessando-se por praticamente todos os setores da cultura, sobre os quais, mais tarde, sua obra passaria a exercer poderosa influência, da economia às artes (particularmente música e literatura), passando pelas esferas da educação, da política, da religião, da moral e da ciência. Privou da amizade de luminares da cultura, como, por exemplo, o historiador Jacob Burckhardt e o músico Richard Wagner.

INTRODUÇÃO

Sua obra inicial é marcada por um interesse pronunciado pela estética, assim como pela intervenção crítica no debate cultural e político alemão. Testemunham-no seu livro de estreia, *O nascimento da tragédia* (1872), e a série das *Considerações extemporâneas* (1873-1876). Nesses escritos, percebe-se ainda forte influência sobre Nietzsche dos românticos alemães, assim como de Schopenhauer e Wagner.

A partir de *Humano, demasiado humano* (obra em dois volumes, publicada entre 1878 e 1880, e que, em certo sentido, constitui uma espécie de emancipação intelectual de seu autor), Nietzsche rompe com Wagner e Schopenhauer e dá início àquela que considerava a tarefa de sua vida: a investigação histórica sobre a proveniência dos supremos valores morais de nossa cultura. Inicia-se, dessa maneira, uma trajetória reflexiva marcada por uma inclinação pronunciada na direção dos métodos científicos, notadamente da ciência histórica e do modelo mecânico das ciências da natureza. Alguns comentadores consideram-no um período positivista de Nietzsche, sua fase mais marcadamente próxima dos ideais libertários e cientificistas do Esclarecimento.

A dedicatória de *Humano, demasiado humano* é uma homenagem à memória de Voltaire, e a epígrafe de sua primeira edição reproduz uma passagem de Descartes. Esse fascínio pelo método científico é dominante também no livro *Aurora* (1881), mas começa a perder força a partir de *A gaia ciência* (1883), no qual Nietzsche empreende um distanciamento em relação a suas posições anteriores. Sem abjurar as ciências, Nietzsche se volta para a denúncia dos pressupostos inconfessados, dos compromissos ideológicos não refletidos do cientificismo de seu tempo, que não raro descamba em dogmatismo.

Seu ideal de conhecimento passa a ser o de uma ciência jovial, um saber alegre, capaz de voltar-se criticamente contra si, dissolvendo todo resquício de dogmatismo ínsito em suas próprias pressuposições, num programa que culmina em *Para a genealogia da moral* e no projeto de transvaloração de todos os valores.

Lugar de destaque na biografia intelectual de Nietzsche cabe a *Assim falou Zaratustra* — obra monumental dividida em quatro livros, publicados entre 1883 e 1885, considerada por alguns como o *quinto Evangelho*, e que se notabilizou como a mais radical e intransigente crítica do platonismo e do Cristianismo, na qual Nietzsche combina diversos estilos literários, inclusive a poesia e a narrativa dramática.

Embora a vida intelectualmente lúcida de Nietzsche tenha sido relativamente curta, pois no início de 1889 o filósofo é acometido, em Turim, por uma síncope mental que o priva da razão por ulteriores onze anos de enfermidade, sua produção filosófica é considerável. Depois de *Assim falou Zaratustra*, Nietzsche publica *Para além de bem e mal* (1886), *Para a genealogia da moral* (1887), e em 1888 escreve, em ritmo de vertigem, uma sequência de obras-primas: *Crepúsculo dos ídolos, O caso Wagner, Nietzsche contra Wagner, Ditirambos de Dionísio, Ecce homo* e *O anticristo*.

Um dos aspectos mais marcantes da obra de Nietzsche consiste em sua crítica devastadora dos ideais e valores cultuados pela modernidade cultural. Pode-se considerar que o alvo privilegiado de sua filosofia disruptiva são as "ideias modernas" e sua influência no campo da ciência, das artes, da moral e da política. Ao denunciar a cumplicidade entre os valores supremos de nossa civilização e uma tirânica vontade coletiva de poder e dominação, cujo propósito oculto é levar a cabo um rebaixamento de valor do homem, sua padronização, uniformização, mediocrização como animal de rebanho — desprovido de toda grandeza e autêntica personalidade, rendido ao barateamento de um ideal de felicidade sinônimo de conforto, bem-estar, segurança, ausência de sofrimento, hedonismo —, a vertente positiva da filosofia de Nietzsche propugna por uma transvaloração de todos os valores vigentes, pela instituição de novas tábuas de valor, que consagrem ideais antitéticos aos da modernidade política, subvertendo os valores esgotados e carcomidos do homem moderno, cada vez mais levado a reboque de uma crise de legitimidade em todas as esferas da cultura.

A influência de Nietzsche sobre sua posteridade cultural mal pode ser exagerada. Ele talvez seja o mais polêmico e provocativo dos filósofos contemporâneos. Sua obra foi considerada tanto como uma justificação filosófica antecipada do nazifascismo (na análise de George Lukács, por exemplo), como um libelo emancipatório anarquista. Se é verdade que

INTRODUÇÃO

foi cultuado por Benito Mussolini, também o é que serviu de fonte de inspiração para os modernistas brasileiros da semana de 1922 e para os principais representantes pós-modernos do maio de 1968. Desse balanço pode-se extrair, como conclusão, que a filosofia de Nietzsche é um fino e delicado sismógrafo que capta e registra com antecipação convulsões e movimentos que se preparavam nos estratos mais subterrâneos da sociedade moderna, aflorados depois como desafios, impasses e dilemas com que ainda hoje nos defrontamos. Se é impossível entender o século XX sem Nietzsche, a chama de seu pensamento continua acesa, a verve de sua crítica ainda impacta o século XXI.

Depois do colapso mental ocorrido em Turim nos primeiros dias de 1889, Nietzsche viveu sob tutela da mãe e da irmã até 1900, sem nenhuma produção intelectual, vindo a falecer sem conhecimento do imenso impacto que sua obra causaria. Pois, durante sua vida lúcida, com exceção de uma ou outra efêmera repercussão positiva, a recepção de sua obra por parte da crítica e do público repete o fracasso de sua experiência docente. No entanto, a potência vulcânica de seu conjunto de escritos mantém viva a presença espiritual do autor. Como Nietzsche profeticamente considerava, o significado de sua mensagem estava destinado à decifração apenas dois séculos depois de sua morte. Com efeito, para Nietzsche, como para o nosso Machado de Assis, alguns pensadores nascem póstumos: a força de seu legado é privilégio dos pósteros.

A RECUSA DO SISTEMA

É praticamente um lugar-comum, na recepção da obra de Nietzsche, considerá-lo um pensador não sistemático, cuja produção intelectual não se sintetiza em uma unidade, um conjunto de questões, teses, problemas e soluções compondo um todo feito de partes que se ligariam organicamente entre si, de acordo com vínculos estruturais estáveis. Se tomarmos como membros de uma comparação pensadores como Aristóteles, Tomás de Aquino, Descartes, Spinoza, Comte, Kant ou Hegel, com suas respectivas concepções de filosofia, o contraste destacaria ainda mais o caráter assistemático do pensar nietzschiano. E se elegêssemos esse mesmo caráter como atributo distintivo da filosofia, então nossa conclusão teria forçosamente que negar a Nietzsche a condição de filósofo — como, aliás, o fazem muitos comentadores que, ainda hoje, consideram-no mais um literato, um esteta, do que um autêntico filósofo.

E, no entanto, nosso julgamento não seria correto, pois a estatura espiritual de Nietzsche, a profundidade e a lucidez com que tratou as questões que ocuparam seu pensamento o situam, de pleno direito, na seleta galeria dos filósofos mais importantes de nosso tempo. Se sua filosofia não exibe o clássico perfil de uma *mathesis*, nem institui uma partilha sistematicamente fundada entre os diversos domínios do saber humano, nos âmbitos teórico e prático, com pretensão de figurar como uma ordem dotada de validez universal, nem por isso a constelação de temas e problemas que formam o mosaico de sua filosofia deixa de se organizar num sistema de remissão mútua e sistemática.

É por isso que — sem elidir o inequívoco caráter fragmentário de seus escritos, sem denegar sua aberta e radical aversão à sistematicidade como uma espécie de inconfessada vontade de simplificação, ou então uma dissimulada versão de desonestidade intelectual — podemos reconstituir a trama das relações que organizam seu pensamento, as séries de remissões que interconectam num circuito complexo o conjunto de seus questionamentos e problematizações. Dessa maneira, torna-se legítimo escolher um tema, ou um conjunto de questões, como o eixo de articulação do pensar nietzschiano, para resgatar a autenticidade de um perfil próprio de todo autêntico filósofo. Assim o fez Heidegger, por exemplo, quando elegeu os conceitos de vontade de poder, eterno retorno do mesmo, niilismo, perspectivismo e verdade como as cinco palavras cardinais daquele que considerava o pensador do acabamento da metafísica. De modo análogo procede também o arquiantípoda de Heidegger, Walter Kaufmann, que reordena o pensamento de Nietzsche ao fio condutor dos temas filosofia, psicologia, anticristianismo.

Nesse nosso trabalho, trilharemos uma pista que, ainda que percorrida por quase todos os grandes comentadores da obra de Nietzsche, só poucas vezes foi eleita como um fio de Ariadne a nos guiar pelo emaranhado

INTRODUÇÃO

labirinto formado pelo inteiro conjunto de seu pensamento. É certo que Nietzsche foi considerado, desde as primeiras recepções de seu pensamento, um pensador trágico. E assim continua a ser classificado, até o presente, como um capítulo maior na história ocidental da tragédia, ao lado de Schiller, Goethe, Racine, Corneille, Hölderlin e Hegel. No entanto, essa classificação tem em vista muito mais a problematização explícita, por ele feita, da tragédia grega — especialmente as teses ousadas, provocativas, originais e fecundas de *O nascimento da tragédia* — do que a intenção de abarcar, sob a forma de um núcleo organizador, o conjunto de sua filosofia, como é reconhecidamente o caso de temas como a crítica da moral, da religião ou da cultura.

Aqui faremos um experimento que consiste em seguir o fio da tragédia, na tentativa de reconstituir a meada e recompor a trama conceitual e teórica da filosofia de Nietzsche. Nosso percurso mostrará se a escolha pretendida se atesta como suficientemente fecunda, coesa e consistente para justificar o empreendimento, trazendo novamente à tona o elemento trágico, em suas diversas configurações e seus matizes. Este, muitas vezes de maneira subliminar, atua como o traço aglutinador em todas as etapas em que os comentadores costumam escandir o legado espiritual de Nietzsche. É certo que o conceito de trágico não pode ser considerado invariante, pois sua significação sofre alterações ao longo da trajetória filosófica de Nietzsche, que registra diferenças de acento entre os elementos nele subsumidos, e até mesmo consideráveis mudanças de sentido geral. E, no entanto, um traço "formal" permanece reconhecível em todas essas alterações, traço esse que pode ser descrito como uma postura, um gesto, uma atitude filosófica de porte fundamental.

Ainda que cientes da precariedade da designação, optamos por denominar essa postura de *consideração trágica do mundo*, entendendo-se o primeiro termo na acepção nietzschiana de *Betrachtung* (consideração), tal como esta se evidencia no título da série de escritos de intervenção no debate político-cultural alemão dos anos 1873-1876, enfeixados nas quatro *Considerações extemporâneas — Betrachtung*, conotando, sobretudo, um certo modo (*proprium et ipsissimum*, como diz Nietzsche), perfazendo a unidade de um *estilo* pessoal, eminentemente crítico, de compreender e empreender problematizações em filosofia.

A METAFÍSICA DE ARTISTA DO JOVEM NIETZSCHE

No período inicial da produção filosófica de Nietzsche (também conhecido como o do jovem Nietzsche), de que *O nascimento da tragédia* costuma ser unanimemente reconhecido como representante principal, o conceito do trágico é pensado num registro predominantemente artístico (ou estético). Seu campo de inserção é o da filologia clássica, que conserva traços inequívocos da influência de autores românticos (especialmente Winckelmann, Schiller, Goethe, Hölderlin, Novalis, os irmãos Schlegel), assim como de Arthur Schopenhauer e Richard Wagner. A tragédia é pensada por Nietzsche em estreita associação com os conceitos de vontade metafísica e consideração pessimista do universo (Schopenhauer), e obra de arte total (Wagner). Os poetas trágicos são tomados como chaves de interpretação da essência do mundo helênico — e também helenístico.

A encenação trágica do mito, feita sob inspiração da música, da canção popular, da poesia lírica e ditirâmbica, guardaria estreita e subterrânea relação com o pensamento (poético) cosmológico pré-socrático de ícones como Parmênides, Heráclito ou Empédocles, que encontrariam ressonância em trágicos como Ésquilo ou Sófocles. Em indisfarçável alusão à metafísica de Schopenhauer, os trágicos reuniriam os traços dos tipos geniais do filósofo, do artista e do santo, sendo suas obras o testemunho de uma interpretação artística do mito, com significado, ao mesmo tempo, especulativo, religioso, ético e político.

Nesse sentido, a proverbial serenidade ou serenojovialidade[1] constituiria o traço essencial da vontade helênica (ou da alma grega), no qual ganharia expressão o elemento dominante do estilo característico da cultura grega autêntica, em seu período de apogeu, antes da decadência helenística e sua posterior subordinação e reinterpretação pelo Cristianismo. A tragédia ática é considerada por Nietzsche como o ponto de culminância do desenvolvimento da arte grega, píncaro de maturação e

---

[1] Serenojovialidade é o neologismo cunhado por Jacó Guinsburg na tradução brasileira de *O nascimento da tragédia* (São Paulo: Companhia das Letras, 1992), para verter em nosso vernáculo os matizes de significação da palavra *Heiterkeit*, mais frequentemente traduzida por jovialidade, que, no entanto, é insuficiente para resgatar a amplitude de significado do original alemão.

INTRODUÇÃO

aperfeiçoamento da cultura grega em que as esferas culturais mais elevadas se integram numa harmonia mantenedora de seus antagonismos constitutivos, em que as potências plásticas e figurativas de expressão artística se põem a serviço da força avassaladora da inspiração musical. A tragédia seria a conciliação dialética do antagonismo entre o talento figurativo apolíneo (o deus Apolo sendo o símbolo da medida, da proporção, da sobriedade, da ordem e, portanto, da visão, da aparência, das artes plásticas e figurativas) e a potência telúrica do dionisíaco (Dionísio como o deus da desmesura, do rompimento das fronteiras da individuação, como expressão simbólica da força ctônica da música, do elemento tonal). A tragédia seria o correspondente cultural do conflito natural entre os impulsos apolíneos e dionisíacos da natureza, que, obra de arte da tragédia, celebrariam sua reconciliação — num sucedâneo artístico do combate permanente entre os sexos, no momento reconciliador da procriação.

A "serenidade" grega, a célebre ingenuidade que dá aos gregos a incomparável aparência de eternas crianças, a magnífica simplicidade e a pureza de traços, a serenidade na grandeza, mesmo no enfrentamento das fúrias desencadeadas da natureza hostil, seria a contraface luminosa (apolínea) de sua sabedoria profunda (dionisíaca) haurida na contemplação da mais horrenda e crua verdade: a indissociabilidade entre a existência e o sofrimento, a finitude e a morte, a individuação e a dissolução de toda figura individual no todo indiferenciado das forças da natureza. Antes de qualquer outro significado, a sabedoria trágica é a expressão simbólica desse *insight* na essência da vida: quem mais fundo enxerga nas profundezas da vida, mais fundamente compreende a inevitabilidade do sofrimento — o sacrifício necessário de todas as formas mais elevadas de existência. Esse é o sentido do perecimento do herói trágico: ele simboliza tal caráter perdulário da existência do universo e, nele, da história da humanidade — tudo o que nasce, porque nasce, está também maduro para perecer.

Ineludíveis são os ecos da filosofia pré-socrática (aqui especialmente de Anaximandro e Heráclito) e de Schopenhauer nessa caracterização nietzschiana da verdade trágico-dionisíaca, essa postura filosófica corajosamente pessimista em face da totalidade do mundo e da natureza, sem subtração nem edulcoração moralista de nenhum de seus componentes. Na totalidade, não há bem nem mal, culpa, castigo ou recompensa — o justo e o injusto estão, no todo, igualmente justificados. Essa a visão trágico-pessimista da tragédia ática, em seu apogeu: a aparência, a figuração, o elemento apolíneo são o correspondente nietzschiano (sob marcada influência de Schopenhauer) do fenômeno ou aparência em Kant. Já o dionisíaco corresponde à metafísica coisa-em-si de Kant, na inflexão a ela dada pela filosofia de Schopenhauer. A música seria a origem dessa intuição fundamental que anima a compreensão dionisíaca do universo, ela seria o átrio que permite um acesso não figurativo, não representacional, não conceitual, mas expressivo, afetivo, imediato à essência metafísica do mundo como coisa-em-si.

EM TORNO DO NASCIMENTO DA TRAGÉDIA

Por isso, a tragédia é fundamentalmente elaboração poético-ditirâmbica do mito; ela nasce como celebração do espírito da música e, por causa disso, pode produzir dois efeitos culturais da mais alta relevância: em primeiro lugar, é sob o encanto inebriante da inspiração musical que se realiza a reconciliação do homem com a natureza e dos homens entre si. Embriaguez significa, nessa experiência, a dissolução de todas as fronteiras da individuação: a união do ser humano com a natureza, a reconciliação entre o leão e a ovelha, entre a áspide e a criança, numa terra de onde jorram leite e mel, pela qual a pantera arrasta o carro triunfal de Dionísio. É também a celebração da união dos homens entre si, uma vez removidos todos os limites artificialmente erigidos pela convenção arbitrária e pela civilização.

É também dessa cosmovisão trágica que brota o consolo metafísico necessitado pela eterna ferida da existência: aquela certeza inabalável, germinada da intuição e do sentimento de que, sob o fluxo e a alteração incessante da aparência, das formas da natureza e da história humana, a despeito da perene insubsistência de tudo o que vem-a-ser, dos ciclos eternos de nascimento e morte, criação e destruição, apesar da ilusória autossuficiência da razão humana e de sua capacidade para dirigir o agir (assim como o náufrago confia nas forças de sua frágil embarcação contra a potência irresistível do oceano), o consolo da verdade dionisíaca consiste no ensinamento de que, sob toda essa frenética luta e aspiração, *nada muda*, nada de fundamental se altera na essência metafísica do mundo — no plano da vontade pensada como coisa em si.

A tragédia é a consciência artisticamente impregnada dessa sabedoria intuitiva, não articulada em conceitos. Ela nasce do espírito dionisíaco da música, como reconciliação entre o fascínio apolíneo pela bela aparência, a confiança nos poderes da racionalidade, a exigência de ordem, prudência, contenção, autodomínio, medida, por um lado, e, por outro, a embriaguez extática, a volúpia na vertigem provocada pelo rompimento de toda ordem, de toda individuação, pela reconciliação (dionisíaca) com a totalidade do mundo, que Nietzsche denomina de Uno-Primordial. O amargor da tenebrosa sabedoria de Sileno, o aguilhão contra o qual recalcitra sem cessar a existência humana finalmente tem sua ponta retornada contra si mesmo, e a ilusão apolínea da beleza artística se espalha milagrosamente sobre os horrores da existência, incitando à celebração da vida, glorificando-a mesmo em seus aspectos mais terríveis e obscuros, mantendo aferradas obstinadamente à existência as eternas figuras sofredoras da Vontade. Transfiguração artística do sofrimento em beleza que incita e convida a viver, organização do caos, luz nas trevas — esse é o consolo metafísico proporcionado pela cultura grega no período da tragédia ática.

"Narra uma antiga lenda que durante muito tempo o rei Midas tentara caçar no bosque o sábio Sileno, acompanhante de Dionísio, sem contudo poder capturá-lo. Quando este, por fim, caiu em suas mãos, o rei lhe pergunta pelo que seria para o homem o melhor e o mais vantajoso. Rígido e imóvel, o demônio se cala, até que, forçado pelo rei, em meio a uma risada estridente, prorrompe nas seguintes palavras: 'Estirpe miserável de um dia, filhos do acaso e da fadiga! Por que me forças a dizer-te aquilo que, para ti, seria mais proveitoso não ouvir? Para ti, o melhor de tudo é totalmente inalcançável: não ter nascido, não *ser*, ser *nada*. E o melhor para ti, em segundo lugar, é — morrer logo.'"[2]

Essa é a aniquiladora visão de mundo da sabedoria popular, à qual o gênio grego contrapõe a luminosa beleza do mundo olímpico. Os gregos conheciam e vivenciavam, em seu íntimo, as vertigens e os terrores da existência. E, para que, à vista deles, ou seja, para poder viver e evitar um niilismo suicida, contrapunham a essa vivência sombria a radiante visão onírica dos olímpicos, aquele maravilhoso mundo artístico de belas formas, de deuses e heróis, do qual tinham a mais profunda necessidade para escapar do nojo e do fastio da existência. Pela magia dessa sedução, a vida se apresentava então no que tem de divino e desejável, de modo que a terrível suspeita contra as potências titânicas da natureza (de que testemunham as desapiedadas Moiras, que regem inexoravelmente o destino dos homens e dos deuses) ficava definitivamente conjurada.

Desse modo, o mundo homérico se contrapunha à sinistra sabedoria popular dionisíaca de maneira suficientemente poderosa para inverter seus efeitos. Sob a magia dos olímpicos, o pior, o mais deplorável é morrer; pior ainda, morrer cedo. De modo que o próprio Aquiles, o melhor dentre os gregos, se permite confessar ao Odisseu que considera preferível continuar vivo, ainda que como trabalhador pago por dia de serviço, do que sucumbir como herói. Essa é, no conjunto, a mensagem da tragédia: unidade, a harmonia entre o homem e a natureza, em todos os seus aspectos, sem negação e subtração de quaisquer que sejam. Essa postura integrativa, que recusa qualquer exclusão e juízo moral constitui o cerne do trágico, da visão artística do homem e da natureza. A obra de arte, assim como a vida, só se completa na totalidade. Delas não pode ser amputada, sem total desfiguração, o menor traço, o mais ínfimo contorno. Nenhuma melodia permanece a mesma com exclusão de uma única de suas notas. Nesse contexto, apolíneo

---

[2] Nietzsche, F. *Die Geburt der Tragödie* [O nascimento da tragédia], 3. In: *Sämtliche Werke. Kritische Studienausgabe* (KSA). G. Colli e M. Montinari (orgs.). Berlim/Nova York/Munique: Walter de Gruyter/DTV, 1980, vol. I, p. 35. Todas as citações de Friedrich Nietzsche no presente trabalho se referem a essa edição; os algarismos romanos indicarão as dissertações e/ou seções, e os arábicos, os parágrafos correspondentes. Salvo indicação em contrário, a tradução dos textos é de autoria do organizador.

e dionisíaco não se excluem, como negação absoluta um do outro; antes, eles se exigem e complementam, como acolhimento afirmativo da integralidade da vida.

Percebemos, portanto, que, para além de todo significado eventualmente técnico-artístico, ou estético, que acompanha toda a problematização filosófica que constitui o conjunto de O *nascimento da tragédia*, o elemento fundamental pode ser encontrado naquele elemento "formal" que antes neste texto foi caracterizado como a consideração trágica do mundo [*tragische Weltbetrachtung*], uma postura de afirmação plena e total de todo o vir-a-ser, da totalidade dos diferentes aspectos da existência, tanto de sua face positiva, alegre, solar, como de sua face negativa, sofredora, atormentada, sombria. Glorificação artística da vida em seu todo, *sem qualquer acréscimo ou subtração*.

Se essa postura filosófica tem um modelo, ele é o da criação artística, pois nela vige também uma ordem e uma necessidade férreas, que não são o correspondente de nenhum ordenamento lógico ou natural, de uma legalidade normativa decretada pela providência ou pela natureza. A obra de arte verdadeira não é meio, mas fim em si, fruição livre e gratuita de sua própria plenitude, para além de verdade e falsidade, bem e mal. Para Nietzsche, a verdade mais profunda da tragédia consiste na consciência de que a existência do universo não é passível de nenhuma justificação teórica, religiosa ou moral; de que somente como *fenômeno estético* o mundo e a vida humana podem ainda encontrar alguma justificação, sentido e razão de ser.

A existência do universo, e do homem nele, não pode ser justificada extrinsecamente — seja cosmológica, religiosa ou eticamente. Embora insuportável, esse conhecimento não pode ser obliterado ou denegado, como fazem os metafísicos. O mundo não tem qualquer razão de ser, sua existência não pode ser reconduzida a nenhuma das modalidades do princípio de razão suficiente, nossas vidas não conseguem se desprender do absurdo. De modo que sua única justificação só pode ser artística, como já o pressentira Heráclito de Éfeso, a quem Nietzsche segue passo a passo: para a criança de Heráclito, como para o artista nietzschiano, criação e destruição, nascimento e morte, alegria e sofrimento se condicionam mutuamente, de modo que não se pode querer um lado sem, ao mesmo tempo, querer e afirmar o outro.

Não se trata de uma "tese metafísica sobre o ente em sua totalidade", no sentido de uma ontologia substantiva. O que buscamos, nessa apresentação, não é inserir Nietzsche no elenco das grandes cosmologias, das doutrinas totalizantes sobre o ser, o vir-a-ser, o uno e o múltiplo, a essência e a aparência, o fenômeno e a coisa em si. Já para o jovem Nietzsche — em que pese toda inegável influência de Schopenhauer, Wagner e do romantismo —, o essencial consiste num *insight* absolutamente próprio: na afirmação de uma postura ou *Haltung* filosófica que abarca a vida na totalidade de seus aspectos constitutivos, sem pretensão de enquadrar seus fenômenos num juízo de valor moral, confinando-os nos limites de uma ordenação moral do universo [*moralische Weltordnung*]. Pelo contrário, tal postura exige antes a negação daquela pretensa significação ética da existência do mundo e da vida humana, pois todos os sistemas morais existentes — cujos testemunhos maiores são o Cristianismo e o Platonismo — retiram sua seiva de uma concepção pressuposta de ordenação (e de significação) ético-moral da existência.

A negação da tese metafísica de uma ordenação moral do mundo mantém uma ligação nem sempre muito destacada com uma concepção tão nuclear quanto ambiciosa da filosofia da cultura do jovem Nietzsche: um esquema interpretativo que concerne à natureza de toda cultura superior. De acordo com aquela noção, cultura superior seria, em essência, ilusão e disfarce providos pela vontade metafísica, para conservar na existência suas criaturas mais nobres — justamente aquelas que são capazes de sentir com profunda repugnância o absurdo da existência e que, portanto, sem o auxílio de estimulantes poderosos, não teriam como escapar do mais amargo e destrutivo pessimismo, negador da vida. Meios mais grosseiros e materiais, como os prazeres vulgares, ficam reservados para as criaturas menos refinadas.

Por seu turno, as criaturas de escol são os gênios da espécie, os artistas, os filósofos e os santos, em consonância com a tríade da genialidade schopenhaueriana. A cultura superior consiste num disfarce, numa dissimulação, que é também estimulante para continuar vivendo, graças à transfiguração espiritual do caos, do inarticulado sofrimento causado pela ferida da existência — pelo vácuo do fundamento, que é sentido como um peso insuportável, resultado da experiência de que a vida não tem sentido nem justificação teórica, religiosa ou ética. Por isso, só como fenômeno estético a aventura do homem no mundo pode encontrar uma justificativa e, com ela, uma razão — essa é a tarefa fundamental de toda autêntica cultura superior.

"É um fenômeno eterno: por uma ilusão estendida sobre as coisas, a ávida vontade sempre encontra um meio de conservar na vida suas criaturas, e forçá-las a continuar a viver. A esse prende-o o prazer socrático do conhecer e o delírio de poder curar, por meio dele, a eterna ferida da existência; àquele, enreda-o o véu de beleza da arte, pairando sedutoramente diante de seus olhos; àquele outro, de novo, o consolo metafísico de que debaixo do turbilhão das aparências, a vida eterna continua a fluir indestrutivelmente: para calar a das ilusões mais comuns e quase ainda mais vigorosas que a vontade mantém preparada em cada instante. Aqueles três graus de ilusão são, em geral, apenas para as naturezas mais nobremente equipadas, pelas quais o fardo e o peso da existência em geral são sentidos com mais profundo desprazer, e que têm de ser enganosamente liberadas desse desprazer por meio de seletos estimulantes. Tudo aquilo que denominamos cultura consiste desses estimulantes: de acordo com a proporção das misturas, temos uma cultura predominantemente socrática, ou artística ou trágica: ou, se quisermos nos permitir exemplificações históricas: existe uma cultura alexandrina, ou helênica ou budista."[3]

A essa concepção de cultura corresponde também uma interpretação da história cultural que, com alguma liberdade de expressão, poderíamos denominar de *pendular*. De acordo com ela, não existiriam tipos culturais puros, mas sempre compostos por misturas, fusões e reações, cujas características são fixadas e estabilizadas — ou seja, marcadas por períodos de duração relativa no curso do vir-a-ser histórico — pela *proporção dessas misturas*. De modo que, de acordo com a prevalência

---

[3] *Ibidem*, 18, p. 115s.

do *delírio* dominante (artístico, teórico ou trágico), dar-se-ia a caracterização tipológica de um certo tipo de cultura: seja ela helênica, tecida pelo véu de beleza da arte, dominada pelo impulso estético para a criação, para a transfiguração artística do horror, de que a tragédia constitui o exemplo maior, em que o papel principal é atribuído não à razão e à lógica, mas aos instintos reguladores inconscientes; a cultura teórica, ou científica — aquela socrática, na qual a prevalência é exercida pela racionalidade lógica, nutrida e sempre impelida avante, no entanto, por uma ilusão poderosa: a da onipotência da racionalidade técnico-científica, o otimismo ínsito na essência da lógica e da dialética, que se julga capaz de decifrar, como Édipo, todos os enigmas da existência, e não somente decifrá-los, mas também corrigi-los. Por fim, uma cultura *budista ou trágica*.

À primeira vista, causa espécie que Nietzsche identifique a cultura budista com a tragédia, e não vincule — ao menos nesse texto — o trágico ao artístico ou helênico. É que cultura trágica tem aqui um significado muito estrito: aquele gênero de configuração cultural dos extremos e das passagens, da *catástrofe*, no sentido grego do termo: uma cultura marcada pela consciência dos limites, especialmente dos limites da consciência e da razão. Assim como o budismo principia pela despotencialização do *ego*, pela dissipação das ilusões otimistas do dogmatismo e do realismo ingênuos, apontando para o véu de Maia, para a irrealidade constitutiva do mundo fenomênico, estruturado pela razão suficiente e pelo princípio de individuação, mostrando o caráter ilusório de toda realidade empírica, assim também, na modernidade, Kant e Schopenhauer podem ser vistos, ao mesmo tempo, como os gênios filosóficos que mais longe e penetrantemente se postaram diante do mundo para interpretá-lo e, cada vez com maior clareza, fixaram os domínios limitados do conhecimento racional, apontando, com sóbria e trágica lucidez, as suas fronteiras, e, sobretudo, sua impotência em relação ao que é essencial: o incondicionado.

Essa teoria da cultura, com sua correspondente concepção pendular da história, permite supor uma lógica e uma dinâmica que fazem alternar, de acordo com um plano, as prevalências dos tipos culturais na passagem do tempo: a cada vez, levada às suas extremas consequências, pela lógica de seus próprios valores, esgotam-se as virtualidades de uma cultura, de modo que esta é conduzida inexoravelmente em direção à própria catástrofe: é assim que a cultura helênica leva a termo o suicídio da tragédia ática, finalmente abatida pela escalada irreversível de um movimento de *Aufklärung*, de que as personagens de Sócrates e Eurípides são, ao mesmo tempo, arautos e protagonistas. É assim, por sua vez, que o próprio otimismo científico da cultura alexandrina é levado à exaustão de suas virtualidades pela consciência da insuficiência da racionalidade teórica em cumprir suas promessas de felicidade terrena universal. A cada vez, a reviravolta é anunciada pela trágica, ou budista, cosmovisão de Hamlet, aquela percepção e o sentimento do mundo haurido na consciência profunda e resignada do drama da finitude, da futilidade das ações e esforços humanos, pois seja o que for que pensemos, por grandiosos que sejam nossos feitos e façanhas, sejamos nós vilões ou heróis, no essencial nada se altera, pois "debaixo do turbilhão das aparências, a vida eterna continua a fluir indestrutivelmente".[4]

A exposição detalhada dessa tese ocupa boa parte de *O nascimento da tragédia*, sendo que os capítulos finais a particularizam, tendo em vista aspectos econômicos e políticos da sociedade europeia do final do século XIX. "E agora não devemos nos ocultar o que se esconde no seio dessa cultura socrática! Um otimismo que se imagina não ter barreiras! Agora não devemos nos assustar se os frutos desse otimismo amadurecem, se a sociedade, fermentada até em suas camadas mais baixas por semelhante cultura, estremece pouco a pouco sob fervores e desejos exuberantes, se a crença na felicidade terrestre de todos, se a crença na possibilidade de tal cultura universal do saber se converte pouco a pouco na ameaçadora exigência de semelhante felicidade terrestre alexandrina, na conjuração de um *deus ex machina* euripidiano! Note-se isso: a cultura alexandrina necessita de um estamento de escravos para poder ter uma existência duradoura: mas, em sua consi-

---

[4] Idem. *O nascimento da tragédia*, 18. Trad. de Jacó Guinsburg. 2ª ed. São Paulo: Companhia das Letras, 1992, p. 108.

deração otimista da existência, nega a necessidade de tal estamento e, por isso, quando se gastou o efeito de suas belas palavras sedutoras e tranquilizadoras acerca da 'dignidade do ser humano' e da 'dignidade do trabalho', encaminha-se pouco a pouco para uma aniquilação horripilante. Não há nada mais terrível do que um estamento bárbaro de escravos que tenha aprendido a considerar sua existência como uma injustiça, e que se disponha a tomar vingança não apenas para si, mas para todas as gerações. Frente a tais ameaçadoras tempestades, quem se atreverá a apelar com ânimo seguro a nossas pálidas e fatigadas religiões, que degeneraram em seus fundamentos até converter-se em religiões doutas: de tal modo que o mito, pressuposto necessário de toda religião, já está em toda parte tolhido, e até nesse campo conseguiu impor-se aquele espírito otimista de que acabamos de dizer que é o germe de aniquilamento de nossa sociedade."[5]

Justamente esse aspecto é explorado no texto inédito *O Estado grego*, também no fragmento, igualmente inédito, numerado como 10 (1) pela edição histórico-crítica dos escritos de Nietzsche por Colli e Montinari. Nesses textos, Nietzsche tem em vista a contradição que se instala no interior da moderna sociedade europeia, com sua cultura científica, de procedência socrático-alexandrina, quando se trata de confrontar seus valores e ideais humanísticos e igualitários com os efetivos pressupostos de que carece para sua manutenção. Para Nietzsche, a moderna cultura científica, como de resto toda cultura, necessita enfrentar a terrível luta pela existência e, para tanto, não pode prescindir de um estamento destinado ao trabalho, como meio permanente de reprodução vida material e satisfação das necessidades básicas de sobrevivência. Na antiguidade — e, no caso que aqui importa, da sociedade grega antiga — o cidadão ficava liberado da luta pela sobrevivência individual porque essa função era suprida pelo estamento servil da sociedade, os escravos principalmente reduzidos a essa condição por meio da guerra.

---

[5] Idem. *Die Geburt der Tragödie* [O nascimento da tragédia], 18, *op. cit.*, p. 117.

INTRODUÇÃO

De acordo com a interpretação de Nietzsche, no mundo grego, declarava-se com espantosa abertura que o trabalho e o apego à mera subsistência individual eram marcas de indigência. Opróbrio resultante do fato de que a existência, considerada apenas em si e por si mesma, não poderia receber qualquer valoração positiva, razão pela qual a luta pela conservação e reprodução da "sobrevivência nua", garantida pelo trabalho, não pode ser justificada por si. "O trabalho é um opróbrio porque a existência não tem nenhum valor em si: quando, porém, essa mesma existência cintila na joia sedutora da ilusão artística e agora efetivamente parece ter um valor, então vale agora também aquela sentença de que o trabalho é uma ignomínia — e, com efeito, no sentimento da impossibilidade de que o homem que luta pela nua sobrevivência possa ser *artista*."[6]

Desse indigente combate pala existência e da rendição servil ao "reino das necessidades" emergem alguns indivíduos que, não fosse pela nobre ilusão da cultura artística que os arrebata, seriam inevitavelmente levados ao "pessimismo prático", que sente horror da verdadeira *desnatura* da natureza. Do fardo opressivo e indigno do trabalho ficavam liberados também os cidadãos, para se ocupar com as questões de Estado, com a defesa da sociedade e com as esferas superiores da cultura. A divisão social do trabalho liberava o cidadão grego também para o heroísmo militar, para o gênio político, assim como para as ciências e as artes, ao mesmo tempo que garantia o suprimento das necessidades básicas de conservação pelo assujeitamento da massa dos escravos — necessidade vergonhosa e humilhante, mas admitida sem hipocrisia e edulcoração. A possibilidade mesma da grande individualidade, do gênio fulgurante no herói, do sábio, do artista, do santo, é materialmente assegurada pela opressiva escravidão. "De acordo com isso, temos de nos resolver a estabelecer como verdade que soa cruel que *a escravidão pertence à essência de uma cultura*: uma verdade, com efeito, que de resto não deixa

---

[6] Idem. "Der Griechische Staat" [O Estado grego]. *Fünf Vorrede Zu Fünf Ungeschriebene Bücher* [Cinco prefácios para cinco livros não escritos]. In: KSA, *op. cit.*, vol. I, p. 765.

nenhuma dúvida sobre o valor absoluto da existência. *Ela é o abutre que punge o fígado do prometeico promotor da cultura.*"[7]

Essa estética inicial do jovem Nietzsche, sob poderosa influência da obra de Schopenhauer, estava lastreada numa concepção metafísica da natureza, explicitamente tematizada tanto em *O nascimento da tragédia* quanto na terceira das *Considerações extemporâneas*. De acordo com tal concepção, opera surdamente na natureza um impulso latente, um *telos* inarticulado mas pungente, um anseio por transfiguração e redenção na obra de arte da cultura, por intermédio da grandeza singular do gênio. Tudo se passa, portanto, como se a natureza carecesse do gênio, para transfigurar-se em seu brilho especular, redimindo-se, dessa maneira, pela única justificação ainda possível para o sofrimento e o absurdo inextirpáveis de um universo formado por domínios de concreção da vontade eternamente sofredora: a justificação estética.

A natureza tem necessidade dos indivíduos geniais para, contemplando-se no espelho inigualável de sua obra, chegar ao conhecimento de si mesma e, com isso, à própria redenção. A geração do gênio apresenta-se, desse modo, tanto como impulso vigorante na natureza quanto como pensamento fundamental da cultura, posto que é por meio dessas individualidades geniais que a natureza se aperfeiçoa e completa. "Tais são aqueles verdadeiros *homens, aqueles não-mais-animais, os filósofos, os artistas e os santos*; em seu aparecimento e por meio de seu aparecimento a natureza, que nunca dá saltos, dá o seu único salto e, em verdade, um salto de júbilo, pois ela sente pela primeira vez ter alcançado a meta, a saber lá onde ela compreende que ela teria que desaprender a ter metas e que jogou alto demais o jogo da vida e do vir-a-ser. Ela se transfigura nesse conhecimento e um sereno cansaço crepuscular — aquilo que os homens denominam 'beleza' — repousa sobre sua face. O que ela agora profere, com esses homens transfigurados, é o grande *esclarecimento [Aufklärung]* sobre a existência; e o supremo desejo que os mortais podem desejar é tomar parte nesse esclarecimento permanentemente e de ouvidos abertos."[8]

---

[7] *Ibidem*, p. 767.
[8] *Idem*. *Unzeitgemässe Betrachtung* [Considerações extemporâneas], III, 5. In: KSA, *op. cit.*, vol. I, p. 380.

INTRODUÇÃO

Essa concepção metafísica de uma natureza, que se perfaz, transfigura e redime nas esferas superiores da cultura, como religião, arte e filosofia, encontra um correspondente na geração do gênio político e do herói, da grande individualidade que se destaca pela excelência na coragem, pela virtude cívica e guerreira. É nesse plano que se coloca o essencial da reflexão presente em O Estado grego — Nietzsche menciona aqui uma *doutrina secreta da conexão entre Estado e gênio*.[9] Também o Estado é parte integrante da cultura de um povo, aliás como seu elemento de formação e plasmador de sua identidade, na medida em que, para Nietzsche, a tarefa redentora da selvageria e idiotismo do Estado consiste na criação, em boa parte compulsória, de uma *civitas*, ou *polis*, ultrapassando o círculo restrito e doméstico das famílias.

Para Nietzsche, a natureza forja a cruel ferramenta do Estado para chegar à configuração da sociedade como um parto operado pelos homens da cultura: "O que pode, com efeito, significar para nós o Estado senão o meio pelo qual esse processo de socialização anteriormente descrito é posto em curso e garantido em sua não inibida duração? Pode também o impulso para a sociabilidade ser ainda tão forte, mas antes a tenaz de aço do Estado comprime de tal modo as grandes massas umas nas outras que agora aquela separação química da sociedade, com sua nova estrutura piramidal, pode prosseguir por si."[10] Porém, essa potência configuradora do Estado, em sua brônzea camisa de força, dá forma e estrutura à organização piramidal da sociedade, surgida do sangue e da guerra: "ao vencedor pertence o vencido, com mulher e filho, bens e sangue. A violência dá o primeiro *direito*, e não há nenhum direito que não seja em seu fundamento apropriação, usurpação, ato de violência."[11]

Esse é o sentido mais profundo da metáfora nietzschiana, de acordo com a qual a moderna cultura científica, tendo chegado ao limite de suas possibilidades lógicas, "acaba por morder a própria cauda", voltando-se sobre e contra si mesma, num processo de autodissolução. É também

---

[9] Cf. *Idem*. "Der Griechische Staat" [O Estado grego]. *Fünf Vorrede Zu Fünf Ungeschriebene Bücher* [Cinco prefácios para cinco livros não escritos], *op. cit.*, p. 777.
[10] *Ibidem*, p. 769.
[11] *Ibidem*, p. 770.

esse o contexto em que se explicitam os laços entre lucidez racional e representação delirante, da imbricação entre *logos* e *mitos*, mesmo no interior do socratismo.

"Lessing, o mais honesto dos homens teóricos, atreveu-se a declarar que a ele importava mais a busca da verdade do que esta mesma: com isso ficou a descoberto o segredo fundamental da verdade, para perplexidade, mais ainda, para a irritação dos cientistas. Certamente, junto a esse conhecimento isolado encontra-se, como um excesso de honestidade, senão de soberba, uma profunda *representação delirante*, que pela primeira vez veio ao mundo na pessoa de Sócrates — aquela crença inabalável de que, seguindo o fio condutor da causalidade, o pensar alcança até os abismos mais profundos do ser, e que o pensar é capaz não somente de conhecer o ser, mas até de *corrigi-lo*. Este sublime delírio metafísico foi acrescentado como instinto à ciência, e a conduz, sempre e sempre de novo, até aqueles limites nos quais ele tem de se converter em *arte: que é o que propriamente se tem em vista nesse mecanismo*."[12]

O desdobrar-se desse impulso irresistível a arrancar véu após véu conduz a racionalidade científica sempre avante, compulsivamente na busca da verdade, pois é essa mesma procura que constitui o verdadeiro interesse, a demanda infinita, mais que a verdade episodicamente desvelada. Também em Nietzsche aparece uma imbricação reversível entre lucidez e delírio, emancipação e compulsão. Para ele, a força que, do interior, anima o progresso da razão esclarecida é haurida numa *Wahnvorstellung*, ou seja, numa obscura potência delirante, que afinal acaba por ser compelida a revelar sua verdadeira natureza. No desdobramento dessa dialética, a racionalidade científica revela uma insuspeitada cumplicidade com a irracionalidade das potências míticas, e se encaminha, *motu proprio*, em direção a uma ilógica perempção — pois uma cultura assentada no princípio da cientificidade *tem de* sucumbir tão logo comece a se tornar *ilógica*, isto é, a *recuar diante de suas próprias inevitáveis conclusões*, a refrear as derradeiras consequências da lógica de seus próprios valores.

---

[12] Idem. *Die Geburt der Tragödie* [O nascimento da tragédia], 15, *op. cit.*, p. 99.

INTRODUÇÃO

"Enquanto o infortúnio que dormita no seio da cultura teórica começa a angustiar pouco a pouco o homem moderno, e este, inquieto, recorre a certos meios para conjurar o perigo, retirando-os do tesouro de sua experiência, sem acreditar realmente, ele próprio, em tais meios; quer dizer, enquanto o homem moderno começa a pressentir suas próprias consequências: certas naturezas grandes, de inclinações universais, souberam utilizar com incrível sensatez o arsenal da própria ciência para mostrar os limites e o caráter condicionado do conhecer em geral, e para negar com isso decididamente a pretensão da ciência de possuir uma validez universal e metas universais: e essa demonstração foi reconhecida pela primeira vez como tal aquela representação delirante que, pela mão da causalidade, se arroga a pretensão de poder de perscrutar a essência mais íntima das coisas."[13]

A esse "tornar-se ilógico" da modernidade científica corresponde, no registro sociopolítico e jurídico, a denegação da dominação e da exploração. O otimismo encastelado na essência da lógica e da dialética prometia a libertação do medo ancestral e o domínio integral das forças da natureza. O que acontece quando os frutos desse otimismo amadurecem, no plano da sociedade, e esta passa a exigir o cumprimento das promessas de felicidade terrestre universal? Para Nietzsche, também a cultura fundada no princípio da racionalidade científica tem como condição de existência o reino do trabalho, da necessidade, da não liberdade. No entanto, em seu otimismo, essa cultura é levada à necessidade de *denegação dessa dependência.*

Por isso, uma vez consumido e desgastado o efeito das "belas palavras sedutoras e tranquilizadoras a respeito da 'dignidade do ser humano' e da 'dignidade do trabalho', [ela] se encaminha pouco a pouco na direção de uma horripilante aniquilação. Nada há de mais terrível do que um estamento bárbaro de escravos que tenha aprendido a considerar sua existência como uma injustiça, e que se disponha a tirar vingança não somente por si mesmo, como por todas as gerações. Frente a tais ameaçadoras tempestades, quem se atreverá a apelar com ânimo se-

---
[13] *Ibidem*, 18, p. 117s.

guro a nossas pálidas e fatigadas religiões, que degeneraram em seus fundamentos até converter-se em religiões de doutos: de tal modo que o mito, pressuposto necessário de toda religião, já está por toda parte tolhido, e até mesmo nesse domínio conseguiu impor-se aquele espírito otimista, do qual acabamos de dizer que é o germe do aniquilamento de nossa sociedade."[14]

Os antigos helenos, de acordo com as teses de O Estado grego, lidavam com a terrível realidade da escravidão sem denegá-la; a despeito de todos os seus horrores, buscavam e encontravam também para ela uma espécie de transfiguração e justificação metafísica: propiciando aos cidadãos o ócio indispensável à dedicação aos interesses e afazeres do Estado e da cultura, na medida em que os desonerava da faina cotidiana e inadiável, garantindo pelo trabalho a reprodução da vida material, a satisfação das necessidades vitais básicas, também os escravizados tomavam parte na produção do gênio e, com isso, no aperfeiçoamento e na redenção da natureza.

O nascimento da modernidade política europeia é marcado pela abolição teórica, condenação moral, jurídica e política da escravidão — instituição proscrita da cena pública pela configuração da sociedade como Estado (democrático) de direito, sobretudo com a escalada do modelo de constitucionalismo republicano que se sucedeu à Revolução Francesa e à queda do Ancien Régime. Todavia, a proibição legal da escravidão pelas modernas democracias liberais não pode ter o efeito de abolir também o grosseiro e imperioso "reino das necessidades", as urgências da conservação da existência e a consequente dependência do trabalho.

Também a esse respeito, para Nietzsche, o homem moderno, ao contrário do antigo heleno, é dissimulado e fragmentário, condição de onde resulta a contradição entre suas aspirações e seus valores, por um lado, e suas necessidades, por outro. Nele convivem a necessidade da luta pela sobrevivência material e o elevado anseio de satisfação artística. De modo que ocorre com frequência que, no mesmo

---

[14] Ibidem.

INTRODUÇÃO

homem, "mostra-se a avidez da luta pela sobrevivência e a avidez da necessidade de arte, de cuja fusão não natural surgiu a carência de desculpar e santificar aquela primeira avidez perante a necessidade de arte. Por causa disso acredita-se na 'dignidade do homem' e na 'dignidade do trabalho'."[15]

Estamos, portanto, em face de uma sociedade e cultura em que se fundem a avidez da necessidade artística de justificação da existência com a miséria inexorável da luta pela subsistência. Tomada por essa contradição, essa cultura tem que plasmar sua autoconsciência na denegação do caráter infamante de uma atividade simplesmente ligada à esfera da nua existência (que, em si mesma, não tem nenhum valor), ressignificando humanitariamente essa condição, travestindo-a em valores superiores como "dignidade do homem" e "dignidade do trabalho". Trata-se, pois, de uma escravidão disfarçada sob o manto ideológico de fantasmas conceituais como igualdade de direitos e direitos fundamentais do homem: o que os antigos admitiam com espantosa abertura, os modernos denegam com pusilânime hipocrisia.

Daí a contradição convulsiva, a corroer as entranhas da modernidade política, como o abutre a dilacerar o fígado de Prometeu: também a moderna sociedade ocidental não pode prescindir da escravidão, uma vez que esta é condição de toda cultura superior. Mas ela tem que encobri-la com o manto da dignidade do trabalho e, portanto, queda paralisada, torna-se impotente perante a sublevação das massas de escravizados, que vem à tona nos movimentos sociais reivindicatórios, de caráter revolucionário, com sua exigência de justiça e igualdade de direitos — tal como se materializa, por exemplo, no socialismo e comunismo modernos. O que estaria em jogo aqui é a conversão da *crença na possibilidade* de uma cultura universal *na ameaçadora exigência de semelhante felicidade terrestre* para todos, o que exige a conjuração de um *deus ex machina* euripidiano, de acordo com a tese de *O nascimento da tragédia*.

---

[15] Idem. "Der Griechische Staat" [O Estado grego]. *Fünf Vorrede Zu Fünf Ungeschriebene Bücher* [Cinco prefácios para cinco livros não escritos], *op. cit.*, p. 765.

Trata-se de uma variante jurídico-política da crítica estética desenvolvida naquele livro: uma cultura científica entra em decadência (e tem de perecer) quando começa a se tornar ilógica; do mesmo modo, uma cultura dependente da escravidão (que ela, no entanto, tem de denegar teoricamente) perece pela lógica de seus próprios valores, quando a *crença* na onipotência desses valores se converte em *exigência* de sua realização. Nesse caso, só lhe resta transfigurar retoricamente a escravidão com a *parole* da dignidade do trabalho. Por isso o pânico torna-se inevitável quando a promessa de justiça e igualdade universal de direitos começa a ser cobrada pelas massas dos novos escravizados rebelados.

Como circunstância agravante nesse quadro de contradições em que se enredou a modernidade política, Nietzsche diagnostica também, em *O Estado grego*, como fenômeno preocupante em seu tempo, uma singular atrofia da esfera política, produzida por indivíduos que se situam fora dos "instintos populares e do Estado" e que, por isso mesmo — desprovidos dos instintos ligados ao Estado, ao direito e à política —, têm, antes, pelo contrário, uma visão e uma prática instrumental dos três, considerando o Estado, em especial, um meio para a consecução de seus fins particulares. Trata-se, assim, de uma deterioração do impulso para o Estado, tal como tematizada em textos como *O Estado grego*. Esse impulso se desvirtua em "tendência ao dinheiro", alimentado pela atuação de "internacionais e apátridas eremitas do dinheiro que, por sua carência do instinto do Estado, aprenderam a desvirtuar a política em meio para a bolsa e o Estado e a sociedade em aparelhos de enriquecimento".[16]

São eles que desfiguram a obra de arte do gênio político, colocando-a a serviço do egoísmo de uma aristocracia das finanças, materializada pelos interesses mercantis das bolsas internacionais. Esse desvirtuamento e essa exploração instrumental do Estado têm como condição o fenecimento da raiz pulsional de onde brotaram tanto o Estado quanto o gênio político e militar: a guerra e a emulação agonística, de onde surge a excelência individual, com a inevitável clivagem e as diferenciações e hierarquias,

---

[16] *Ibidem*, p. 774.

INTRODUÇÃO

com uma extensa base anônima sobre a qual se elevam aqueles que se singularizam e imortalizam pelos grandes feitos. São sintomas daquele egoísmo dos partidários das finanças internacionais, segundo Nietzsche, o enfraquecimento do instinto monárquico, a extensão inaudita da cosmovisão liberal-otimista oriunda da *Aufklärung* e da Revolução Francesa, com seu corolário do sufrágio universal. Nietzsche interpreta tais sintomas como "perigoso *Charakteristikum* da atualidade política, a utilização do pensamento revolucionário a serviço de uma egoísta, apátrida aristocracia financeira".[17]

Daí decorre a generalização dos meios intuídos pelos gestores dessa aristocracia do dinheiro, sem ligação com Pátria e Estado, para conjurar a guerra, promovendo uma conjuntura internacional lastreada na formação de grandes corpos estatais em equilíbrio de forças, garantindo-se a segurança recíproca precisamente pelo equilíbrio de potência; assim, a obra de arte do Estado, ao qual se devotavam os antigos gregos, com o sacrifício de suas vidas, transcendendo a mesquinhez de seus egoísmos privados numa finalidade superior, acaba por se reduzir à condição de mera variável de um frio cálculo utilitário de interesses e rendimentos.

Analogamente à necessidade de transfiguração e autoconsciência no espelho espiritual de artistas, santos e filósofos, a natureza carece também do Estado para, por meio da sociedade, chegar à sua redenção na aparência, no fulgor do gênio militar, na obra daqueles conquistadores e artífices do Estado, legisladores e demiurgos da política, mas também nos gloriosos feitos dos heróis na sociedade guerreira. O devotamento ao Estado e à sua grandeza é a meta que supera a indigência dos egoísmos individuais — é à glória do Estado que o indivíduo se consagra e por ela se sacrifica. É nela que ele também se reconhece e, pela magnitude de seus feitos, guardada na memória e no canto dos poetas, alcança a imortalidade no seio da comunidade. É pela geração dessas personalidades de escol que a natureza apaga da face a sombra ignominiosa da servidão ao "reino das necessidades", a mácula de ter que se ocupar com a luta permanente pela sobrevivência para, com isso, como já se percebe,

---
[17] *Ibidem.*

poder se justificar e se redimir de sua indigência metafísica, da finitude e da abjeta necessidade da escravidão.

O FASCÍNIO PELA CIÊNCIA: NIETZSCHE E O POSITIVISMO

Na segunda fase de sua trajetória filosófica — que os comentadores costumam datar como tendo início por volta de 1876, sendo caracterizada pelos livros publicados antes de *Assim falou Zaratustra* (1883-1885), a saber: *Humano, demasiado humano* (1878), *Aurora* (1881) e *A gaia ciência* (1882) —, podemos constatar uma alteração profunda senão na essência da concepção de trágico por Nietzsche, pelo menos em sua formulação, assim como no registro teórico em que se insere. A essa transformação do trágico corresponde também uma modificação no registro da interpretação nietzschiana da história, que abre uma distância particularmente importante em relação àquela concepção pendular tematizada em páginas anteriores.

O eixo de problematização do trágico desloca-se, doravante, para questões de natureza moral, enquanto que as reflexões sobre a história despem-se dos pressupostos metafísicos ligados à justificação estética da existência e da redenção da natureza pela obra de arte do gênio artístico, religioso, teórico ou político. A profissão de fé no sentido histórico faz-se, doravante, em termos de ciência histórica; a problematização dos temas magnos da crítica cultural passa a assumir a forma de uma *história natural da moral*.

Com efeito, a partir do primeiro volume desse "livro monológico para espíritos livres", como o próprio Nietzsche caracterizava *Humano, demasiado humano*, podemos sentir uma pronunciada inclinação pela cientificidade, pelo rigor do método praticado especialmente nas ciências formais e naturais, em detrimento da propensão anterior por uma análise crítica das produções culturais modulada em chave estética, com extrema valorização da experiência de criação e dos critérios artísticos de julgamento, medida e valor. Percebe-se também, com clareza, uma tendência no sentido de interpretar a arte como transição cultural entre um passado (infantil) religioso-metafísico, através de uma intermitência estética (valorização da criação artística como substitutivo das aspirações metafísico-religiosas), para uma maturidade científica de equilíbrio e plenitude das forças intelectuais.

"*O que resta da arte* — É verdade que, existindo certos pressupostos metafísicos, a arte tem valor muito maior; por exemplo, quando vigora a crença de que o caráter é imutável e de que a essência do mundo se exprime continuamente em todos os caracteres e ações: a obra do artista se torna então a imagem do que *subsiste eternamente*, enquanto em nossa concepção o artista pode conferir validade à sua imagem somente por um período, porque o ser humano, como um todo, mudou e é mutável, e tampouco o indivíduo é algo fixo e constante. — O mesmo sucede com outra pressuposição metafísica: supondo que nosso mundo visível fosse apenas aparência, como pensam os metafísicos, a arte estaria situada bem próxima do mundo real: pois entre o mundo das aparências e o mundo de sonho do artista haveria muita semelhança; e a diferença que restasse colocaria até mesmo a importância da arte acima daquela da natureza, porque a arte representaria o uniforme, os tipos e modelos da natureza. — Mas esses pressupostos estão errados: que lugar ainda tem a arte, após esse conhecimento? Antes de tudo, durante milênios ela nos ensinou a olhar a vida, em todas as formas, com interesse e prazer, e elevar nosso sentimento ao ponto de enfim exclamarmos: 'Seja como for, é boa a vida.' Esta lição da arte, de ter prazer na existência e de considerar a vida humana um pedaço da natureza, sem excessivo envolvimento, como objeto de uma evolução regida por leis — esta lição se arraigou em nós, ela agora vem novamente à luz como necessidade todo-poderosa de conhecimento. Poderíamos renunciar à arte, mas não perderíamos a capacidade que com ela aprendemos: assim como pudemos renunciar à religião, mas não às intensidades e elevações de ânimo adquiridas por meio dela. Tal como as artes plásticas e a música são a medida da riqueza de sentimentos realmente adquirida e aumentada através da religião, depois que a arte desaparecesse a intensidade e multiplicidade da alegria de vida que ela semeou continuaria a exigir satisfação. O homem artístico é continuação do homem metafísico."[18]

Para muitos comentadores, uma tal preterição da arte como etapa a ser superada na história do desenvolvimento intelectual da espécie (em paralelo com a história do desenvolvimento mental do indivíduo) teria o peso teórico de uma adesão à cientificidade (mais particularmente à metodologia das ciências formais e naturais) como paradigma de conhecimento verdadeiro; ou, num posicionamento ainda mais radical, seria um sintoma de adesão de Nietzsche ao positivismo vigente na Europa como postura epistemológica dominante na segunda metade do século XIX.

Essa caricatura de um Nietzsche positivista, acriticamente caudatário da mentalidade positivista de seu tempo, deve ser reconsiderada (e mesmo desfeita) mediante um recuo ao centro nevrálgico de seu pensamento, que identificamos como aquela consideração trágica da existência. Também nesse momento, em que parece imperar uma pronunciada adesão positivista ao ideário das ciências "duras", Nietzsche conserva, como última fortaleza reflexiva de sua filosofia, aquela postura filosófica de acolhimento e afirmação da totalidade da existência, que significa algo muito diverso de mera resignação, aceitação passiva de um fado inexorável. Antes, porém, trata-se de uma inserção positiva na cadeia necessária de causas e efeitos vigentes no *único* mundo efetivamente real — o mundo de nossas existências concretas.

Desse ponto de vista, as posições pretensamente positivistas de Nietzsche são, ou podem ser assim consideradas, uma terapia de conversão em relação aos arrebatamentos de seu esteticismo romântico juvenil. Elas indicariam uma adesão refletida à sobriedade do método científico, um reconhecimento da importância do sentido histórico dos modernos, que tempera de realismo as exaltações metafísicas dos filósofos, e considera as expressões mais sublimadas da história humana, como a religião, a arte, a moral e mesmo a ciência, sob uma perspectiva

---

[18] Idem. *Humano, demasiado humano.* Trad. de Paulo César de Souza. São Paulo: Companhia das Letras, 2000, p. 151s.

INTRODUÇÃO

"demasiado humana" — como resultado histórico e social de condicionamentos representados pelas premências, necessidades, aspirações e condições de existência.

É nesse contexto, fundamentalmente anti-idealista, antirromântico e laicizante, que se insere o projeto nietzschiano de contribuir para uma *história natural da moral*; sua principal diretriz filosófica a partir de *Humano, demasiado humano* consiste num empreendimento que pode ser caracterizado como uma tentativa de fazer ciência natural da moralidade humana, valendo-se sobretudo dos recursos da biologia, da psicologia, da psiquiatria, da antropologia, da etnologia, da sociologia, da filologia e da história — além, é claro, dos subsídios que podem ser colhidos nos demais campos do saber científico. A partir desse momento, a atenção de Nietzsche se volta, principalmente, para a efetiva história de proveniência dos valores morais, que se inscreve, a seu modo, no programa emancipatório herdado da filosofia das Luzes, em seu combate sem quartel contra as trevas da ignorância e da superstição.

Nesse projeto se integram a negação do livre-arbítrio, a conciliação entre necessidade e liberdade — que só no derradeiro período de sua filosofia chegará ao seu ponto máximo de completude e maturação —, assim como a concepção *"poiética"* do conhecimento, que compreende inclusive a ciência entre as modalidades diversas da inesgotável potência de criatividade humana (e que, nesse período, parece comprazer-se em focar a gênese do conhecimento sob uma ótica marcadamente biologizante e fisiológica). Visto em profundidade, no entanto, trata-se menos de um positivismo ingênuo do que de uma radical, intransigente denúncia de compromissos metafísicos dissimulados sob as mais variadas coberturas ideológicas.

"Fatalismo Turco. — O fatalismo turco contém o erro fundamental de contrapor um ao outro o homem e o *fato* [*Fatum*] como duas coisas separadas: o homem, diz ele, poderia resistir ao fato, tentar frustrá-lo, mas este finalmente conserva sempre a vitória; razão pela qual o mais razoável seria resignar-se, ou viver à vontade. Na verdade, todo homem é, ele próprio, uma parte do fato; quando ele, daquela mencionada

maneira, pensa resistir ao fato, perfaz-se então, justo nisso, também o fato; o combate é uma imaginação, mas também, de igual modo, aquela resignação é fato; todas essas imaginações estão incluídas no fato. — A angústia que muitos têm perante a doutrina da não liberdade da vontade é a angústia perante o fatalismo turco: eles pensam que o homem tornar-se-ia fraco, resignado, de mãos atadas perante o futuro, porque ele em nada seria capaz de alterá-lo; ou então, que ele soltaria as rédeas a todos os seus caprichos, porque também por esse meio não poderia se tornar pior aquilo que está previamente determinado. As loucuras dos homens são tão parte do fato como suas sabedorias: também aquela angústia perante a crença no fato é fato. Tu mesmo, pobre angustiado, és a incoercível Moira, que reina até sobre os deuses, para tudo o que ocorre; tu és a bênção e a maldição, e em todo caso a cadeia na qual permanece atado o mais forte de todos; em ti está predeterminado o futuro do mundo humano, de nada te adianta sentires horror de ti mesmo."[19]

A RESPONSABILIDADE COMO ILUSÃO ÚTIL

Fatalismo cego seria, nos marcos dessa filosofia, uma paródia da rendição desconsolada à inexorabilidade do destino predeterminado pela Natureza ou pela Providência. Mas a crítica radical dessa resignação conduz a uma modalidade peculiar de rebeldia do espírito — um exercício para espíritos livres, cujo núcleo seria a recusa, por princípio, da própria oposição que se toma como ponto de partida (e que só tem sentido para a metafísica) entre necessidade e liberdade; recusa estratégica, que converte a postura fatalista em signo de uma adesão (pelo negativo) à nostalgia do livre--arbítrio, ressentida contra a consideração científica do mundo, sintoma de uma indisposição reativa e recalcitrante contra a "férrea" necessidade do vir-a-ser. Essa má vontade em relação ao devir encontra sua expressão teórica mais sofisticada na versão moderna da tese da liberdade inteligível, tal como esta se apresenta em Kant e Schopenhauer.

[19] Idem. "Der Wanderer und sein Schatten" [O andarilho e sua sombra], 61. Menschliches, Allzumenschliches II [Humano, demasiado humano II]. In: KSA, op. cit., vol. I, p. 580.

INTRODUÇÃO

Do ponto de vista da tradição, há fortes razões para a amargura desse fatalismo: se, no âmbito do querer e do agir humanos, vigora de fato uma necessidade semelhante à que se atesta nas relações invariáveis de causa e efeito entre os fenômenos da natureza, então desaparece, com ela, todo *fundamento* para julgamentos de valor (moral) acerca das ações dos homens. E, na ausência de uma liberdade do arbítrio, capaz de determinar a vontade a deliberar e executar ações mediante a prévia e indispensável ponderação racional de suas consequências, perde subsistência a concepção tradicional de *responsabilidade*, fundamento de todo juízo de *imputação*.

Sendo assim, o que se encontra em jogo — sob a figuração alegórica e paródica do fatalismo turco — é nada menos que o elemento que constitui o cerne e o âmago da moralidade: a constelação formada pelos conceitos de liberdade, responsabilidade, personalidade e arbítrio e, nessa constelação, a possibilidade de *justificação* filosófica dos juízos sobre o valor moral de nossas ações, a base racional de sustentação para juízos éticos e jurídicos de imputação. Se tudo é necessidade, assim na natureza como na história, então a moralidade é uma construção etérea, fictícia, a rigor, tão desprovida de sentido, aos olhos da ciência, quanto as noções de vício e virtude, mérito e culpa, punição e recompensa.

Responsabilidade e culpabilidade formam também a base de sustentação da tese de acordo com a qual haveria uma ordenação ética da existência e o universo teria uma significação moral, que justificaria a interpretação de todas as figuras do negativo — como o mal, o erro, o sofrimento, o castigo e a retribuição — como consequências de uma culpa metafísica. Desse modo, a significação moral do mundo não se prestaria mais como justificativa e horizonte de sentido na decifração dos enigmas da existência. O conhecimento enfim adquirido com auxílio das ciências e do sentido histórico, que constitui o apanágio da ilustrada consciência moderna, atua como iluminação e emancipação, resgate e alívio da humanidade — até então esmagada sob o peso opressivo do sentimento de culpa, do remorso, alimentados pela ignorância e pela superstição. Ao mesmo tempo, não se poderia mais encontrar qualquer fundamentação suficiente ou justificativa filosoficamente válida para juízos morais de imputação e punição.

"*Irresponsabilidade e inocência* — A total irresponsabilidade do homem por seus atos e seu ser é a gota mais amarga que o homem de conhecimento tem de engolir, se estava habituado a ver na responsabilidade e no dever a carta de nobreza de sua humanidade. Todas as suas avaliações, distinções, aversões são assim desvalorizadas e se tornam falsas: seu sentimento mais profundo, que ele dispensava ao sofredor, ao herói, baseava-se num erro; ele já não pode louvar nem censurar, pois é absurdo louvar e censurar a natureza e a necessidade. — Compreender tudo isso pode causar dores profundas, mas depois há um consolo: elas são as dores do parto. A borboleta quer romper seu casulo, ela o golpeia, ela o despedaça: então é cegada e confundida pela luz desconhecida, pelo reino da liberdade. Nos homens que são *capazes* dessa tristeza — poucos o serão! — será feita a primeira experiência para saber se a humanidade pode se *transformar de moral em sábia*. O sol de um novo evangelho lança seu primeiro raio sobre o mais alto cume, na alma desses indivíduos: aí se acumulam as névoas mais densas, e lado a lado se encontram o brilho mais claro e a penumbra mais turva. Tudo é necessidade — assim diz o novo conhecimento: e ele próprio é necessidade. Tudo é inocência: e o conhecimento é a via para compreender essa inocência. Se o prazer, o egoísmo, a vaidade são *necessários* para a geração dos fenômenos morais e do seu rebento mais elevado, o sentido para a verdade e justiça no conhecimento; se o erro e o descaminho da imaginação foram o único meio pelo qual a humanidade pôde gradualmente se erguer até esse grau de autoiluminação e liberação — quem poderia desprezar esses meios? Quem poderia ficar triste, percebendo a meta a que levam esses caminhos? Tudo no âmbito da moral veio a ser, é mutável, oscilante, tudo está em fluxo, é verdade: mas *tudo se acha também numa corrente*: em direção a uma meta. Pode continuar a nos reger o hábito que herdamos de avaliar, amar, odiar erradamente, mas sob o influxo do conhecimento crescente ele se tornará mais fraco: um novo hábito, o de compreender, não amar, não odiar, abranger com o olhar, pouco a pouco se implanta em

INTRODUÇÃO

nós no mesmo chão, e daqui a milhares de anos talvez seja poderoso o bastante para dar à humanidade a força de criar o homem sábio e inocente (consciente de sua inocência), da mesma forma regular como hoje produz o homem tolo, injusto, consciente da culpa — *que é, não o oposto, mas o precursor necessário daquele*."[20]

O que se verifica, com o conhecimento de que "tudo é necessidade", é a inversão, a transvaloração do resignado "fatalismo turco". Dessa reversão brota a certeza de que não há oposição absoluta entre contrários, ou seja, de que um dos polos da oposição condiciona e determina seu oposto — a saber, que os sentimentos moralmente reprováveis (como o egoísmo, a vaidade, a ambição, a cobiça, a ânsia de poder, a sensualidade) são *condições necessárias* para a geração de formas mais elevadas e sublimes de sentimento, como o sentido para a verdade, para a justiça, de maneira que a paulatina compreensão de que tudo é necessário conduz ao refinamento do sentimento e da ideia de justiça; mas de uma justiça que não mais condena e pune, senão que absolve, que faz compreender também que tudo é inocência, pois tudo se encadeia numa mesma e *única* corrente perpétua do vir-a-ser.

Sendo assim, dissolve-se a oposição platônico-kantiano-schopenhaueriana entre necessidade mecânica vigente na natureza e liberdade (não fenomênica, pois o homem empírico, como parte da natureza, encontra-se submetido à série necessária de causas invariáveis; antes, porém, liberdade transcendental, apreensível do ponto de vista não fenomênico, fora das coordenadas de tempo, espaço e causalidade natural — o último reduto metafísico em que se abrigou, na modernidade, a fábula do livre-arbítrio e, com ele, a possibilidade de justificação e fundamentação para os juízos de valor moral e de imputação).

Evidentemente, podemos ainda julgar, condenar e absolver os homens por suas ações. Mas, do ponto de vista da crítica de Nietzsche, tais julgamentos só podem ser extrinsecamente justificados, com base em razões e motivos cuja natureza não é ético-moral, mas razões de natureza utilitária, dentre os quais se destacam as incontornáveis exigências e os

---

[20] Idem. *Humano, demasiado humano*, 107, op. cit., p. 81s.

ditames dos costumes, da vida social, da convivência civilizada, enfim, as convenções e os maneirismos morais, políticos, sociais, jurídicos que nunca deixaram de cobrar seu preço inevitável. Numa palavra: as necessidades e conveniências inerentes à camisa de força social, com suas convenções, *as razões de utilidade social*. Assim, a justiça penal, por exemplo, que só se justifica como meio de prevenção, intimidação ou pedagogia, não por razões ou fundamentos ético-morais.

"*A fábula da liberdade inteligível* — A história dos sentimentos em virtude dos quais tornamos alguém responsável por seus atos, ou seja, a história dos chamados sentimentos morais, tem as seguintes fases principais. Primeiro chamamos as ações isoladas de boas ou más, sem qualquer consideração por seus motivos, apenas devido às consequências úteis ou prejudiciais que tenham. Mas logo esquecemos a origem dessas designações e achamos que a qualidade de 'bom' ou 'mau' é inerente às ações, sem consideração por suas consequências: o mesmo erro que faz a língua designar a pedra como dura, a árvore como verde — isto é, apreendendo o que é efeito como causa. Em seguida, introduzimos a qualidade de ser bom ou mau nos motivos e olhamos os atos em si como moralmente ambíguos. Indo mais longe, damos o predicado bom ou mau não mais ao motivo isolado, mas a todo o ser de um homem, do qual o motivo brota, como a planta do terreno. De maneira que sucessivamente tornamos o homem responsável por seus efeitos, depois por suas ações, depois por seus motivos e finalmente por seu próprio ser. E afinal descobrimos que tampouco este pode ser responsável, na medida em que é inteiramente uma consequência necessária e se forma a partir dos elementos e influxos de coisas passadas e presentes: portanto, que não se pode tornar o homem responsável por nada, seja por seu ser, por seus motivos, por suas ações ou por seus efeitos. Com isso chegamos ao conhecimento de que a história dos sentimentos morais é a história de um erro, o erro da responsabilidade, que se baseia no erro do livre-arbítrio. — Schopenhauer, por outro lado, raciocinou assim: desde que certas ações acarretam mal-estar ("consciência de culpa"), deve existir responsabilidade, pois *não haveria razão* para esse mal-estar se não apenas todo o agir do homem ocorresse por necessidade — como de fato ocorre, e também segundo a visão desse filósofo —, mas se o próprio homem adquirisse o seu inteiro *ser* pela mesma necessidade — o que Schopenhauer nega. Partindo do fato desse mal-estar, Schopenhauer acredita poder demonstrar uma liberdade que o homem deve ter tido de algum modo, não no que toca às ações, é certo, mas no que toca ao ser: liberdade, portanto, de *ser* desse ou daquele modo, não de *agir* dessa ou daquela maneira. Do *esse* [ser], da esfera da liberdade e da responsabilidade decorre, segundo ele, o *operari* [operar], a esfera da estrita causalidade, necessidade e irresponsabilidade. É certo que aparentemente o mal-estar diz respeito ao *operari* — na medida em que assim faz é errôneo —, mas na verdade se refere ao *esse*, que é o ato de uma vontade livre, a causa fundamental da existência de um indivíduo; o homem se torna o que ele *quer* ser, seu querer precede sua existência. — Aí o erro de raciocínio está em, partindo do fato do mal-estar, inferir a justificação, a *admissibilidade racional* desse mal-estar; com essa dedução falha, Schopenhauer chega à fantástica conclusão da chamada liberdade inteligível. Mas o mal--estar após o ato não precisa absolutamente ser racional: e não o é, de fato, pois se baseia no errôneo pressuposto de que o ato *não* tinha que se produzir necessariamente. Logo: porque o homem se considera livre, não porque é livre, ele sofre arrependimento e remorso. — Além disso, esse mal-estar é coisa que podemos deixar para trás; em muitas pessoas ele não existe em absoluto, com respeito a ações pelas quais muitas outras o sentem. É algo bastante variável, ligado à evolução dos costumes e da cultura, só existente num período relativamente breve da história do mundo, talvez. — Ninguém é responsável por suas ações, ninguém é responsável por seu ser; julgar significa ser injusto. Isso também vale para quando o indivíduo julga a si mesmo. Essa tese é clara como a luz do sol: no entanto, todos preferem retornar à sombra e à inverdade: por medo das consequências."[21]

---

[21] *Ibidem*, p. 81s.

AURORAS AINDA POR NASCER

A partir de então, a filosofia de Nietzsche assume como tarefa distintiva (notadamente com *Aurora*, publicado em 1881) escavar, solapar, desconstruir os fundamentos da moral dominante no Ocidente, agir, pois, nos "subterrâneos" da cultura. Essa escavação o obriga a sondar as profundezas, para revolver e abalar os alicerces, para "escavar" uma das mais antigas e sólidas confianças — aquela devotada aos insuspeitos artigos de fé da humanidade até agora: a fé incondicional *na* moral. Trata-se justamente de transformar num problema a moral supostamente absoluta, de considerá-la como *uma* moral, de miná-la, abalando, por esse meio, o que até então aparecia como inconcusso fundamento de todas as oposições morais de valor. As mesmas que propagam *essa* forma histórica de moralidade, ao mesmo tempo que perpetuam a si mesmas, sendo sub-repticiamente transfiguradas, veladas e transpostas para todas as demais esferas da cultura (por exemplo, desde Platão até nossos dias, na base da oposição lógica e epistemológica entre o verdadeiro e o falso, encontra-se a oposição *moral* de valor entre o bem e o mal).

Por outro lado, já na base e no fundamento das oposições morais de valor vicejam apreciações e interesses enraizados em urgências da vida, em circunstâncias e condições de conservação e crescimento de formações vitais de domínio, que podem assumir a forma do corpo humano individual, de um grupo ou classe social, ou mesmo de uma sociedade e uma cultura. A partir dessa perspectiva, o conhecimento passa a atuar como a mais poderosa refutação das pretensões religiosas, morais e metafísicas, como desmascaramento de toda pretensão à validade absoluta, e incondicionada.

Nesse contexto, para Nietzsche, uma *refutação histórica* seria também a modalidade por excelência de *refutação definitiva*. Se outrora os ateístas se obstinavam tentar mostrar que Deus não existe, do ponto de vista da moderna ciência histórica, a tarefa consistiria, antes, em mostrar como *pôde surgir* a crença na existência de Deus. Em reconstituir as circunstâncias e condições que tornaram possível que essa crença adquirisse o peso e a importância que historicamente adquiriu. Com isso, os ateístas modernos dispensam-se do esforço de provar que Deus não existe, esforço até então inútil. Pois, até então, as provas refutadas sempre podiam ser substituídas por provas melhores e mais sólidas. Mas o conhecimento genealógico acerca das condições de existência dessa crença é definitivo, equivale a, de uma vez por todas, *limpar completamente a mesa*.[22] Nesse rearranjo de temas, problemas e procedimentos, o conceito do trágico já não se inscreve no registro estético da oposição entre os impulsos artísticos fundamentais da natureza: o apolíneo e o dionisíaco, embora continuem vigentes, como modificações importantes da antiga tese nietzschiana da única possibilidade de justificação da existência: sua configuração como fenômeno estético, a vida entendida e performada como obra de arte.

Refletindo sobre o essencial de *Aurora*, no final de sua vida lúcida, Nietzsche o percebe como um livro fundamentalmente afirmativo: "'Há tantas auroras que ainda não brilharam' — essa inscrição hindu encontra-se no portal desse livro. Onde procura seu autor aquelas novas manhãs, aquele rosa até agora ainda não descoberto, com o qual de novo um dia se levanta — ah, uma série inteira, um mundo inteiro de novos dias! — Numa transvaloração de todos os valores, num liberar-se de todos os valores morais, num dizer sim e ter confiança em tudo o que até agora foi proibido, desprezado, maldito. Esse livro que diz sim espalha sua luz, seu amor, sua ternura sobre puras coisas ruins, ele restitui a elas 'a alma', a boa consciência, o elevado direito e privilégio da existência. A moral não é atacada, ela não entra mais em consideração [...] Esse livro se conclui com um 'ou?' — é o único livro que se conclui com um 'ou?' [...]"[23]

Percebe-se, pela transcrição, que o olhar retrospectivo do autor sob a obra discerne nela uma libertação do jugo de todos os valores morais, equivalente a uma pesada tarefa: a de transvalorar todos os valores, de inverter e reverter a forma de valoração até então hegemônica na nossa

---

[22] *Idem. Aurora*, 95. Trad. de Paulo César de Souza. São Paulo: Companhia das Letras, 2004, p. 71.
[23] *Idem.* "Warum ich so gute Bücher schreibe" [Por que escrevo livros tão bons]. *Ecce homo*. In: KSA, *op. cit.*, vol. VI, p. 329.

cultura — a valoração moral platônico-cristã. De conformidade com a tese da refutação histórica como definitiva, a moral deixa de ser atacada, para não mais *entrar em linha de consideração*, o que só se pode fazer a partir da liberação da existência da perspectiva da culpabilização. Esse *insight* que Nietzsche percebe antecipatoriamente vigente em *Aurora* dá ao livro sua conotação de livro afirmativo, que diz sim mesmo aos lados mais sombrios da existência, e se coloca diante deles com a serenidade de quem se apropria da tarefa de realizar o próprio destino e assumir a própria vida:

"Há estado mais consagrado que o da gravidez? Tudo o que se faz, fazer na tranquila fé de que beneficiará de algum modo aquilo que em nós está vindo a ser! [...] Nada sabemos de como sucede, aguardamos e procuramos estar prontos. Ao mesmo tempo, um puro e purificador sentimento de profunda irresponsabilidade nos domina, quase como o de um espectador diante da cortina fechada — aquilo cresce, aquilo vem à luz: não temos como determinar nem seu valor, nem sua hora [...] Seja o aguardado um pensamento, um ato — com toda realização essencial, não temos outro vínculo senão o da gravidez, e deveríamos lançar ao vento a presunçosa conversa de 'querer' e 'fazer'."[24]

O livro, como a vida, conclui sem encerrar, encerra com uma abertura, com um "ou?" que descerra novos horizontes, novas modalidades de configuração de si. Trata-se de uma relação com a própria vida, com os pensamentos e ações tomados sob a perspectiva daquelas realizações essenciais de nossas vidas, como a gestação e o parto, que desde o fundo de nosso ser, preparamos e realizamos, sem determinar inteiramente, mas aguardando e esperando, sem saber como sucede, num sentimento profundo de irresponsabilidade, que no entanto nos empenha ao máximo em aguardar e estar pronto, preparando (nos), em benefício daquilo que vem à luz. Essa despotencialização da subjetividade egoica, que se enraíza no absoluto domínio da consciência e da responsabilidade, é a purificação do sentimento, de que fala Nietzsche, a transvaloração da culpa na consagração do ato criador, na doação da vida.

[24] Idem. *Morgenröte* [Aurora], 552. In: KSA, *op. cit.*, vol. III, p. 322.

INTRODUÇÃO

LIBERTAÇÃO MAIS UMA VEZ: O CAMINHO PARA UMA GAIA CIÊNCIA

Cumpre destacar convenientemente esse elemento de continuidade, cujo peso é decisivo nesses reagenciamentos da noção de trágico. Trata-se da fusão da singularidade no todo — integração que, entretanto, não anula ou elimina a particularidade do indivíduo, antes a encerra numa vivência única, irrepetível, ainda mais radical que a pensada pela tradição. Também nesse novo contexto, a subjetividade pensada como *Ego*, como unidade simples da consciência objetificadora, não passa de falseamento e ilusão. O autêntico si-próprio [*Self* ou *Selbst*] não é idêntico ao *ego cogito* — nem como eu-intelectual, nem como eu-sensível, ainda menos como um dado natural ou ponto de partida. Trata-se, antes, de uma conquista no interior de um vir-a-ser, sobretudo empreendido a partir do corpo, no qual todo órgão particular só subsiste na relação com todos os demais, de maneira que a pseudounidade autárquica de um deles (*ego*, a consciência, por exemplo) é dissolvida na fusão com o todo, assim como com o todo da natureza, com o cosmos. Trágica é essa visão de totalidade, que repercutirá de modo extraordinário, como veremos, na concepção nietzschiana de tempo, fornecendo a *Assim falou Zaratustra* sua pilastra de sustentação "teórica": a estreita conexão entre os conceitos de vontade de poder e de eterno retorno. Principiemos, pois, pela cosmovisão de uma perspectiva mais ampla:

"E sabeis vós também o que 'o mundo' é para mim? Devo eu mostrá-lo a vós em meu espelho? Este mundo: um colosso de força, sem começo, sem fim, uma firme, brônzea grandeza de força, que não se torna maior, não se torna menor, que não se consome, mas apenas se transforma, inalteravelmente grande como Todo, uma economia sem dispêndio e sem perda, mas também sem crescimento, sem ingressos, cercada pelo 'Nada' como por uma fronteira; de modo algum [algo] dissipativo, perdulário, infinitamente-distendido, senão que, como força determinada, inserida num determinado espaço — e não num espaço que em algum lugar fosse 'vazio', antes porém como força por toda parte, como jogo de forças e ondas de força, ao mesmo tempo um e 'muitos', elevando-se aqui e, ao mesmo tempo, diminuindo acolá, um mar de forças, em si mesmo em precipitação e refluxo, eternamente se transformando, eternamente volvendo para trás, com imensos anos de retorno, com montante e vazante de suas figuras, impelindo-as para diante, desde as mais simples até as mais variegadas; partindo do mais quedo, rígido, frio, para o mais ardente, selvagem, em contradição consigo mesmo; e então novamente regressando da plenitude ao simples, do jogo das contradições de volta ao prazer do uníssono, afirmando-se a si mesma ainda nessa igualdade de seus trilhos e anos, abençoando a si mesma como o que tem de retornar eternamente, como um vir-a-ser que não conhece qualquer saciedade, qualquer fastio, qualquer fadiga —: este é meu mundo *dionisíaco* do eterno criar-se a si mesmo, do eterno destruir-se a si mesmo, este mundo secreto da dupla volúpia, este meu além de Bem e Mal, sem meta, se a meta não se encontra na felicidade do círculo, sem vontade, se um anel não tem boa vontade para consigo mesmo, — quereis um *nome* para este mundo? Uma *solução* para seus enigmas? Uma *luz* também para vós, vós os mais ocultos, os mais fortes, os mais intrépidos, os mais noturnos [*Mitternächtlichsten*]? — *Este mundo é a vontade de poder — e nada além disso!* E também vós mesmos sois esta vontade de poder — e nada além disso!"[25]

Esse universo do vir-a-ser, *único* mundo efetivamente existente, desdobrando-se sem cessar em infinitas miríades e constelações mutáveis de formações de forças, cuja natureza íntima é *vontade de poder*, não é pensado por Nietzsche como o efeito de uma criação *ex nihilo*, nem é governado por qualquer meta ou finalidade racional — instituída pela Providência ou pela natureza. *Esse* mundo não está submetido fisicamente ao finalismo, nem eticamente à economia da salvação. Pensá-lo, em toda a sua trágica extensão e profundidade, exige, como contrapartida, uma *nova concepção do tempo*, uma concepção igualmente trágica do tempo. A isso responde o ensinamento do eterno retorno, em *Zaratustra*, correlato e complemento de uma concepção do universo com base no conceito de vontade de poder.

---

[25] Idem. *Nachgelassene Fragmente* [Fragmentos póstumos], 38[12], junho-julho de 1885. In: KSA, *op. cit.*, vol. XI, p. 610s.

INTRODUÇÃO

Destaca-se, nesse contexto, outro elemento que se agrega intimamente à problemática da tragédia, fazendo com que a justificação da existência permaneça, de algum modo, tributária da intuição básica do livro inaugural: *O nascimento da tragédia*. Pois a superação da perspectiva da culpa, conquistada sobre os escombros do edifício da moral implodido pela crítica (com a consciência da perempção dos fundamentos erigidos sobre a noção tradicional de liberdade do arbítrio, de razão prática, de responsabilidade e de imputação), só deixa espaço para uma renovada figura de *justificação estética da existência*.

Se o mundo perdeu qualquer significação moral, se a aventura humana na história não pode se valer de uma justificativa teórica, religiosa ou ética, então a *completa inocência do existir* (como que flutuando no vácuo de toda fundamentação, ao desabrigo de todo porto seguro, amputado da segurança em terra firme — o Deus moral da tradição sendo o mais recuado, hígido e absoluto de todos os fundamentos) pode oprimir como o fardo de um destino absurdo, como uma proscrição no infinito.

Essa vertigem no espaço vazio entre a estabilidade do porto e as incertezas do mar, em que se aventuram os argonautas do espírito, já fora metaforicamente elaborada por Kant. Este, na *Crítica da Razão Pura*, assumia a tarefa de determinar o alcance e os limites da razão, sem descuidar dos riscos impostos por esse ousado empreendimento: "Agora não somente percorremos o domínio do entendimento puro, examinando cuidadosamente cada parte dele, mas também o medimos e determinamos o lugar de cada coisa nele. Este domínio, porém, é uma ilha fechada pela natureza mesma dentro de limites imutáveis. É a terra da verdade (um nome sedutor), circundada por um vasto e tempestuoso oceano, que é verdadeira sede da ilusão, onde nevoeiro espesso e muito gelo, em ponto de se liquefazer, dão a falsa impressão de novas terras e, enquanto enganam com vãs esperanças o navegador errante à procura de novas descobertas, envolvem-no em aventuras, das quais não poderá jamais desistir e tampouco levá-las a termo. Entretanto, antes de arriscarmo-nos a esse mar para explorá-lo em toda a sua amplidão, será útil lançar ainda um olhar sobre o mapa da terra que precisamente queremos deixar."[26]

No aforismo 124 de *A gaia ciência*, no texto que sugestivamente precede a alegoria dramática da morte de Deus, anunciada pelo louco na praça do mercado, Nietzsche retoma esse conjunto de imagens, destacando as metáforas da terra firme, do porto, do oceano e da aventura: "*No horizonte do infinito* — Deixamos a terra firme e embarcamos! Queimamos a ponte — mais ainda, cortamos todo laço com a terra que ficou para trás! Agora, tenha cautela pequeno barco! Junto a você está o oceano, é verdade que ele nem sempre ruge, e às vezes esse estende como seda e ouro e devaneio de bondade. Mas virão momentos em que você perceberá que ele é infinito e que não há coisa mais terrível que a infinitude. Oh, pobre pássaro que se sentiu livre e agora se bate nas paredes dessa gaiola! Ai de você, se for acometido de saudade da terra, como se lá tivesse havido mais *liberdade* — e já não existe mais 'terra'."[27]

Doravante, trata-se sempre ainda de ciência e de metódica disciplina científica, mas de um saber científico desonerado de toda gravidade dogmática, uma ciência leve e alegre, *la gaya scienza*, capaz de rir de todo mestre incapaz de rir de si próprio.

ASSIM FALOU ZARATUSTRA

Assim falou Zaratustra, a que Nietzsche atribuía uma posição de destaque em sua filosofia, pertence, de algum modo, ao ciclo de *A gaia ciência*, embora institua um novo marco em sua trajetória intelectual. Trata-se, então, de deixar para trás o último reduto de "terra firme", ou melhor, de declinar da confiança incondicional naquele "mapa da terra que precisamente queremos deixar", sem, no entanto, desesperar da ciência e das possibilidades de conhecimento por ela descortinadas. A obra de Nietzsche conhece então nova inflexão, que pode ser resumida como

---

[26] Kant, I. *Crítica da razão pura* (B294-295/A236). Trad. de Valério Rohden e Udo B. Moosburger. Coleção Os Pensadores. São Paulo: Abril Cultural, 1980, p. 153.
[27] Nietzsche, F. *A gaia ciência*, 124. Trad. de Paulo César de Souza. São Paulo: Companhia das Letras, 2001, p. 147.

INTRODUÇÃO

resultando de uma postura de *autorreflexão e autocrítica* da ciência, de retorno reflexivo a si por parte da razão esclarecida. Não se trata de um abandono da ciência em proveito de um irracionalismo caprichoso, em que se refugia a cínica indiferença de um *laissez-aller* teórico, um relativismo do tipo vale-tudo e, ao mesmo tempo, nada vale, mas sim de uma penosa disciplina do espírito para se desfazer criticamente das onerosas hipotecas e compromissos metafísicos dogmaticamente assumidos, implícita ou explicitamente, pela ciência.

Assim falou Zaratustra pode ser lido como uma tragédia,[28] mais ainda: como uma narrativa dramática cujo núcleo é constituído pela tragédia do conhecimento. O personagem que dá título ao livro, Zaratustra, é o mestre das duas doutrinas fundamentais: a vontade de poder e o eterno retorno. No entanto, para poder sê-lo efetivamente, ele tem de superar um paradoxo: ele deve, antes, *tornar-se* o que ele é. Sendo assim, a principal ação dramática em *Assim falou Zaratustra* pode ser descrita como trajetória de formação, pela qual o mestre torna-se mestre pela via da autossuperação, ou seja, elevando-se filosófica e existencialmente até a altura espiritual das doutrinas que professa, o que equivale a dizer: conquistando o direito de professá-las.

E, nesse percurso, a postura trágica perante o mundo oferece ao personagem central, assim como ao leitor da obra, a chave do segredo, que dá acesso ao efetivo aprendizado e à compreensão dos ensinamentos de Zaratustra (inclusive para o próprio mestre). A solução do paradoxo consiste em libertar-se do *ressentimento*, da sede de vingança, do sentimento de culpa e de falta, da vontade de imputação, ânsia de caluniar, culpabilizar *esse* mundo da imanência, da proximidade, dos sentidos, em proveito de um "além-mundo verdadeiro", um mundo ideal, metafísico, transcendente, inteligível.

---

[28] Destaco, a esse respeito, o livro *Zaratustra: tragédia nietzschiana*, de Roberto Machado (Rio de Janeiro: Jorge Zahar Editor, 1997): "*Assim falou Zaratustra* narra a história do aprendizado de Zaratustra como a história de 'descida', do 'declínio' ou do 'ocaso' de um herói trágico que segue uma trajetória marcada por dúvidas, angústias, terror, náusea, piedade [...] mas termina com seu 'amadurecimento', no momento em que ele assume alegremente o pensamento trágico por excelência: o pensamento do eterno retorno." (p. 30).

Essa libertação da sede de vingança, do rancor, só pode nascer de uma adequada e íntegra relação do homem com o tempo, com o mundo, com as raízes últimas da finitude de seu existir — esse é, para Nietzsche, o único caminho em direção à redenção, na circularidade de um tempo que *não* se inicia numa *arché* (princípio, origem), não se orienta em direção a uma meta, não se redime num fim último, num *eschatós* (final) apocalíptico. Para Zaratustra, a redenção consistiria em integrar numa totalidade tanto o lado brilhante, solar, apolíneo, belo, da existência, como também sua contraface subterrânea, noturna, tenebrosa, cruel, destruidora, dionisíaca. Até essa integração, não há senão tentativa, fracasso, fragmento.

"Caminho entre os homens como entre fragmentos do futuro: daquele futuro que eu contemplo. E todos os meus pensamentos e desejos tendem a pensar e reunir em unidade o que é fragmento e enigma e espantoso acaso. E como suportaria eu ser homem, se o homem não fosse também poeta e decifrador de enigmas e redentor do acaso! Redimir os que passaram, e transformar todo o 'foi' em um 'assim o quis' — somente isso seria para mim redenção! Vontade — assim se chama o libertador e o portador da alegria: isso é o que vos ensinei, amigos meus! E agora aprendei também isso: a própria vontade é, no entanto, um prisioneiro."[29]

A raiz de nossa impotência, o núcleo metafísico de nossa insatisfação ressentida consiste, para Nietzsche, em nossa relação com o tempo, âncora da finitude. Ele quer dizer com isso que a pedra de toque da vida de todos nós, que nosso supremo desafio e tentação reside numa *postura*, num modo de consideração [*Betrachtung*] existencial daquilo que nos constitui e nos limita: o tempo e o passar do tempo. O *tempo* é aquilo em virtude do que tudo o que somos e vivemos se desvanece, em cada instante, na medida em que, incessantemente, aquilo que *foi* já não é mais, já não pode mais ser; assim como também, numa outra perspectiva, aquilo que será, ainda não é, ou é o que *nunca* foi. Mas também o que *é* agora, no próximo instante, já terá sido, já não é mais, e, como tal, terá inapelavelmente deixado de ser.

---

[29] Nietzsche, F. "Von der Erlösung" [Da redenção]. *Also sprach Zarathustra* [Assim falou Zaratustra]. In: KSA, *op. cit.*, vol. IV, p. 177s.

INTRODUÇÃO

Para Nietzsche, nessa condição fixada pelo tempo encontra-se a raiz de uma profunda e atormentadora *indisposição*, de uma repugnância do homem voltada contra o tempo, especialmente contra o passar do tempo, contra a dimensão do "*foi*". Sem dúvida, ao tempo não pertence somente o passado, mas também o futuro e o presente. Mas quando Nietzsche considera o tempo, ele o faz numa perspectiva especial; ele não o apreende como um pacote em que estejam embalados o passado, o presente e o futuro. O tempo é apreendido sobretudo como passagem, o tempo passa, vai, escoa, anda, corre. Se esse decurso é também um vir (do futuro), aquilo que advém, no entanto, vem *para passar*, pois o temporal é transcurso, é o passageiro, o impermanente.

Não é o tempo, nele próprio, que revela a impotência e a derrisão da vontade — mas aquilo que no tempo é passagem, escoamento, a dimensão irreversível do "foi". "Assim se chamam o ranger de dentes e a mais solitária tribulação da vontade. Impotente contra o que está feito — a vontade é um mau espectador para todo passado. A vontade não pode querer para trás: que não possa quebrantar o tempo nem a voracidade do tempo — essa é a mais solitária tribulação da vontade [...] 'O que foi, foi' — assim se chama a pedra que [a vontade] não pode remover. E assim ela remove pedras por raiva e por mau humor, e vinga-se naquilo que não sente, do mesmo modo que ela, raiva e mau humor."[30]

Ressentimento, vingança, eis a essência da repugnância da vontade contra o tempo, eis também a forma mais radical da fraqueza e da impotência, a *impossibilidade* para a vontade de fazer face não meramente a uma dimensão do tempo, a um período do tempo ao lado dos outros dois, mas sim de confrontar aquilo que no tempo confere, dispensa e lega o que é, congelando-o num passado, num inamovível "já era". O tempo *doa* apenas o que ele tem, e ele tem o que ele é, isto é, o decurso, o fluxo e a passagem.

A vontade, esse libertador impotente, vinga-se, pois, sob a forma da mais profunda — porque metafísica — *aversão* contra o temporal, que sobre ela prevalece, contra o que ela nada pode, ou seja, aquele elemento

---

[30] *Ibidem.*

inamovível e definitivo, ao qual se torna, a cada ato vingança, mais e mais acorrentada. A vontade se mostra impotente e adversa contra o que não pode mais mudar, contra o que impede toda mutação.

"Desse modo, a vontade, o libertador, converteu-se em algo que causa dor: e vinga-se em tudo o que pode sofrer de que não possa querer para trás. Isso, e só isso, é a própria *vingança*: a aversão da vontade contra o tempo e seu 'foi'. *O espírito de vingança*: meus amigos, sobre isso é sobre o que melhor refletiram os homens até agora; e onde havia sofrimento, aí devia haver sempre castigo. O eterno no castigo chamado 'existência' consiste nisso: em que também a existência tem de tornar a ser eternamente ação e culpa!"[31]

Aqui se encontra a raiz da necessidade de metafísica, de toda depreciação e desvalorização *desse* mundo em prol de um além-do-mundo, qualquer que seja a forma transcendente que este assuma: o mundo platônico das essências ideais, o Incondicionado de Kant, o paraíso e a vida eterna dos cristãos, a negação ascética da vontade, em Schopenhauer. Essas figuras da além-do-mundo só podem ser alcançadas ao preço de que a vontade (a vida), ao longo de uma ascese, se redima a si mesma, e o querer se converta em não querer — o que, para Nietzsche, é fábula e "canção da demência! Eu vos apartei de todas essas canções de fábula quando vos ensinei: 'A vontade é um criador.' Todo 'foi' é um fragmento, um enigma, um espantoso acaso — até que a vontade criadora acrescente: 'Mas eu o quis assim!' Até que a vontade criadora acrescente: 'Mas eu o quero assim! Hei de querê-lo assim!'"[32]

Redimir o que até então foi acaso e fragmento, ousar compor um novo mosaico do humano, essa é a radical e nova configuração do trágico em Zaratustra, inspirada no ensinamento do eterno retorno. Esse é também o vigoroso repto de Nietzsche em direção à autossuperação do homem, sua redenção no Além-do-Homem, capaz de transformar o "foi" num paradoxal "assim eu o quis". A tragédia consiste, nessa sua nova versão, em fazer da própria vida uma obra de arte, a viver todos e cada um de seus instantes *sub specie aeternitatis*, como se cada momento

---

[31] *Ibidem*.
[32] *Ibidem*.

INTRODUÇÃO

vivido devesse ser esculpido e desejado por nós de modo que não nos arrependêssemos de querer também sua repetição por toda eternidade. "Falemos disso, sapientíssimos, ainda que seja desagradável. Calar é pior; todas as verdades silenciadas tornam-se venenosas. E que caia aos pedaços tudo aquilo que, em nossas verdades, possa cair em pedaços! Ainda há muitas casas a construir."[33]

INTERREGNO METODOLÓGICO: REFLEXÃO ANTECIPATÓRIA SOBRE LIGAÇÕES E RUPTURAS TEÓRICAS NA TRAJETÓRIA INTELECTUAL DE NIETZSCHE

Com o abandono da metafísica de artista e suas implicações, produto da ruptura com Schopenhauer e com Richard Wagner, a reflexão de Nietzsche sobre o Estado, o direito e a política adquire novos contornos, afastando-se decididamente da inspiração romântica que marcava a obra inicial, detectada e repudiada pelo filósofo no prefácio autocrítico da segunda edição de *O nascimento da tragédia*, de 1886. Em obras posteriores como *Humano, demasiado humano*, *Aurora* e *A gaia ciência* desaparece também a ideia estético-metafísica de uma redenção da natureza por obra da cultura, assim como a ênfase atribuída à figura da individualidade genial, substituídas por um considerável incremento do sentido histórico e da interpretação psicológica, do realismo econômico-político no que diz respeito a questões de justiça social. Um dos exemplos mais eloquentes dessa nova postura talvez possa ser encontrado no aforismo 206 de *Aurora*, intitulado *a classe impossível*:

"Pobre, feliz e independente! — tais coisas juntas são possíveis; pobre feliz e escravo! — isso também é possível, e eu não saberia dizer coisa melhor aos trabalhadores da escravidão fabril; supondo que não sintam como *vergonhoso* ser de tal forma *usados*, é o que sucede como parafusos de uma máquina e, digamos, tapa-buracos da inventividade humana. Ora, acreditar que um pagamento mais alto pode remover o *essencial* de sua miséria, isto é, sua servidão impessoal! Ora, convencer-se de

---
[33] Idem. "Von der Selbst-Ueberwindung" [Da autossuperação]. *Also sprach Zarathustra* [Assim falou Zaratustra], *op. cit.*, p. 146s.

que um aumento dessa impessoalidade, no interior do funcionamento maquinal de uma nova sociedade, pode tornar uma virtude a vergonha da escravidão! Ora, ter um preço pelo qual não se é mais pessoa, mas engrenagem! Serão vocês cúmplices da atual loucura das nações, que querem sobretudo produzir o máximo possível e tornar-se o mais ricas possível? Deveriam, isto sim, apresentar-lhes a contrapartida: as enormes somas de valor *interior* que são lançadas fora por um objetivo assim exterior! Mas onde está o seu valor interior, se nem sabem mais o que significa respirar livremente? Se mal têm a posse de si mesmos? Se com frequência estão enjoados de si, como de uma bebida esquecida e estragada?"[34]

Se, portanto, no período intermediário de sua produção filosófica, com o desaparecimento do pano de fundo teórico proporcionado pela juvenil metafísica de artistas, com seu contributo ao pensamento de Schopenhauer e à estética musical de Richard Wagner, Nietzsche conecta sua reflexão sobre o direito e o Estado diretamente com alguns dos problemas clássicos da *Realökonomie* e com o debate pungente da "questão operária", depois da consolidação das bases conceituais de sua última filosofia pode-se constatar uma retomada tanto de temas e conceitos quanto de metáforas e imagens outrora trabalhados em *O Estado grego*.

Tomo, como um dos exemplos mais eloquentes, a célebre problematização da gênese do Estado em *Para a genealogia da moral*. Nesse texto, Nietzsche associa a pré-história hipotética do Estado com a violência originária e com a guerra — portanto, uma vinculação semelhante à tematizada em *O Estado grego*, todavia no marco e enquadramento de um arranjo teórico totalmente modificado. "Empreguei a palavra 'Estado': já se compreende a quem me refiro — uma horda qualquer de loiros animais de rapina, uma raça de conquistadores e de senhores que, organizados para a guerra e dotados da força de organizar, deita sem qualquer escrúpulo suas terríveis garras sobre uma população talvez tremendamente superior em número, porém ainda informe, ainda errante. Dessa forma, com efeito, principia o 'Estado' sobre a terra: eu penso estar derrogado

---

[34] Idem. *Aurora*, 206, *op. cit.*, p. 151s.

aquela exaltação que o fazia principiar com um 'contrato'. Quem pode comandar, quem por natureza é 'senhor', quem irrompe violentamente em obras e gestos — o que tem ele a ver com contratos!"[35]

Fica patente no texto tardio a reelaboração, agora levada a efeito ao fio condutor do conceito-guia de vontade de poder, da figura do gênio político e militar, que também no texto de juventude figurava como o conquistador-artista. A empregar a brônzea tenaz com que traz à luz a obra de arte do Estado e, com ela, aquela organização piramidal da sociedade civil, sobre cuja extensa base de um estamento de servidores e instrumentos, a natureza madrasta, então transfigurada, redimida e justificada pela cultura, pode fazer florescer o gênio, nas figuras do santo, do filósofo e do artista.

Apenas em *Para a genealogia da moral* não encontramos mais aquela finalidade inconsciente que dirigia em surdina o vir-a-ser e operar da própria natureza, o pulsar latente e inarticulado da "Vontade" (ou do Uno-primordial) dilacerando-se na miríade da individuação, para a configuração da multiforme realidade empírica do mundo, para enfim contemplar-se no brilho especular da arte e, com isso, chegar ao conhecimento de si mesma. No entanto, imagens e processos análogos àqueles descritos em O *Estado grego* se encontram em abundância tanto especificamente no texto da *Genealogia*, quanto também, por exemplo, em projetos e apontamentos preparatórios da *Grande política*, assim como na obra publicada. A propósito da *Grande política* seria mesmo pertinente afirmar que esse projeto é dominado por problemas e questões já presentes em O *Estado grego* e textos inéditos contemporâneos.[36]

Quanto à obra publicada, convém destacar a seguinte passagem, extraída de *Para além de bem e mal*: "O essencial em uma boa e saudável aristocracia é, porém, que ela *não* se sente como função (seja do reinado,

---

[35] Idem. *Zur Genealogie der Moral* [Para a genealogia da moral], II, 17. In: KSA, *op. cit.*, vol. V, p. 324.

[36] Como prova, considere o fragmento inédito numerado como 9[17], do outono de 1887, presente na KSA, vol. XII, p. 346, no qual se articula um dos pensamentos basilares da Grande política: "O apequenamento do homem tem de valer por muito tempo como única meta: porque primeiro é preciso criar um largo fundamento sobre o qual se possa colocar de pé uma espécie mais forte de homem: em que medida até aqui toda espécie homem fortalecida esteve sobre a de um nível inferior."

seja da comunidade), mas como seu *sentido* e suprema justificação — que, por causa disso, ela aceita com boa consciência o sacrifício de um sem-número de homens que, *por causa dela*, têm que ser rebaixados e diminuídos. Seu credo fundamental tem de ser justamente que a sociedade *não* pode existir por causa da sociedade, mas apenas como alicerce e andaime sobre o qual uma seleta espécie de seres possa se elevar para sua tarefa superior e, em geral, para um *ser* mais elevado: comparável àquelas plantas trepadeiras de Java, ávidas de sol — chamadas cipó matador — que com seus braços enlaçam um carvalho tão constante e prolongadamente até que, muito acima dele, porém apoiadas sobre ele, podem exibir sua coroa à livre luz e fazer brilhar sua felicidade."[37]

Curioso destacar aqui é que a ideia-mestra de autossuperação (que ocupa papel central em *Assim falou Zaratustra* e que se conecta estreitamente com o conceito de vontade de poder) — presente, na passagem supracitada, na fórmula do "ser mais elevado" — substitui a estética redentora, o oculto *telos* em direção ao qual a epopeia humana se precipitava avidamente, em inconsciente afã (em verdade dirigido pela natureza). Em *O Estado grego*, Nietzsche se perguntava pelo sentido daquela barbárie com que os antigos helenos se entredevoravam em rivalidade sangrenta, a disseminar devastadoras guerras entre cidades e partidos — e sua resposta era que, se os helenos fossem citados perante o tribunal da justiça eterna, sua defesa consistiria em evidenciar que fora unicamente graças a essa mesma barbárie que o Estado pôde trazer à luz a coroa preciosa da sociedade grega, píncaro de cultura até hoje inatingido:

"Orgulhoso e sereno comparece o Estado perante ele [o trono da eterna justiça]: e pela mão conduz a mulher gloriosamente florescente, a sociedade grega. Foi por essa Helena que ele travou aquelas guerras — que juiz de barba cinzenta poderia aqui condenar?"[38] Ora, essa justificação e defesa ressoa, certamente com modificações, mas também em significativa continuidade, na figura do cipó matador: trata-se aqui de outra

---

[37] Nietzsche, F. *Jenseits von Gut und Böse* [Para além de bem e mal], 259. In: KSA, *op. cit.*, vol. V, p. 206s.
[38] *Idem.* Der Griechische Staat [O Estado grego]. *Fünf Vorrede Zu Fünf Ungeschriebene Bücher* [Cinco prefácios para cinco livros não escritos], *op. cit.*, p. 772.

INTRODUÇÃO

metáfora para a mesma ideia de uma configuração social segmentada e hierarquizada, com clara diferenciação de funções, que carece de uma ampla e vigorosa base de apoio sobre a qual possa secretar suas criações de escol, assim como necessita de uma estufa para cultivar a seleta espécie das plantas mais raras. Desse modo, da mesma forma que os gregos se defendiam da violência sangrenta ao mesmo tempo que legitimavam o uso dela por eles mesmos com a exibição da "bela helena", assim também a moderna barbárie civilizada poderia se redimir nos raros indivíduos de exceção, como, por exemplo, os espíritos livres, muito livres.

Porém, é necessário observar que, em *Para além de bem e mal*, o elemento decisivo é o exercício *gratuito* da vontade de poder exercendo-se e afirmando-se integralmente na geração artística do Estado, na crueldade da dominação e exploração, como meios para a elevação do "tipo homem". É a mesma redenção da barbárie, a mesma sublimação da violência, mas sem a disfarçada teleologia da natureza que animava a obra inicial: "Toda elevação do tipo 'homem' foi até agora obra de uma sociedade aristocrática — e assim será sempre novamente: como de uma sociedade que acredita em uma longa escala de ordenação de graus e diferença de valor entre homem e homem, e que tem necessidade da escravidão, em algum sentido. Sem o *páthos da distância*, tal como ele brota do constante olhar e olhar para baixo da casta dominante para os submetidos e ferramentas e de seu igualmente constante exercício em comandar e obedecer, em manter distante e abaixo, não poderia crescer também, de modo algum, aquele outro *páthos* secreto, aquele anseio por sempre novo alargamento de distância no interior da própria alma, a configuração de estados sempre mais elevados, mais raros, mais remotos, mais distendidos, mais abrangentes, em resumo justamente a elevação do tipo 'homem', a prolongada 'autossuperação do homem', para tomar uma fórmula moral em um sentido supramoral."[39]

Vemos, pois, que Nietzsche, na obra tardia, não somente retoma o tema da necessidade da escravidão para a produção da cultura, como também introduz um importante paralelo, que evoca e aprofunda

---

[39] Idem. *Jenseits von Gut und Böse* [Para além de bem e mal], 259, *op. cit.*, p. 205.

o tratamento dado ao mesmo *topos* em *O Estado grego*. Com efeito, em *Para além de bem e mal*, Nietzsche justapõe e remete o processo de organização piramidal da sociedade à diferenciação hierárquica das funções anímicas, ou seja, à configuração diferenciada de funções psíquicas inferiores e superiores — numa significativa reedição da metáfora platônica em que as classes sociais e suas funções definidas simbolizam as virtudes da alma, sendo a *polis* a imagem adequada da *psiquê*.

No entanto, no trecho antes transcrito de *Para além de bem e mal*, Nietzsche toma o cuidado de aludir à escravidão *"em algum sentido"*. Nessa variante, podemos discernir o propósito de marcar uma distância em relação à limitação presente em *O Estado grego*, que visava a escravidão em sentido estrito, como a tomada de posse do vencido pelo vencedor, com mulher e filhos, bens e sangue. No texto de 1885, em correspondência com o refinamento de seu conceito de poder, Nietzsche trabalha com um sentido ampliado de escravidão, já elaborado em *Humano, demasiado humano*: "Todos os homens se div*idem*, em todos os tempos e também hoje, em escravos e livres; pois aquele que não tem dois terços do dia para si é escravo, não importa o que seja, estadista, comerciante, funcionário ou erudito."[40]

Assim, nessa acepção lata de escravidão, que também é dominante no interior do projeto da *Grande política*, os escravos tanto podem ser identificados com o movimento operário quanto com os financistas, com o funcionalismo público e com a erudição acadêmica. É isso que Nietzsche pretende significar com a expressão: escravidão *em algum sentido*, ou seja, servidão sublimada, mesmo como corveia espiritual — o trabalho maquinal, a agitação infinita das bolsas e dos grandes mercados, a erudição vazia e o palavrório incessante, que alimentam os "negócios da cultura". Como escreve Erwin Hufnagel, a sociedade do trabalho e do rendimento pode ser também profundamente desumana, e a libertação política preconizada pela *Aufklärung* pode degenerar em escravidão mental. Segundo ele, o que Adorno e Horkheimer atribuíam à dialética do Esclarecimento,

---

[40] Idem. *Humano, demasiado humano*, 283, *op. cit.*, p. 191.

INTRODUÇÃO

Nietzsche interpretava como um problema de história da filosofia e história mental.[41]

No horizonte teórico da vontade de poder, o tema da violência e crueldade como geradoras do direito e do Estado remete à tese genealógico-psicológica de acordo com a qual a cultura superior é resultado de espiritualização e internalização da crueldade. Assim como já pudemos acompanhar em *O Estado grego*, também para a filosofia nietzschiana posterior a *Assim falou Zaratustra*, nos primórdios do Estado se encontram a violência, o combate sangrento, a exploração e a dominação. Trata-se de uma tese que o jovem Nietzsche já empregava como uma crítica radical do igualitarismo democrático, do credo iluminista em justiça, liberdade e isonomia.

O que se pode constatar é que, nos textos tardios, Nietzsche tem necessidade de mobilizar, para fins estratégicos de combate ao social darwinismo, ao otimismo liberal, à pregação revolucionária de justiça social com base em liberdade, igualdade e fraternidade, seu conceito ativo e positivo de vontade de poder, extraído das relações políticas de força e dominação, para contrapô-lo a conceitos e categorias reativos e negativos como adaptação, utilidade para o maior número, ao superficial otimismo pacificador das "ideias modernas".

"Em nenhum ponto, porém, é a consciência dos europeus mais refratária à instrução do que aqui: por toda parte exalta-se agora, até mesmo sob disfarces científicos, sobre futuros estados da sociedade, dos quais devem desaparecer 'o caráter de exploração': — isso soa aos meus ouvidos como se alguém prometesse inventar uma vida que se abstivesse de todas as funções orgânicas. A 'exploração' não pertence a uma sociedade corrompida, imperfeita e primitiva: ela pertence à essência do vivente, como função orgânica fundamental, ela é uma consequência da autêntica vontade de poder, que é justamente a vontade da vida. — Suposto que isso é uma novidade como teoria — como

---

[41] Cf. Hufnagel, E. "Nietzsche als Provokation für die Bildungsphilosophie" [Nietzsche como provocação à filosofia da educação]. In: *Nietzsche Forschung* [Pesquisa de Nietzsche], vol. 7. V. Gerhardt e R. Reschke (orgs.). Berlim: Akademie Verlag, 2000, especialmente p. 122s.

realidade isso é o *fato primordial* de toda história: sejamos todavia honestos conosco mesmos até esse ponto."[42]

Delineia-se com isso o alvo estratégico visado pela metafísica de artistas: a intervenção no debate sobre os problemas da atualidade, o esforço para realizar, num diagnóstico do presente, a crítica da modernidade política. E, além disso, com recurso à mesma tática: a *extemporaneidade*, o retorno aos primórdios como função heurística, gerando um efeito de estranhamento, de recuo e distância, permitindo divisar seu próprio tempo a partir de outra perspectiva, o exercício da autorreflexão, que enseja uma avaliação a partir de um ponto de vista externo à unanimidade valorativa do "rebanho autônomo" dos homens modernos, sob cuja ideologia legitimadora uma tirânica vontade de poder leva a efeito uma "administração econômica global da Terra [...] uma utilização cada vez mais econômica de homem e humanidade, uma 'maquinaria' de interesses e rendimentos sempre mais firmemente entrelaçados entre si".[43]

A GENEALOGIA E A TRANSVALORAÇÃO: NIILISMO E FUGA DOS DEUSES

Os textos publicados imediatamente depois do *Zaratustra*, como por exemplo *Para além de bem e mal* (1886) e *Para a genealogia da moral* (1887), prolongam a crítica da moral em chave genealógica. Inicialmente planejadas por seu autor como prolongamentos conceitualmente esclarecedores de *Assim falou Zaratustra*, a verdadeira missão dessas declarações filosóficas de guerra contra a moral vigente é infinitamente maior: com elas, Nietzsche leva a efeito uma batalha em todas as frentes mais significativas de nossa tradição cultural.

Nesse período, o par conceitual decadência-niilismo constitui um dos vetores principais da reflexão de Nietzsche. As mais elevadas referências de normativas de nossa cultura são formadas por conceitos que nada mais são que sintomas da decadência fisiológica e espiritual do homem

---

[42] Nietzsche, F. *Jenseits von Gut und Böse* [Para além de bem e mal], 259, *op. cit.*, p. 208.
[43] Idem. *Nachgelassene Fragmente* [Fragmentos póstumos], 9[153], outono de 1887. In: KSA, *op. cit.*, vol. XII, p. 424s.

INTRODUÇÃO

moderno. Nietzsche se autocompreende como sintomatologista e médico da cultura; esta, por sua vez, é uma linguagem semiótica na qual deciframos a trama oculta de investimentos de vontade de poder, cujo meio de conservação e fortalecimento consiste numa depreciação da vida, numa negação do corpo, dos sentidos, do mundo levada a efeito pelas construções ficcionais da metafísica. A tarefa do sintomatologista é, então, nada menos que titânica: ele se propõe investigar a gênese histórica de valores como Bem, Mal, Verdade, Falsidade, Virtude, Vício, Prêmio, Castigo, Culpa, Inocência, Liberdade, Servidão, com vistas a um conhecimento das condições e circunstâncias de seu surgimento, sob as quais se desenvolveram e se modificaram, um saber tal que, segundo ele, até hoje nunca existiu nem foi desejado.

E, para além disso — e como se tal desmesurada ambição ainda não bastasse —, o livro leva ao extremo de sua ousadia uma questão propriamente genealógica, que, como pergunta crítica e valorativa, não se esgota na reconstituição da efetiva história de proveniência, surgimento, deslocamentos, transformações, significados e ressignificações de nossos supremos valores — essa é já a perspectiva iconoclasta e disruptiva em que as mais solenes e insuspeitas bases e parâmetros de avaliação são constrangidos a exibir, ao escrutínio da crítica histórica, sua inconfessável *pudenda origo*.

Além disso, portanto, trata-se também de avançar ainda outro passo, de levar a seu ponto de culminância o questionamento crítico-genealógico, no estilo em que o concebia Nietzsche — pois, nessa acepção, esse percurso deve encontrar seu ápice, ou, o que dá no mesmo, seu extrato mais profundo e basal, na pergunta pelo valor daquela gênese; na indagação *eminentemente crítica* a respeito do sentido e do valor daqueles valores das transfigurações de seus significados, do ponto de vista de sua contribuição para a elevação, promoção, fomento, ou, ao contrário, para o nivelamento, mediocrização, rebaixamento de valor da humanidade.

Na atmosfera espiritual desses escritos, desempenha um papel fundamental uma categoria extraída da filosofia da tragédia: a noção de catástrofe. Nietzsche pretende que esses seus livros levem a termo a autossupressão tanto da verdade quanto da moral, uma superação imposta por exigência (paradoxal) de honestidade intelectual, uma denúncia da secreta aliança entre a ciência moderna, com sua exigência incondicional de verdade a qualquer preço e os ideais ascéticos, de que se nutriram a metafísica platônica, assim como a religião e a moral cristã.

Na moderna sociedade civil burguesa, dominada por uma anônima vontade de poder coletiva, responsável pela configuração da sociedade de massas emergente da revolução industrial, os antigos valores metafísico-religiosos foram laicizados como valores éticos e, como tais, instrumentalizados como cobertura ideológica do projeto político que sucedeu a derrocada do *Ancien Régime*. Trata-se de um agenciamento pelas "ideias modernas" da exigência de liberdade, justiça e igualdade de direitos (na realidade, um disfarce jurídico-formal acobertando uma tirânica desigualdade e dominação real) cujo fim oculto é levar a cabo um rebaixamento de valor do homem, nivelar e uniformizar corações e mentes. Para Nietzsche, a ciência moderna não é a antítese desse agenciamento, mas sua cúmplice inconsciente. Ela toma seu partido, sob o travestimento supostamente asséptico do positivismo, da crença no progresso, da neutralidade axiológica, do utilitarismo, do social-darwinismo, da glorificação teórica da adaptação, ela colabora no esforço civilizatório de domestificação e amansamento do homem, sua reificação dócil e conformada, autocomplacente, sua transformação em peça de engrenagem numa economia global de todos os interesses e rendimentos.

Sendo assim, nem a vontade de verdade a todo custo, que anima e sustenta toda investigação teórica e toda práxis científica, é verdadeira (no sentido de objetiva, neutra, universal e necessária, independentemente de condicionamentos e interesses subjetivos); nem a moral é desinteressada (a moral vigente, que consideramos como *a* moral absoluta, é travestimento ético de jogos de aliança e oposição entre vontades de poder, em luta por domínio). Nessas condições, a verdade é inverídica, e a moralidade, tal como nela cremos, revela-se como imoral. O niilismo é o fenômeno histórico pelo qual o homem moderno toma consciência desse processo de esgotamento de seus valores supremos, de sua perda de cogência, consistência e validade. Eles se mostram, nesse processo, em sua verdade, ou seja, como expressões de declínio,

INTRODUÇÃO

ocaso, decadência, pelos quais se despreza e calunia a vida, em vão, *em troca de nada*.

Sendo assim, os últimos livros de Nietzsche podem ser interpretados como a *realização concreta* do conceito autenticamente grego de catástrofe: eles se apresentam como *acontecimentos* decisivos na história espiritual do Ocidente. Como o principal e derradeiro transe no enredo trágico de nossa civilização, eles produzem nela uma reviravolta, um transtorno, acontecem como um *evento* fatal na marcha desse processo, para esclarecer definitivamente o sentido de sua trama, desvendando o entretrecho, concluindo a ação. O inevitável ateísmo e o imoralismo visceral da moderna consciência científica, compartilhados por Nietzsche, não são o outro dos ideais ascéticos brotados da religião e da moral, nem sua antítese ou contradição; são antes um signo catastrófico das derradeiras formações e as consequências internas daqueles ideais. Nas palavras de Nietzsche, eles são a apavorante *catástrofe* de uma disciplina milenar para a verdade que, afinal, proíbe-se, por exigência lógica de seus próprios valores, a *mentira* de crer em Deus, em todo ideal, em toda forma de absoluto.

Refletindo sobre a própria trajetória, observa Nietzsche: "Meus pensamentos sobre a *procedência* dos prejuízos morais [...] tiveram sua primeira expressão provisória e parca nessa coleção de aforismos que tem por título *Humano, demasiado humano: um livro para espíritos livres* [...] foi então a primeira vez que trouxe à luz aquelas hipóteses genealógicas [...] com torpeza, que eu seria o último a querer ocultar e, além disso, sem liberdade, sem dispor de uma linguagem própria para dizer coisas próprias, e com múltiplas recaídas e flutuações."[44]

Considero produtivo fixar a atenção nessa expressão: "hipóteses genealógicas". Diferentemente da expressão parca e provisória, povoada de recaídas e flutuações, com que vêm à luz em *Humano, demasiado humano*, *Para a genealogia da moral* formularia tais hipóteses a respeito da *origem* dos valores bem e mal com a liberdade e a segurança conferidas por uma linguagem própria, isto é, pelo léxico adequado às

---

[44] Idem. "Prefácio", 2 e 4. *Zur Genealogie der Moral* [Para a genealogia da moral], *op. cit.*, vol. V, p. 248s.

diretrizes teóricas emanadas dos conceitos cardinais de vontade de poder e perspectivismo.

De maneira breve e esquemática, destaco algumas características dessas hipóteses genealógicas que em *Para a genealogia da moral* serão de imensa importância: (a) trata-se de empreender uma *história efetiva* da moral, com o propósito de reconstituir seu vir a ser. Com isso, rompe-se, *ab ovo*, com um modo de reflexão sobre a moralidade que a considera um atributo da natureza humana, subtraído aos avatares do tempo e da historicidade. Rompe-se, igualmente, em consequência disso, com uma visão pacificadora dessa mesma natureza, que considera o homem naturalmente suscetível aos valores morais, em razão de ser originariamente social e racional. Nietzsche tem aqui certamente como alvo crítico, para o bem e para o mal de *Genealogia*, a versão corrente do bom selvagem Rousseauniano, "naturalmente bom e propenso à compaixão".

Como segunda característica (b), gostaria de sublinhar que *Para a genealogia da moral* é um texto em que Nietzsche procura reconstruir a gênese das supremas referências morais de valor, ao mesmo tempo que coloca em questão o problema do valor desses valores. Não se trata, pois, somente de resgatar a historicidade das categorias morais, mas também de apreciar o valor dessa gênese. Ora, isso implica em *não admitir como dado inquestionável* o valor desses valores, ou seja, em determinar o seu valor, o que só pode ser levado a efeito a partir de uma perspectiva crítica em relação a eles. Essa avaliação dos valores morais tem como condição prévia uma desestabilização da própria moral, a desconstituição de sua brônzea evidência, levada a cabo sob o crivo da crítica histórico-genealógica, que ousa considerá-la *como um problema*.

Como terceira característica (c), gostaria de mencionar o caráter polêmico tanto de *Para a genealogia da moral* quanto de *Para além de bem e mal*, e com isso de sugerir que a filosofia da vontade de poder se constrói, em medida considerável, em contradição, como um contradiscurso em relação tanto à tradição da histórica da metafísica quanto, numa perspectiva de confronto e crítica cultural, como uma radical oposição à modernidade. Talvez seja esse um dos sentidos mais coerentes da *extemporaneidade* [*Unzeitgemässheit*] que marca os escritos de Nietzsche.

INTRODUÇÃO

De acordo com tais hipóteses de interpretação, o discurso nietzschiano, mormente os dois textos em questão, ganham plena inteligibilidade e coerência como execução do programa teórico do perspectivismo, que envolve necessariamente a tarefa de desconstrução de toda tese filosófica que se pretenda ser algo mais do que perspectiva. Ora, com isso, somos novamente remetidos ao território da moral, pois, para Nietzsche, foi sempre da seiva de uma significação moral que se nutriram as pretensões de absoluto — seja no plano epistemológico, seja no ético-político.

Diante disso, portanto, determina-se uma tarefa: empregar em face da moral, uma atitude de natural curiosidade científica. É nessa perspectiva que se abre o capítulo de *Para além de bem e mal* que leva o título "Para a história natural da moral". "Deveríamos nos confessar, com todo rigor, *o que* é que necessitamos aqui [*em matéria de ciência da moral*] ainda por muito tempo, o que é *o único* que provisoriamente está justificado: a saber, recolhimento de material, formulação e classificação conceituais de um imenso domínio de delicados sentimentos e diferenciações de valor, que vivem, crescem, procriam e perecem — e, talvez, tentativas de mostrar com clareza as configurações mais frequentes e que mais se repetem dessa cristalização viva —, como preparação para uma *tipologia* da moral."[45]

Porém, a moral sempre foi, para Nietzsche, a Circe dos filósofos. Seus encantamentos se insinuam até mesmo no tratamento "científico" que os filósofos deram à moral; em seu intento de fazer "ciência da moral", os filósofos se entregaram à tentativa pretensiosa e solene de *justificar a moral*. "Quão distante do grosseiro orgulho de tais filósofos a tarefa aparentemente insignificante, abandonada ao pó e ao mofo, de uma descrição, ainda que para realizá-la seja difícil que pudessem ser suficientemente delicados ainda mesmo as mãos e o sentidos mais finos! Precisamente porque os filósofos da moral não conheciam os *facta* morais senão de uma maneira grosseira, arbitrária, na forma de um extrato arbitrário ou de um compêndio fortuito [...] justamente porque estavam mal informados e mesmo sentiam pouca curiosidade em conhecer povos,

---

[45] Idem. *Jenseits von Gut und Böse* [Para além de bem e mal], 186, *op. cit.*, p. 105s.

épocas, tempos pretéritos, não chegaram, em absoluto, a discernir os autênticos problemas da moral: — que só emergem quando se realiza uma comparação de *muitas* morais."[46]

Percebe-se, assim — e esta é uma característica metodológica que gostaria de destacar —, que o primeiro passo em direção a uma postura efetivamente científica diante da moral, com vistas a sua vivissecção, à sua problematização, consiste em recusar a estratégia fundamentalista da justificação, pois esta se enraíza numa crença irrefletida, que é também a expressão erudita da própria moralidade dominante e, com isso, a confissão velada de uma interdição: aquela que consiste em denegar a possibilidade e a licitude de questionar, de tomar *como um problema*, a moral em que se crê, e que se vive de forma intelectualizada, ao se tentar sistematizar seu núcleo de racionalidade.

A pergunta pelos *facta* morais, como veremos, confunde-se com a investigação sobre a gênese do processo de hominização, sobre os obscuros princípios da civilização e da cultura. Ela abre caminho para um tipo de consideração histórica da moral que, estranhamente, põe-se em busca de documentos, vestígios, das marcas deixadas na memória coletiva dos povos, mas que se funda, predominantemente, em "hipóteses", diria ficções teóricas com função heurística. Trata-se, nos próprios termos de Nietzsche, de uma tentativa de levar a efeito uma "história natural da moral", de uma "formulação e classificação conceituais" da imensa gama de sentimentos morais e formas de juízo de valor, que "vivem, crescem, procriam e perecem". Esse projeto constituíra já uma das metas de *Humano, demasiado humano*. Nietzsche o retoma explicitamente no aforismo 186 de *Para além de bem e mal* e o executa, de modo exemplar para sua filosofia, na primeira dissertação de *Para a genealogia da moral*.

Nela são identificadas, para fins de exposição abstrata, as formas de valoração das ações mais frequentemente repetidas, que darão ensejo a uma classificação tipológica da moral. Trata-se aqui, como é sabido,

---
[46] *Ibidem*.

da célebre contraposição entre moral de senhores e de escravos, com o variado cortejo de suas oposições e reações mútuas, mas também a inesgotável complexidade de suas combinações, fusões e separações. Com isso se obtém também um recuo crítico em relação à moral dominante, no caso a moral platônico-cristã, ou judaico-cristã, como Nietzsche repetidamente a denomina. Tal distanciamento enseja, por seu turno, uma *relativização* histórica dessa moral, operação que legitima a pergunta pelo seu valor: "*A moral é hoje na Europa moral de animal de rebanho* — portanto, de acordo como nós entendemos as coisas, não mais do que *uma* espécie de moral humana, ao lado da qual, adiante da qual, por detrás da qual, outras várias morais são ou deveriam ser possíveis, sobretudo morais *superiores*. Contra tal 'possibilidade', contra tal 'deveriam', defende-se, no entanto, essa moral com todas as suas forças: ela diz, com obstinação e inflexibilidade: 'eu sou a moral mesma, e não há qualquer outra moral!'"[47]

Abrigando tal pretensão de incondicionalidade, uma determinada forma de moral se institui como *a moral em si*, o que se torna possível a partir dos vínculos que alega ter com a racionalidade e com a verdade. "Não há nenhuma outra moral além de mim"; isso equivale à afirmação: em mim está contido o núcleo racional, portanto, verdadeiro, de toda moralidade, que compete à filosofia apreender conceitualmente e explicitar. Esse irresistível canto de sereia seduziu os pensadores ao desatino da fundamentação filosófica *da* moral. Essa é a insidiosa cumplicidade metafísica entre moralidade e verdade, que faz com que *uma* forma de moral se institua como *a verdadeira moral*.

Para o genealogista da moral, nos moldes de Nietzsche, entretanto, ela se revela apenas como *uma* espécie de moral humana entre inúmeras outras possíveis, *ou que deveriam sê-lo*. Nietzsche se propõe a reconstituir sua história de proveniência. Ele o faz, certamente, com base em recursos oriundos da moderna historiografia, da antropologia, da etnologia, da ciência do direito e da antropologia cultural, mas seu substrato último, como veremos adiante, são "hipóteses genealógicas", que permitem

---

[47] *Ibidem*, 202, p. 124s.

chegar aos resultados teóricos que caracterizam o pensamento maduro de Nietzsche. Essas hipóteses genealógicas têm a pretensão de mostrar que "*a moral*" é apenas de *uma* forma de moral humana, dentre uma variedade existente ou possível. Por sua vez, compete à vertente crítica e corrosiva da genealogia descortinar o horizonte axiológico no interior do qual outras modalidades de moral humana *deveriam* ser possíveis, em seguida à desconstrução da solidez pretensamente granítica *da moral*, levada a efeito pela crítica genealógica. Esta exibe tanto sua incontornável relatividade quanto a chaga oculta de sua autocontradição: sua inexorável imoralidade.

O plano de conjunto para uma genealogia da moral, com suas tarefas específicas, Nietzsche já o havia delineado num fragmento póstumo do período compreendido entre o outono de 1885 e a primavera de 1886: "São tarefas separadas: 1) Apreender e fixar a espécie atualmente dominante (e num limitado âmbito cultural) de avaliação moral do homem e das ações. 2) O inteiro código moral de um tempo é um *sintoma*, por exemplo, como meio de autoadmiração, ou de insatisfação, ou de *tartuferie*: além do estabelecimento do atual *caráter da moral*, há que se fornecer ainda a *interpretação e a exegese desse caráter*. Pois, em si, ela é plurívoca. 3) Esclarecer o surgimento dessa que é justamente a maneira atualmente dominante de julgamento. 4) Fazer a crítica da mesma, ou perguntar: quão forte ela é? Sobre o que exerce ela seu efeito? O que *se torna* a humanidade (ou a Europa) sob seu encantamento? Que forças ela fomenta, quais ela reprime? Torna ela mais saudável, mais enfermo, mais corajoso, mais refinado, mais carente de arte etc.? Aqui já está pressuposto que não existe nenhuma moral eterna: isso deve valer como demonstrado. Tão pouco quanto existe uma espécie eterna de juízos sobre nutrição. Nova, entretanto, é a crítica, a pergunta: 'bom' é efetivamente 'bom'? E que vantagem tem talvez aquilo que agora é preterido e caluniado? As distâncias temporais entram em consideração."[48]

A integração dessas tarefas no interior de um programa genealógico completo e amadurecido, Nietzsche a realiza, como já foi anteriormente

---

[48] Idem. *Nachgelassene Fragmente* [Fragmentos póstumos], 1[53]. In: KSA, *op. cit.*, vol. XII, p. 23.

INTRODUÇÃO

mencionado, em *Para a genealogia da moral*. Sua execução integral inclui uma nova exigência teórica: "necessitamos de uma *crítica* dos valores morais, *o próprio valor desses valores tem primeiramente, alguma vez, que ser posto em questão* — e para isso se necessita ter conhecimento das condições e circunstâncias das quais surgiram tais valores, em que se desenvolveram e modificaram (a moral como consequência, como sintoma, como máscara, como tartuferia, como enfermidade, como mal-entendido; mas também a moral como causa, como medicina, como estimulante, como inibição, como veneno), um conhecimento como até agora não existiu, nem sequer foi desejado."[49]

Percebe-se que a *Genealogia* integra tanto a perspectiva histórica, quanto a sintomatológica (hermenêutico-interpretativa), assim como a crítica. Reconstituir as condições de surgimento, desenvolvimento, transformação e deslocamento de sentido de uma espécie de moral implica compreendê-la historicamente e, com isso, denegar-lhe a condição de dado natural, ou de valor absoluto. Compor o perfil tipológico, estabelecer o caráter ou fixar traços que configuram a espécie dominante de moral equivale a compreendê-la a partir de uma multiplicidade real ou possível, portanto em sua relatividade. Apreendê-la como múltipla e relativa possibilita compará-la, avaliá-la, inseri-la numa hierarquia de morais possíveis, que passam a ser discernidas e valorizadas em função dos fins, dos interesses e propósitos que articulam e a que servem de máscara, expressão desfigurada, sintoma. Daí a multiplicidade das perspectivas e dos ângulos a partir dos quais o genealogista pode então avaliar um determinado conjunto de valores morais.

Assim, a *Genealogia* se apresenta como a perspectiva global para a consideração da moral a partir da doutrina da vontade de poder, ou como a práxis perspectivista dessa mesma doutrina: "não existe princípio mais importante para toda espécie de ciência histórica do que esse que se conquistou com tanto esforço, mas que também *deveria estar* efetivamente conquistado —, a saber, que a causa do surgimento de uma coisa e a utilidade final desta, sua efetiva utilização num sistema de fins,

---

[49] Idem. "Prefácio", 6. *Zur Genealogie der Moral* [Para a genealogia da moral], *op. cit.*, p. 252s.

são fatos *toto coelo* separados entre si; que algo existente, algo que de algum modo chegou a se realizar, é sempre de novo interpretado por um poder superior em vista de novos propósitos, é apropriado de um modo novo, transformado e adaptado para uma nova utilidade; que todo acontecer no mundo orgânico é um subjugar e assenhorear-se, e que, por sua vez, todo *subjugar* e *assenhorear-se* é um reinterpretar, um reajustar, nos quais, necessariamente, o 'sentido' anterior e a 'finalidade' anterior têm que permanecer obscurecidos e inclusive totalmente apagados."[50]

Como qualquer outro "acontecer no mundo orgânico", a moral representa o sintoma de um reinterpretar constante, que brota da oposição e das alianças entre vontades de poder, em fluxo permanente. É, por conseguinte, sob essa óptica que se pode interpretar genealogicamente *a* moral como *um* tipo específico de moralidade humana, condicionada a fins e propósitos que expressam o modo de ajustamento entre vontades de poder, dando forma e substância ao projeto civilizatório do Ocidente. Esse é também o modo como se pode descortinar novos horizontes possíveis para a moralidade, como possibilidades que emergem da autossupressão da moral platônico-cristã. É com o propósito de dar sustentação a essas hipóteses hermenêuticas que empreendemos a seguir uma reconstituição de argumentos centrais de Nietzsche a respeito da genealogia das referências axiológicas supremas da moralidade ocidental.

Para a realização desse propósito, a gênese da consciência moral oferece um ponto de partida privilegiado. Com efeito, a partir dele se narra a pré-história do surgimento de uma faculdade que é, ao mesmo tempo, o fulcro da moralidade e o grau zero do processo de hominização; e a respeito dessa história primeva, tem pleno cabimento a interpretação por Foucault da estratégia metodológica de Nietzsche. Foucault opõe a genealogia nietzschiana à investigação tradicional da origem. Esta buscaria na origem a "essência exata da coisa, sua mais pura possibilidade, sua identidade cuidadosamente recolhida em si mesma, sua forma imóvel e anterior a tudo o que é externo, acidental, sucessivo. Procurar a origem é tentar encontrar 'o que era imediatamente', o 'aquilo mesmo' de uma

---

[50] *Ibidem*, II, 12, p. 313s.

imagem exatamente adequada a si; é tomar por acidental todas as peripécias que puderam ter acontecido, todas as astúcias, todos os disfarces; é querer tirar todas as máscaras para desvelar enfim uma identidade primeira. Ora, se o genealogista tem o cuidado de escutar a história em vez de acreditar na metafísica, o que é que ele aprende? Que atrás das coisas há 'algo inteiramente diferente': não seu segredo essencial e sem data, mas o segredo que elas não têm essência, ou que sua essência foi construída peça por peça a partir de figuras que lhe eram estranhas."[51]

Na reconstituição da gênese da consciência moral, não se tratará apenas de impugnar a pretensa naturalidade dessa figura, devolvendo-a aos avatares contingentes da história, mas também de multiplicar essa gênese, dissolvendo a pseudounidade do fenômeno, sua *ipseidade* infensa a toda transformação acidental, fazendo aparecer não somente múltiplas significações de uma mesma identidade essencial, mas sobretudo os deslocamentos de sentido, os engendramentos de figuras radicalmente heterogêneas, nas quais se inscrevem tais significações. O primeiro passo, nessa investigação, consiste, pois, em revelar que a unidade da palavra "*Gewissen*" dissimula um abismo separando formações distintas da consciência moral. A história da consciência moral principia pelo relato da pré-história da memória, grau zero do processo de hominização.

LEMBRAR, PROMETER, RESPONDER: COMO SE CHEGA A *STARE PACTIS*

"Criar um animal ao qual *seja lícito fazer promessas*", observa Nietzsche logo nos movimentos iniciais da segunda dissertação da *Genealogia*, "não é precisamente essa mesma tarefa paradoxal que a natureza se propôs com respeito ao homem? Não é este o autêntico problema do homem? [...] O fato de que tal problema se encontre resolvido em grande parte tem que parecer tanto mais surpreendente a quem saiba apreciar inteiramente a força que contra ela atua, a força do *esquecimento*."[52]

---

[51] Foucault, M. "Nietzsche, a genealogia e a história". In: *Microfísica do poder*. Trad. de Roberto Machado. Rio de Janeiro: Graal, 1979, p. 17s.
[52] Nietzsche, F. *Zur Genealogie der Moral* [Para a genealogia da moral], II, 1, *op. cit.*, p. 291.

A presente citação indica, de plano, os dois termos fundamentais da tarefa que se coloca no umbral dessa antropologia cultural de Nietzsche: o problema do homem se identifica com a criação de uma memória, à contracorrente da poderosa força do esquecimento. Esse problema se deixa deslindar a partir da reflexão sobre o ato de prometer, pois a promessa tem como condição de possibilidade a *lembrança* da palavra empenhada, uma espécie de dilação temporal do querer que, escandindo as dimensões de passado, presente e futuro, arranca o homem da prisão do instante e do esquecimento, tornando possível a previsão, o cálculo, a representação que insere uma ação efetiva como efeito na cadeia da vontade, como seu resultado futuro.

Com a promessa, fixam-se também os primeiros lineamentos do pensamento causal, abrindo-se a distinção entre fortuito e necessário, consolidando-se o vínculo entre uma determinação qualquer da vontade (um "eu quero", "eu farei") e a descarga efetiva dessa vontade numa ação. Para tanto, torna-se necessário deter a voragem do esquecimento. Este não é pensado por Nietzsche como uma força inercial, mas como uma positiva faculdade ativa, essencial ao metabolismo psíquico, como uma "força de inibição à qual há que se atribuir que aquilo que foi uma vez vivido, experimentado por nós, assimilado em nós, penetre em nossa consciência, no estado de digestão (poder-se-ia denominá-lo 'assimilação anímica'), tão pouco quanto penetra nela todo o multiforme processo com que se desenrola nossa nutrição do corpo, a denominada 'assimilação corporal'."[53]

Se o autêntico problema consiste em criar no esquecediço e instintivo hominídeo uma memória da vontade, tornando-o capaz de prometer, compreende-se, então, que o estágio mais recuado do processo de hominização deva coincidir com o foco originário de surgimento da promessa, e, portanto, deva ser encontrado no terreno das relações pessoais de direito obrigacional: no âmbito das relações de escambo, troca, compra, venda, crédito:

[53] *Ibidem*.

"O sentimento de culpa [*Schuld*], da obrigação pessoal [...] teve sua origem [...] na mais antiga e originária relação pessoal que existe, na relação entre compradores e vendedores, credores e devedores: foi aqui que, pela primeira vez, se enfrentou pessoa a pessoa, foi aqui onde, pela primeira vez, as pessoas se *mediram* entre si. Ainda não se encontrou nenhum grau tão baixo de civilização no qual não seja possível observar algo dessa relação [...] Cabalmente, é nessas relações onde se trata de *fazer* uma memória em quem faz promessas; cabalmente será nelas, é lícito suspeitá-lo com malícia, onde haverá uma jazida para algo de duro, cruel, penoso. O devedor, para infundir confiança em sua promessa de restituição, para dar uma garantia da seriedade de sua promessa, para impor dentro de si, para sua consciência, a restituição de um dever, como uma obrigação, empenha ao credor, em virtude de um contrato e para o caso de que não pague, outra coisa que todavia *possui*, outra coisa sobre a qual tem poder, por exemplo, seu corpo, ou sua mulher, ou sua liberdade, ou também sua vida."[54]

Para Nietzsche, entretanto, não é lícito retroprojetar no alvorecer da humanidade os conceitos modernos de credor e devedor como "sujeitos de direito". E aqui se pode divisar outra característica importante do modo de proceder nietzschiano. Suas hipóteses genealógicas sobre a pré-história da consciência moral são, com efeito, "ficções heurísticas". E não poderiam deixar de sê-lo, dada a natureza de seu objeto. E, no entanto, Nietzsche pode sustentar que, ao contrário dos "psicólogos ingleses" que se empenham na mesma empreitada (Paul Rée, por exemplo), não se trata de "hipóteses no azul", mas do cinzento dos documentos:

---

[54] *Ibidem*. Respectivamente II, 8 e 5. É necessário ter em vista que o conceito de obrigação tem longa e importante tradição no jusnaturalismo alemão. O primeiro capítulo de *De jure naturae et gentium*, de Samuel Pufendorf, identifica, como qualidades morais operativas das "entidades morais", o poder, o direito e a *obligation*. "Qualidades morais operativas são passivas ou activas. Destas, as espécies mais nobres são: poder, direito e *obligation*." (Pufendorf, S. *De jure naturae et gentium*. James Brown Scott (org.). Oxford/Londres: Clarendon Press/ Humphrey Milford, 1934, Livro I, Cap. I, p. 19-21, aqui especialmente p. 18). Já anteriormente, na obra de Hugo Grotius, e depois em Samuel Pufendorf e Christian Tomasius, o conceito de obrigação adquire centralidade na filosofia do direito. Em ligação com o conceito de dever, torna-se a categoria fundamental da filosofia prática de Kant.

Marcando sua postura em relação ao livro de Paul Rée sobre *A origem dos sentimentos morais*, Nietzsche indica seu propósito: "Meu desejo era, em todo caso, dar a um olho tão incisivo e imparcial uma direção melhor, a direção da efetiva *história da moral*, e adverti-lo a justo tempo contra tais hipóteses inglesas *no azul*. É evidente qual cor tem de ser cem vezes mais importante para genealogistas da moral do que justamente o azul, a saber, *o cinza*, quero dizer o documental, o efetivamente constatável, o efetivamente ocorrido, em resumo, toda a inteira escrita hieroglífica, difícil de ser decifrada, do passado moral humano."[55]

Quando recorre às noções elementares do direito pessoal, Nietzsche o faz com o cuidado prescrito pelo sentido histórico, devolvendo o conceito moral-jurídico de pessoa ao fluxo de significações variáveis; de acordo com seu preceito metodológico, é necessário relativizar historicamente a noção de sujeito de direito. Essa tarefa se cumpre a partir da polêmica com a filosofia do direito contemporânea de Nietzsche. Nesse passo, a estratégia argumentativa da *Genealogia* apoia suas "ficções heurísticas" nas conquistas científicas mais recentes e plausíveis, com o propósito de desacreditar interpretações metafísicas de categorias fundamentais do Direito. Nietzsche pode, pois, contra os "psicólogos ingleses", recorrer à "objetividade da ciência" contra os devaneios metafísicos — sem subtrair ao tribunal da crítica também essa mesma "cientificidade".

No caso dos sujeitos de direito, Nietzsche se louva em resultados da pesquisa etnológica, de antropologia cultural e de ciência jurídica colhidos nas obras de Friedrich Hermann Post, a respeito da figura dos sujeitos de direitos, ou de Josef Kohler a respeito da relação entre dívida [jurídica] e promessa, e mesmo de Rudolph von Ihering, ainda que, quanto a este último, para criticar seu finalismo metafísico, ou a moderna crença no progresso. Ao fazê-lo, Nietzsche, porém, não compartilha, de nenhuma maneira, os pressupostos ontológicos

---

[55] Nietzsche, F. "Prefácio", 7. *Zur Genealogie der Moral* [Para a genealogia da moral], *op. cit.*, p. 254.

INTRODUÇÃO

ou as posições essencialistas presentes em suas fontes científicas ocasionais.[56]

O recurso às categorias fundamentais do direito pessoal das obrigações, em especial à matriz da *obligatio* vinculando credor e devedor não incorre na ingenuidade de supor a pessoa individual como sujeito natural de direitos e obrigações. Sob tal pressuposto, Nietzsche busca no terreno do primitivo direito obrigacional as origens do germinante sentimento do dever. O sentimento da obrigação pessoal pressupõe que ao homem seja possível e lícito responder por si, isto é, que seja capaz de ter-se a si mesmo sob domínio, de onde se origina também a base psicológica do primeiro sentimento de liberdade, como consciência de poder e responsabilidade.

Esse é, para Nietzsche, o sentido oculto e fundamental do trabalho autoconfigurador de aquisição de costumes [*Gesittung*], que constitui a mola propulsora do processo de hominização. Por meio dele, o homem cria, tomando a si mesmo como vivente matéria-prima, as diferentes figuras da *consciência moral* [*Gewissen*]. A despeito do estilo desconcertante de algumas de suas formulações a esse respeito, é legítimo pensar que Nietzsche tem em mente, quando trata dos inícios desse processo de constituição de um esquema rudimentar da

---

[56] E, nesse contexto, pode-se constatar de modo flagrante a importância da polêmica em *Para a genealogia da moral*. É precisamente no parágrafo 12 da segunda dissertação, um texto metodologicamente decisivo para a exposição dos pontos de vista capitais do procedimento genealógico, que aparece a alusão, entre aspas, a "sujeitos de direito". A expressão remete a *Der Zweck im Recht* [A finalidade do direito], obra de Rudolph von Ihering, em que o jurista sacraliza metafisicamente a categoria de finalidade [*Zweck*]. Nessa obra se pode ler a expressiva profissão de fé metafísica no conceito de finalidade: "Com a mesma necessidade com que, segundo a teoria de Darwin, uma espécie animal se desenvolve a partir da outra, gera-se uma finalidade do direito a partir de uma outra e, se o universo fosse mil vezes criado da maneira como uma vez o foi, o mundo do direito deveria trazer em si, depois de bilhões de anos, a mesma figura, pois a finalidade tem para as criações da vontade no direito a mesma irresistível potência que a causa para a formação da matéria." (*Der Zweck im Recht*, 2 vols. 2ª ed. Leipzig: Breitkopf und Härtel, 1884, vol. 1, p. XIII). Algumas páginas antes da citação acima, von Ihering afirma que nada poderia abalar nele a "crença em um divino pensamento finalístico, ainda que infimamente. Na molécula, que, segundo Häckel, deverá conduzir necessariamente ao homem, Deus previu o homem, como o escultor previu Apolo no mármore ou, como já dissera Leibniz, em Adão, Deus preformou e quis o inteiro gênero humano" (p. XII).

práxis humana, uma conotação bastante tradicional do *ethos* como hábito: aquela que diz respeito "ao comportamento que resulta de um constante repetir-se dos mesmos atos. É, portanto, o que ocorre frequentemente ou quase sempre [*pollákis*], mas não sempre [*aei*], nem em virtude de uma necessidade natural. Daqui a oposição entre *étehi* e *physei*, o habitual e o natural. O *ethos*, nesse caso, denota uma constância no agir que se contrapõe ao desejo [*órexis*]. Essa constância do *ethos* como disposição permanente é a manifestação e como que o vinco profundo do *ethos* como costume, seu fortalecimento e o relevo dado às suas peculiaridades".[57]

O estabelecimento de um esquema permanente de usos e costumes implica, porém, na constituição de uma memória. Ora, como se torna possível suspender a força do esquecimento ativo, de modo a poder manter presente na memória uma certa causalidade da vontade, precisamente do modo como tem que ser feito nos casos em que é *necessário prometer*? Para Nietzsche, semelhante tarefa não pode ser cumprida sem o auxílio de uma mnemotécnica *sui generis*, por meio da qual se desenvolve a própria faculdade da memória e não meramente uma técnica para inserir preceitos particulares numa memória já desenvolvida.[58]

"Como imprimir algo nesse entendimento de instante, entendimento em parte obtuso, em parte aturdido, nessa vivente capacidade de esquecimento, de tal maneira que permaneça presente? [...] Pode-se imaginar que esse antiquíssimo problema não foi resolvido precisamente com respostas e meios delicados; talvez não haja, na inteira pré-história do homem, nada mais sinistro e terrível que sua *mnemotécnica*. Para que algo permaneça na memória, grava-se-o a fogo; somente o que não cessa de *causar dor* permanece na memória — este é um axioma da mais antiga psicologia que existiu sobre a Terra (por desgraça, também da mais prolongada)."[59]

---

[57] Vaz, H. C. de L. *Escritos de filosofia II: ética e cultura*. São Paulo: Loyola, 1988, p. 14.
[58] A esse respeito, cf. Brusotti, M. "Die 'Selbstverkleinerung des Menschen' In der Moderne" [A "autorredução do homem" na modernidade]. In: *Nietzsche Studien* [Estudos Nietzsche], n. 20, 1992, p. 81-96; aqui mais especificamente p. 91, nota 16.
[59] Nietzsche, F. *Zur Genealogie der Moral* [Para a genealogia da moral], II, 3, *op. cit.*, p. 294s.

INTRODUÇÃO

Nietzsche descobre no entrecruzamento entre a *obligatio* de direito pessoal e a barbárie dos castigos primitivos o solo antropológico de surgimento daquelas categorias e conceitos, de cujo aprofundamento e espiritualização emergirão as figuras que serão, mais tarde, o apanágio da sociabilidade e da moralidade, tais como a noção moral de *culpa*, o sentimento do dever, a consciência da responsabilidade e da autonomia.

Essas formas tardias de que se orgulha a humanidade pressupõem, todavia, sinistras condições para seu engendramento. "Quando o homem considerou necessário fazer para si uma memória, tal coisa jamais se realizou sem sangue, martírios, sacrifícios; os sacrifícios e empenhos mais espantosos (entre eles os sacrifícios dos primogênitos), as mutilações mais repugnantes (por exemplo, as castrações) as mais cruéis formas rituais de todos os cultos religiosos (e todas as religiões são, em seu derradeiro fundo, sistemas de crueldade) — tudo isso tem sua origem naquele instinto que soube adivinhar na dor o mais poderoso auxiliar da mnemônica."[60]

Para Nietzsche, as penas e castigos são instrumentos de mnemotécnica ajustados, como auxiliares, às categorias fundamentais do direito pessoal das obrigações, por intermédio dos quais se consegue manter fixos, na lembrança da humanidade primitiva, os rudimentos da responsabilidade e da obrigação, isto é, as formas mais elementares de *vínculo*, de responsabilidade e, portanto, de sociabilidade. Seu foco originário são modalidades semibárbaras de satisfação substitutiva, regimes de equivalências e formas de reparação que a imaginação grosseira do homem primitivo foi capaz de instituir. Não se trata aqui, porém, ainda, como Nietzsche se encarrega de demonstrar, da categoria *moral* da culpa.

"Esses genealogistas da moral que existiram até agora imaginaram, ainda que seja apenas de longe, que, por exemplo, o capital conceito moral de 'culpa' procede do muito material conceito 'ter dívidas'? Ou que a pena, enquanto *compensação*, se desenvolveu completamente à margem de todo pressuposto acerca da liberdade ou falta de liberdade da vontade? — E isso até o ponto em que antes se necessita sempre de um *alto* grau de humanização para que o animal 'homem' comece a fazer

---
[60] *Ibidem.*

aquelas distinções, muito mais primitivas, de 'intencionado', 'negligente', 'casual', 'imputável' e seus contrários e a *tê-los* em conta ao fixar a pena. Esse pensamento agora tão corrente e aparentemente natural, tão inevitável que se teve que adiantá-lo para explicar como chegou a aparecer na Terra o sentimento de justiça, 'o réu merece a pena *porque* teria podido agir de outro modo', é de fato uma forma alcançada mui tardiamente, mais ainda, uma forma refinada do julgar e raciocinar humanos."[61]

Enxertando a instituição do castigo ao direito obrigacional, o homem primitivo adivinhou no regime das penas, no causar dor e infligir sofrimento, um modo adequado de compensação e reparação pela quebra da palavra empenhada, quando do inadimplemento de uma dívida. Porém, aqui se faz imprescindível combater o que Nietzsche considera outro equívoco fundamental, causado pela falta de sentido histórico: ele tem em vista a ingênua equação, tradicionalmente dominante, entre culpa e castigo. Segundo ele, nem sempre, na pedagogia do castigo, a punição esteve associada à *retribuição da culpa*, ou à perspectiva da vingança. Precisamente a refutação da interpretação histórica das origens da consciência moral, que privilegia a perspectiva do castigo como vingança, desempenha um papel estratégico na polêmica argumentação que caracteriza a *Genealogia*[62] — é por meio dela que Nietzsche prepara o caminho para a construção de seu próprio conceito de *justiça*, achado de suas hipóteses ficcionais.

"A equivalência vem dada pelo fato de que, em lugar de uma vantagem diretamente equilibrada com o prejuízo (quer dizer, em lugar de uma compensação em dinheiro, terras, possessões de alguma espécie), concede-se ao credor, como restituição e compensação, uma espécie de *sentimento de bem-estar*, o sentimento de bem-estar do homem a quem é lícito descarregar seu poder, sem qualquer escrúpulo, sobre um inocente, a voluptuosidade de *faire le mal pour le plaisir de le faire*, o deleite causado pela violentação [...] A compensação consiste, portanto, em uma remissão e em um direito à crueldade."[63] Temos, então, faces complementares de

---

[61] *Ibidem*, II, 4, p. 297s.
[62] A polêmica, a esse respeito, se dirige fundamentalmente contra a obra de Eugen Dühring, conforme demonstra M. Brusotti no ensaio antes referido.
[63] Nietzsche, F. *Zur Genealogie der Moral* [Para a genealogia da moral], II, 8, *op. cit.*, p. 305s.

INTRODUÇÃO

um mesmo processo: a crueldade ritualizada nos castigos cumpre a função enigmática de satisfação substitutiva para uma humanidade pré-histórica, e serve também como recurso mnemotécnico privilegiado para dilatar, aprofundar e vivificar as dimensões e virtualidades da memória:

Se não se pode encontrar nenhum limiar mais recuado de civilização em que não sejam reconhecíveis vestígios daquela matriz jurídico-obrigacional do débito e do crédito, então isso implica que o primeiro trabalho formativo que a humanidade exerceu foi um trabalho sobre si mesma: o trabalho de criação dessa mnemotécnica da crueldade, e que essa autoformação coincide com a pré-história da sociabilidade. Compete à *Genealogia*, enquanto práxis perspectivista do conceito de vontade de poder, explicar o caráter desconcertante daquela lógica bizarra, a extravagante compensação de uma equivalência entre o prejuízo ocasionado pela dívida não remida e a satisfação consistente em infligir sofrimento no devedor.

Para decifrar o enigma representado por essa mobilização do sofrimento e do castigo para o interior da pré-história da memória, Nietzsche recorre a outra ficção heurística. Trata-se agora da reconstituição hipotética da gênese presumível do Estado, que vai oferecer o horizonte de inteligibilidade para as aberrações aparentes da primitiva psicologia humana.

A ficção, a esse respeito, combina eticidade e sociabilidade. Esse entrecruzamento entre a pré-história da memória e a gênese da sociedade primitiva e do Estado não pode ser conduzido com base na suposição do modelo explicativo harmonizante, fundado na racionalidade de um pacto originário. Também aqui — e talvez principalmente aqui, nos tempos mais recuados da espécie — a humanidade não pode se furtar à confissão de sua *pudenda origo*: "Empreguei a palavra *Estado*: já se compreende a que me refiro — a uma horda qualquer de loiros animais de rapina, uma raça de conquistadores e de senhores que, organizados para a guerra e dotados de força de organizar, coloca sem escrúpulo algum suas terríveis garras sobre uma população talvez tremendamente superior em número, porém ainda informe, errante. É assim, com efeito, que se inicia na Terra o *Estado*. Penso que desse modo fica refutada aquela fantasia que o fazia começar com um *contrato*."[64]

---
[64] *Ibidem*, II, 17, p. 324s.

Do mesmo modo como a criação da consciência moral é um processo conduzido inteiramente pela violência e pela crueldade ritualizadas em práticas penais, ajustadas ao cenário jurídico da *obligatio*, algo análogo se passa com os rudimentos do Estado. Este não tem origem nos desígnios da Providência, nem nos propósitos da natureza, mas no conflito e na usurpação. Obviamente, mesmo sem referência explícita, o endereçado da polêmica é o jusnaturalismo contratualista de Rousseau.

Para uma filosofia centrada na noção de vontade de poder, como a de Nietzsche, não é pelo *medium* pacificador de um contrato social fundante, nem como resultado de um progresso natural ou lógico da espécie humana, que se institui o Estado, mas sim a partir de relações de domínio. Em *Para a genealogia da moral*, "o Estado" é pensado como um aparato de instituições e procedimentos coercitivos, cuja função consiste em dar forma e ordenação social ao caos pulsional do semianimal "homem", ajustando esse rebelde potencial à "camisa de força da sociedade e da paz". A obra própria do Estado consiste, pois, em, mediante a coerção e a violência, promover a elevação dessa natureza semianimal, sua mais recuada forma de autossuperação: a transfiguração do animal instintivo em *zoon politikon*.

E, se o processo civilizatório ocidental comporta ainda alguma possibilidade emancipatória, então esta se daria pela autossupressão da moral e da justiça, pela abolição da perspectiva da culpa. Cabe-nos, portanto, tratar agora da figura da *autossupressão da justiça pela graça*. Penso que essa figura corresponde à dissolução e superação do vínculo mítico ancestral entre direito, justiça e violência, a partir de uma intensificação do sentimento de poder, que o altera substancialmente, transmutando-o, transvalorando-o por sublimação. Um experimento alternativo da superação da vontade de nada.

"Se crescem o poder e a consciência de si de uma comunidade, torna-se mais suave o direito penal; se há enfraquecimento dessa comunidade, e ela corre grave perigo, formas mais duras desse direito voltam a se manifestar. O 'credor' se torna sempre mais humano, na medida em que se torna mais rico; e o quanto de injúria ele pode suportar sem sofrer é, por fim, a própria medida de sua riqueza. Não é inconcebível

INTRODUÇÃO

uma sociedade com tal *consciência de poder* que se permitisse o seu mais nobre luxo: deixar *impunes* os seus ofensores. 'Que me importam meus parasitas?', diria ela: 'eles podem viver e prosperar — sou forte o bastante para isso!' [...] A justiça, que iniciou com 'tudo é resgatável, tudo tem que ser pago', termina por fazer vista grossa e deixar escapar os insolventes — termina como toda coisa boa sobre a Terra, *suprimindo a si mesma*. A autossupressão da justiça: sabemos com que belo nome ela se apresenta — graça; ela permanece, como é óbvio, privilégio do poderoso, ou melhor, o seu 'além do direito'."[65]

Essa (auto) superação da justiça da lei pela graça encontra um paralelo fecundo em outra figura de autossuperação: a transfiguração da força em beleza, já presente em *Assim falou Zaratustra*, assim como a sublimação da crueldade em cultura, tematizada desde os escritos do jovem Nietzsche, fio vermelho que, desde *Humano, demasiado humano*, tece a trama de sua filosofia. Evidentemente, trata-se sempre de *vontade de poder*, mas sobretudo de sua transfiguração, de sua elevação a uma esfera cada vez mais efetivamente poderosa e consciente de poder, o que significa, ao mesmo tempo, que, em correspondência com essa consciência, prescinde da força bruta, da violência mítica.

O capítulo sobre *Os Sublimes*, do segundo livro de *Assim falou Zaratustra*, é paradigmático a respeito dessa transformação sublimadora. Sublimes são penitentes e heróis das mais prodigiosas façanhas do espírito. No entanto, a seriedade de sua altivez demonstra ainda a fixação num estado ainda primitivo, da força, porque ainda *zelosa*, ciumenta, grave, sem leveza, prodigalidade, beleza — isto é, transbordamento de força. "Ele dominou monstros, ele decifrou enigmas: mas ele ainda deveria também redimir seus monstros e enigmas, deveria ainda transformá-los em crianças divinas. Ainda não ensinou seu conhecimento a rir; sua paixão corrente ainda não se acalmou na beleza [...] O braço deitado sobre a cabeça: assim deveria repousar o herói, ele deveria superar também ainda seu repouso. Mas justamente ao herói o mais difícil é o *belo* de todas as coisas. Inatingível é o belo para toda vontade impetuosa. Um pouco mais,

---

[65] Idem. *Genealogia da moral*, II, 10. Trad. de Paulo César de Souza. São Paulo: Companhia das Letras, 1998, p. 61s.

um pouco menos: justamente isso é aqui muito, isso é aqui o maior. Estar de pé com os músculos relaxados, com a vontade desprendida: isso é o mais difícil de tudo para todos vós, vós os sublimes! Quando o poder [*Macht*] torna-se clemente [*gnädig*] e vem cá para baixo, para o visível, a esse vir-cá-para-baixo eu chamo beleza."[66]

Nesse parágrafo, desenvolve-se uma curiosa e implícita dialética entre acima e abaixo, elevação (sublime) e supressão [*heben, aufheben*], denotando que a beleza é a suprassunção do que, no herói, ainda é gravidade, zelo, seriedade. Essa autossupressão da gravidade a transfigura ou redime (esteticamente) em beleza. Os heróis do espírito e do corpo ainda não deixaram repousar o braço sobre a cabeça, ainda não redimiram o próprio cansaço e a necessidade de repouso: suas verdades são horríveis, eles são ricos somente em presas de caça, em vestimentas dilaceradas, ornados de espinhos terríveis, mas com *nenhuma rosa*. Ele ainda não foi elevado pelo éter, ainda não desaprendeu sua vontade heroica a ponto de tornar-se desprendido de vontade [*ein Willenloser*].

No caso da justiça, da lei, do direito, do Estado, cuja origem é a violência e a força, a autossupressão verifica-se sob a forma de uma *força de segunda potência*, de uma força suficientemente poderosa para ser clemente, dadivosa, graciosa. E isso a tal ponto que sua matéria-prima bruta é transfigurada e redimida numa figura sublimada de poder, capaz de renunciar à sua primitiva materialidade, e de clemente tornar-se graciosa, ou seja, purificar-se na *graça*, no duplo sentido teológico e estético. Essa é a lei da autossupressão a que estão sujeitas as grandes coisas. "Todas as grandes coisas perecem por si mesmas, por um ato de autossupressão; assim quer a lei da vida, a lei da *necessária* 'autossuperação' que há na essência da vida — é sempre o legislador mesmo que por fim ouve o chamado: '*patere legem quam ipse tulisti*'."[67]

Ora, sabemos que, no pensamento de Nietzsche, as metáforas da criança e do jogo são também alegorias da arte e da beleza, todas elas figuras antípodas da gravidade dogmática e do ascetismo moral. Por isso

---

[66] Idem. "Von den Erhabenen" [Dos sublimes]. *Also Sprach Zarathustra* [Assim falou Zaratustra], *op. cit.*, p. 150s.
[67] Idem. *Genealogia da moral*, III, 27, *op. cit.*, p. 148.

INTRODUÇÃO

mesmo, essa autossupressão nietzschiana da força em beleza, da violência em graça tem correspondência com a leveza etérea do riso, assim como da transfiguração da gravidade moral na seriedade artística com que toda criança brinca com seu brinquedo, joga seu jogo.

Nesse processo, como em todo evento da história do espírito, nada é fato, dado, "natureza", tudo é vir-a-ser. Para compreendê-lo — do mesmo modo como para compreender o que é verdadeiramente decisivo na história efetiva da moral —, faz-se necessário apreendê-lo justamente *contra a natureza*, o que, para Nietzsche, ainda não constitui uma objecção, pois "para tanto ter-se-ia que decretar, sobre a base de alguma moral, que não é lícito nenhuma espécie de tirania, nem de desrazão [...] Porém, a assombrosa realidade de fato é que toda liberdade, subtileza, audácia, dança e segurança magistral que há ou houve na Terra, seja no próprio pensar, seja no governar, ou no falar e persuadir, nas artes como nas eticidades [*Sittlichkeiten*], se desenvolveram graças tão somente à 'tirania de tais leis arbitrárias'; e, falando com toda seriedade, não é pequena a probabilidade de que precisamente isso seja 'natureza' e 'natural'."[68]

Desse modo, a refutação, por Nietzsche, de uma sociabilidade humana fundada no modelo racional do contrato abre caminho para uma das mais importantes conquistas de *Para a genealogia da moral*: o desvendamento da *dupla gênese* da consciência moral. Em simetria com o modo como a primeira dissertação multiplicara as origens da oposição valorativa ente bom e mau — contrapondo-a ao antagonismo existente entre bom e ruim —, o mais profundo alcance da argumentação desenvolvida na segunda dissertação será multiplicar a gênese da consciência moral, em estrita correspondência com as oposições desdobradas na primeira seção do livro.

Ora, nesse contexto, Nietzsche não deixa nenhuma dúvida a respeito de sua interpretação de Rousseau: "*Progresso no sentido em que eu o entendo.* — Também eu falo em um 'retorno à natureza', ainda que não seja propriamente um retornar, mas um *ascender* — um ascender à natureza e à naturalidade elevada, livre, terrível inclusive, que brinca, que tem *di-*

---

[68] Idem. *Jenseits von Gut und Böse* [Para além de bem e mal], 188, *op. cit.*, p. 108s.

reito de brincar com grandes tarefas [...] Para dizê-lo com uma metáfora: Napoleão foi um fragmento desse 'retorno à natureza' tal como o entendo (por exemplo, *in rebus tacticis* e mais ainda, como os militares o sabem, em questões estratégicas.) — Mas Rousseau, para onde queria ele propriamente retornar? Rousseau, este primeiro homem moderno, idealista e *canaille* em *uma só* pessoa; que tinha necessidade da 'dignidade' moral para suportar seu próprio aspecto; doente de uma vaidade desenfreada e de um autodesprezo desenfreado. Também esse aborto que se plantou junto ao umbral da época moderna queria o 'retorno à natureza' — para onde, perguntamos outra vez, queria retornar Rousseau?"[69]

É preciso perguntar pelo sentido da expressão enigmática empregada por Nietzsche: um retorno que não é uma volta para trás, mas um avanço, ou melhor, uma ascensão. Retornar à natureza significa, pois, reverter, transvalorar a antinatureza que caracteriza a metafísica platônica e a moral cristã; *por essa mesma razão*, significa também inverter e transvalorar a filosofia política de Rousseau — seu conceito de autodeterminação — que descerra o horizonte para o projeto político da modernidade. Para Nietzsche, a *renaturalização* da humanidade é, a um só tempo, antítese do homem moderno (portanto, negação da antinatureza e, com isso, negação da negação) e resultado ascensional da prometeica e proteiforme barbárie da eticidade do costume. Contra a concepção idílica de uma natureza humana pacífica e compassiva, à maneira de Rousseau, Nietzsche tem em vista a sublimação do caos pulsional como destino de grandeza a ser alcançado pela cultura. "Não 'retorno à natureza': pois ainda não houve jamais uma humanidade natural. Escolástica de valores não naturais e antinaturais é a regra, é o princípio; o homem só chega à natureza depois de longo combate — ele jamais volta 'para trás' [...] A natureza: isto é, ousar ser imoral como a natureza."[70]

Nietzsche via no genebrino o inventor da modernidade política, o primeiro homem moderno.[71] Portanto, o combate contra Rousseau era, para

---

[69] Idem. "Streifzüge eines Unzeitgemässen" [Incursões de um extemporâneo]. *Götzen--Dämmerung* [Crepúsculo dos ídolos], 48. In: KSA, *op. cit.*, vol. VI, p. 150s.

[70] Idem. *Nachgelassene Fragmente* [Fragmentos póstumos], 10[53]. In: KSA, *op. cit.*, vol. XII, p. 482s.

[71] Cf. Idem. Streifzüge eines Unzeitgemässen [Incursões de um extemporâneo], 48. *Götzen--Dämmerung.* [Crepúsculo dos ídolos].

ele, o verdadeiro combate filosófico contra o espírito dos novos tempos. Ora, se dermos, por algum tempo, a palavra ao próprio Rousseau, poderemos constatar aqui uma suprema ironia. Precisamente em sua mais acerba crítica da modernidade política, em sua veemente recusa da concepção moderna de história como progresso moral da humanidade, Rousseau recorre a um procedimento metodológico que, de certo modo, antecipa significativamente as ficções heurísticas da *Para a genealogia da moral* sobre a obscura pré-história do processo de hominização:

"Que meus leitores não pensem que ouso iludir-me julgando ter visto o que me parece tão difícil de ser visto. Iniciei alguns raciocínios, arrisquei algumas conjecturas, antes com intenção de esclarecer e de reduzir a questão ao seu verdadeiro estado do que na esperança de resolvê-la. Outros poderão, desembaraçadamente, ir mais longe na mesma direção, sem que para ninguém seja fácil chegar ao término pois não constitui empreendimento trivial separar o que há de original e de artificial na natureza atual do homem, e conhecer com exatidão um estado que não mais existe, que provavelmente jamais existirá sobre o qual se tem sobretudo a necessidade de alcançar noções exatas para bem julgar nosso estado presente."[72]

O que se percebe, portanto, é que Rousseau, tanto quanto Nietzsche, recorre a ficções heurísticas para "separar o que há de original e de artificial na natureza atual do homem, e conhecer com exatidão um estado que não mais existe, que provavelmente jamais existirá". Ora, a isso poder-se-ia objetar — a modo de Nietzsche — que o caminho retroativo é beco sem saída, pois "ainda não houve jamais uma humanidade natural. A escolástica de valores não naturais e antinaturais é a regra, é o princípio; o homem só chega à natureza depois de longo combate — ele jamais volta 'para trás' [...] A natureza: isto é, ousar ser imoral como a natureza."[73] Certamente, não há como postular, em Nietzsche, algo de

---

[72] Rousseau, J-J. *Discurso sobre a origem e os fundamentos da desigualdade entre os homens*. Trad. de Lourdes Santos Machado. Coleção Os Pensadores. 1ª ed. São Paulo: Abril Cultural, p. 234.
[73] Nietzsche, F. *Nachgelassene Fragmente* [Fragmentos póstumos], 10[53]. In: KSA, *op. cit.*, vol. XII, p. 482s. Rousseau, J-J. *Discurso sobre a origem e os fundamentos da desigualdade entre os homens, op. cit.*, p. 235.

original, em sentido enfático, na "natureza" do homem. Todavia, não se deve negligenciar, de modo algum, a similitude dos procedimentos metodológicos, nem sobretudo dos alvos críticos: trata-se, em ambos os casos, tanto de uma autorreflexão quanto de uma crítica intransigente da modernidade política.

Em termos de Rousseau, "essas pesquisas tão difíceis de fazer-se e sobre as quais se pensou tão pouco até aqui constituem todavia os únicos meios que nos restam para remover uma multidão de dificuldades que nos ocultam o conhecimento dos fundamentos reais da sociedade humana. Essa ignorância da natureza do homem é que lança tanta incerteza e obscuridade sobre a definição do direito natural, pois, como diz o Sr. Burlamaqui, a ideia do direito e, mais ainda, a do direito natural, são evidentemente ideias relativas à natureza do homem."[74]

Convém pôr em relevo o alvo polêmico de Nietzsche, pois que nele se inclui, entre os adversários mais expressivos, justamente Rousseau. E o vigor do ataque do genealogista pode ser medido pela relevância cultural do autor do *Discurso sobre a origem e os fundamentos da desigualdade entre os homens*: "A força do agressor tem na oposição de que precisa uma espécie de *medida*; todo crescimento se revela na procura de um poderoso adversário — ou problema: pois um filósofo guerreiro provoca também os problemas ao duelo. A tarefa *não* consiste em subjugar quaisquer resistências, mas sim aquelas contra as quais há que investir toda a força, agilidade e mestria das armas — subjugar adversários *iguais* a nós [...] Igualdade frente ao inimigo — primeiro pressuposto para um duelo *honesto*."[75]

Desse modo, se os derradeiros escritos de Nietzsche podem ser adequadamente interpretados como uma grandiosa de máquina de guerra dirigida contra a modernidade cultural e política, então os alvos principais dessa maquinaria podem ser reconhecidos nas obras de Rousseau, Schopenhauer e Richard Wagner. Assim, pode-se sempre compreender

---

[74] Rousseau, J-J. *Discurso sobre a origem e os fundamentos da desigualdade entre os homens*, op. cit., p. 234.
[75] Nietzsche, F. "Por que sou tão sábio", 7. In: *Ecce homo*. Trad. de Paulo César de Souza. São Paulo: Companhia das Letras, 1995, p. 32.

INTRODUÇÃO

esse ataque como contra-dicção: "Igualdade frente ao inimigo" — primeiro pressuposto da probidade intelectual.

OS ESCRITOS FINAIS

Ao apagar-se de sua vida lúcida, os livros escritos e preparados para a publicação em 1888 (por exemplo, *Crepúsculo dos ídolos*, *Ecce homo*, *O caso Wagner* e *O anticristo*) levam ao paroxismo o diagnóstico do niilismo europeu como verdade histórica do mundo moderno, como crise da razão e catástrofe dos valores supremos, que serviram de base e referência normativa para a cultura ocidental. Nesse diapasão, o último livro de Nietzsche, *O anticristo* (que não chegou a ser publicado por ele), é entendido por seu autor como autossupressão catastrófica do Cristianismo como religião, como moral e como medula ético-política da modernidade cultural.

Em *O caso Wagner*, Nietzsche se propõe a fazer o exame crítico da vida e da obra do compositor alemão, valendo-se dele como de uma poderosa lente de aumento para detectar as patologias da modernidade cultural. Wagner é interpretado por Nietzsche como sendo, tanto ele mesmo quanto sua obra, uma *neurose*, uma doença tipicamente moderna, mas também uma representante da corrupção de uma natureza superlativamente bem-dotada, degenerada pelo sortilégio das ideias modernas e pelos ideais ascéticos. Wagner, que fora a grande esperança de renascimento da cultura trágico-artística, declinou como um cristão arrependido, rendido ao ascetismo cristão da negação da vontade (por exemplo, no louvor da castidade e da pureza de coração de um Parsifal), mas também às palavras de ordem do mercantilismo, do nacionalismo, do antissemitismo, instrumentalizando sua arte (sobretudo da música) para recreação e "edificação" da abastada burguesia europeia. Para Nietzsche, a conclusão da tetralogia do *Anel do Nibelungo* com o *Parsifal* reconstitui a saga do próprio Wagner, que é também a rendição da obra de arte total aos ideais ascéticos, um testemunho *em grande estilo* da sublimação da ascese na moderna cumplicidade velada entre a ciência, a moral utilitarista, a política e a arte operística (arte da recreação), todas elas figuras espirituais do niilismo, da nostalgia pelo nada, do cansaço e da impotência ressentida.

Crepúsculo dos ídolos e Ecce homo são, de algum modo, escritos preparatórios do Anticristo, cuja missão consistia em preparar o público europeu para o acontecimento epocal daquele livro, que marcaria o limiar de uma nova era na história da Europa. Em vista disso, Nietzsche chega a considerar-se não como um homem, mas como dinamite. Crepúsculo dos ídolos é um extrato, uma seleta apresentação resumida do conjunto da obra de Nietzsche. Ecce homo, por sua vez, é uma autobiografia filosófica, um *autoportrait* do autor, retirado de uma reflexão sobre o sentido e a missão de suas obras, levando em consideração o encadeamento *necessário* que comanda a trajetória em que se inscrevem. Também ela apresenta ao mundo uma catástrofe: a do homem Friedrich Nietzsche, ou de Dionísio como filósofo.

Essa quintessência do combate contra a moral e a religião cristãs — que é também uma crítica radical de toda forma de dogmatismo, inclusive e principalmente o irrefletido dogmatismo da ciência moderna — tem a pretensão de realizar-se como tentativa de inversão [*Umwertung*] do platonismo, e de levar a termo a mais pertinaz ambição filosófica de Nietzsche: a de revirar Platão pelo avesso, pois, para Nietzsche, Platão é o verdadeiro demiurgo do Ocidente — sendo o Cristianismo um platonismo vulgarizado, enquanto que democracia e socialismo seriam subprodutos laicizados da moral cristã. Em Platão, com sua entronização metafísica da crença na razão pura e no bem em si, encontra-se a raiz última do ressentimento contra o mundo, o tempo, a finitude e a morte. Também do desejo de vingança em que se inspira toda construção metafísica. Por isso, sendo *O anticristo* a (auto) supressão e a inversão simultânea do platonismo e do Cristianismo, ele pode também aspirar a ser uma espécie de *Novo evangelho*, o livro da Boa-Nova do resgate da inocência da existência e da abolição do sentimento de culpa. Mais uma vez, a chave de abóboda desse contexto é buscada por Nietzsche no contexto (eminentemente trágico) da afirmação incondicional da totalidade da vida, da justificação unicamente estética da existência do mundo e, nele, da existência humana.

INTRODUÇÃO

"Qual pode ser a *nossa* doutrina? — Que ninguém dá ao ser humano suas características, nem Deus, nem a sociedade, nem seus pais e ancestrais, nem *ele próprio* (— o contra-senso dessa última ideia rejeitada foi ensinado, como 'liberdade inteligível', por Kant, e talvez já por Platão). *Ninguém* é responsável pelo fato de existir, por ser assim ou assado, por se achar nessas circunstâncias, nesse ambiente. A fatalidade do seu ser não pode ser destrinchada da fatalidade de tudo o que foi e será. Ele *não* é consequência de uma intenção, uma vontade, uma finalidade próprias, com ele não se faz a tentativa de alcançar um 'ideal de ser humano' ou um 'ideal de felicidade' ou um 'ideal de moralidade' — é absurdo querer empurrar o seu ser para uma finalidade qualquer. *Nós* é que inventamos o conceito de 'finalidade': na realidade *não* se encontra finalidade [...] Cada um é necessário, é um pedaço de destino, pertence ao todo, *está* no todo — não há nada que possa julgar, medir, comparar, condenar nosso ser, pois isto significaria julgar, medir, comparar, condenar o todo [...] *Mas não existe nada fora do todo!* — O fato de que ninguém mais é feito responsável, de que o modo do ser não pode ser remontado a uma *causa prima*, de que o mundo não é uma unidade nem como *sensorium* nem como 'espírito', *apenas isto é a grande libertação* — somente com isso é novamente estabelecida a *inocência do vir-a-ser* [...] O conceito de 'Deus' foi, até agora, a maior *objeção* à existência [...] Nós negamos Deus, nós negamos a responsabilidade em Deus: apenas *assim* redimimos o mundo."[76]

Percebe-se, então, como o círculo se fecha: a metafísica da culpa, que deu início à história espiritual da Europa, termina, consuma-se e esgota-se ao transformar-se em seu contrário, na doutrina da inocência do devir. A *negação da responsabilidade*, que Nietzsche empreendera, ainda que sob formas diferenciadas, desde O *nascimento da tragédia*, constitui então o pivô, o centro nevrálgico da última e mais radical versão de seu programa filosófico. Eixo teórico que se mantém na negação radical de toda *justificativa racional* para os conceitos de responsabilidade, culpabilidade, imputação e, portanto, de todo fundamento para juízos a respeito do valor ético-moral de nossas ações.

---
[76] Idem. "Os quatro grandes erros", 8. In: *Crepúsculo dos ídolos*. Trad. de Paulo César de Souza. São Paulo: Companhia das Letras, 2006, p. 46s.

A continuidade desse programa filosófico, cujo germe já se encontra, como vimos, em sua primeira problematização da essência da tragédia e do trágico, mantendo, desde então, indissolúveis vinculações com os correspondentes deslocamentos de sentido daqueles conceitos, leva o filosofar nietzschiano a uma culminância verdadeiramente paroxística, que assume, por fim, a forma de uma tensão superlativa, manifestando em seu mais alto grau a função estruturante da oposição e do antagonismo na construção de seu pensamento. Isso nos fornece um valioso elemento de explicação para a frase final de *Ecce homo*: — Fui compreendido? — *Dionísio contra o Crucificado*...

O tensionamento do arco espiritual exigido por essa antítese talvez tenha sido pesado demais para a demasiado humana capacidade de resistência das cordas nervosas do indivíduo empírico Friedrich Nietzsche. Como quer que seja, ele ajuda a apreender numa fórmula a tragédia filosófica do pensador, a catastrófica missão, assumida como vocação, que o insere com justiça no panteão dos grandes personagens da história da filosofia ocidental.

BIBLIOGRAFIA ELEMENTAR

Abel, G. *Nietzsche: Die Dynamik der Willen zur Macht und die ewige Wiederkehr*. 2ª ed. Berlim: Walter de Gruyter, 1998.
Constâncio, J. et alii. *Nietzsche and the Problem of Subjectivity*. Berlim/Boston: Walter de Gruyter, 2015.
Deleuze, G. *Nietzsche et la Philosophie*. Paris: PUF, 1962.
Dries, M. (org.). *Nietzsche on Time and History*. Berlim: Walter de Gruyter, 2008.
Dries, M. et alii. (org.). *Nietzsche on Mind und Nature*. Oxford: Oxford University Press, 2015.
Gerhardt, V. *Vom Willen zur Macht*. Berlim: Walter de Gruyter, 1996.
Giacoia Jr., O. *Nietzsche. O humano como memória e promessa*. Petrópolis: Vozes, 2013.
Giacoia Jr., O. *Nietzsche*. São Paulo: Publifolha, 2000.
Heidegger, M. *Nietzsche*. Pfullingen: Neske Verlag, 1961. [Trad. bras.: Marco Antonio Casanova. Rio de Janeiro: Forense Universitária, 2007.]

Janz, C. P. Nietzsche. *Biographie*. 3 vol. Munique: DTV, 1981. [Trad. bras.: Markus Hediger. Petrópolis: Vozes, 2016.]
Kaufmann, W. *Nietzsche: Philosopher, Psychologist, Antichrist*. 4ª ed. Princeton, Nova Jersey: Princeton University Press, 1974.
Lampert, L. *Nietzsche's Task*. New Haven/Londres: Yale University Press, 2001.
Magnus, B. e Higgins, K. M. (orgs.). *The Cambridge Companion to Nietzsche*. Cambridge: Cambridge University Press, 1996.
Marques, A. *A Filosofia Perspectivista de Nietzsche*. Ijuí: Editora Unijuí, p. 200s.
Müller-Lauter, W. *Nietzsche. Seine Philosophie der Gegensätze und die Gegensätze seiner Philosophie*. Berlim/Nova York: Walter de Gruyter, 1971. [Trad. bras.: *Nietzsche: sua filosofia dos antagonismos e os antagonismos de sua filosofia*. Trad. bras.: Clademir Araldi. São Paulo: Ed. da Unifesp, 2009.]
Müller-Lauter, W. *Nietzsche-Interpretationen*. Berlim/Nova York: Walter de Gruyter, 2000.
Nietzsche, F. *Sämtliche Werke. Kritische Studienausgabe* (KSA). G. Colli e M. Montinar (orgs.). Berlim/Nova York/Munique: Walter de Gruyter/DTV, 1980.
Oliveira, J. *Para uma ética da amizade em Nietzsche*. Rio de Janeiro: 7Letras, 2011.
Richardson, J. *Nietzsche's Values*. Oxford: Oxford University Press, 2020.
Siemens, H. Roodt, V. *Nietzsche. Power and Politics. Rethinking Nietzsche's Legacy for Political Thought*. Berlim/Nova York: Walter de Gruyter, 2018.
Sineokaya, Y. Poljakova, E. *Friedrich Nietzsche. Legacy and Prospects*. Moscou: LRC Publishing House, 2017.
Stegmaier, W. *Nietzsches Befreiung der Philosophie*. Berlim/Boston: Walter de Gruyter, 2012.
Stegmaier, W. *Orientierung im Nihilismus — Luhmann meets Nietzsche*. Berlim/Boston: Walter de Gruyter, 2016.
Tongeren, P. von. *Friedrich Nietzsche and European Nihilism*. Newcastle: Cambridge Scholars Publishing, 2018.
Young, J. (org.). *Individual and Community in Nietzsche's Philosophy*. Cambridge: Cambridge University Press, 2015.

Cronologia

1844 – Nasce em Röcken, em 15 de outubro, na casa pastoral da comunidade.

1869 – Nietzsche assume a cátedra de Filologia Clássica na Universidade de Basileia.

1872 – Publica O nascimento da tragédia a partir do espírito da música.

1873-1876 – Publica as Considerações extemporâneas I, II, III e IV.

1878 – Nietzsche publica Humano, demasiado humano. Período de rompimento com Richard Wagner.

1881 – Publicação de Aurora.

1882 – Publicação de A gaia ciência.

1883 – Morre Richard Wagner em Veneza.

1883-1884 – Publicação de Assim falou Zaratustra.

1886 – Nietzsche publica Para além de bem e mal.

1887 – Publicação de Para a genealogia da moral.

1888 – Publicação de O caso Wagner.

1889 – Publicação de Crepúsculo dos ídolos.

1888-1889 – Nietzsche é acometido por uma síncope mental em Turim, por volta do início do ano de 1889, que o priva da vida lúcida por aproximadamente 11 anos.

1900 – Em Weimar, em 25 de agosto, morre Nietzsche.

Bibliografia

BREVE NOTA HISTÓRICA SOBRE A EDIÇÃO CRÍTICA DAS *OBRAS COMPLETAS* DE FRIEDRICH NIETZSCHE (KGW), A EDIÇÃO COLLI-MONTINARI

A história das edições das obras completas do filósofo Friedrich Nietzsche sempre se apresentou como uma grande sucessão de dificuldades e problemas, principalmente em virtude da enfermidade mental de que, no início de 1889, foi acometido este pensador, e que pôs fim tragicamente à sua atividade intelectual lúcida. Pouco antes desta fatalidade, Nietzsche tinha desenvolvido — variando como títulos possíveis *Transvaloração de todos os valores*, ou então *A vontade de poder*, alternando-se respectivamente em diferentes esboços como título e subtítulo da obra projetada — vários planos editoriais para um livro que deveria conter o essencial de sua filosofia, numa versão mais madura e acabada. Tais planos foram também mencionados brevemente pelo filósofo tanto em apontamentos inéditos quanto em algumas de suas obras publicadas.

A tragédia biográfica do autor e uma curiosa expectativa em torno de seu anúncio criaram uma atmosfera propícia para uma apropriação indevida de seu espólio filosófico para fins de manipulação ideológico-política, numa funesta deturpação que tem como exemplo superlativo a obra apócrifa (supostamente de autoria de Nietzsche) intitulada por seus editores *A vontade de poder* — de famigerada fortuna crítica na recepção de sua filosofia. Tendo sobretudo este livro como base, gestou-se uma falaciosa interpretação do pensamento de Nietzsche como legitimação filosófica de regimes políticos totalitários, como justificação teórica *avant la lettre* do nazifacismo, figurando seu conceito de Além-do-Homem como fonte de inspiração para delírios de onipotência e supremacia racial.

Este texto tão problemático, a ponto de poder-se afirmar hoje, sem nenhuma dúvida, que sua autoria não pode ser fundamentadamente atribuída a Nietzsche, nem do ponto de vista editorial, nem do ponto de vista filosófico, passou, no entanto, a integrar, a despeito de tudo, a história da recepção de sua obra, constituindo-se, portanto, num capítulo desta história, como um evento que não pode ser elidido. Dado o final abrupto da carreira filosófica de Nietzsche, a abundância do material inédito deixado por ele em diversos formatos, em face ainda da multiplicidade de perspectivas e do caráter não sistemático de seu pensamento, gerou-se a lenda (e o mito nela baseado) de uma obra principal, sistematicamente organizada, que encerraria, em formato definitivo, seu conteúdo autêntico e integral, e que se teria perdido, extraviado ou mesmo sido dolosamente subtraída. Esta aura de mistério acalentou fantasias que ajudaram a fortalecer a crença de que a irmã de Nietzsche, Elisabeth Förster-Nietzsche, supostamente uma intérprete privilegiada de seu pensamento, pois que obtivera a posse dos escritos inéditos, os direitos autorais sobre a obra publicada, além dos cuidados de seu irmão doente ainda vivo, publicaria, sob patrocínio do *Arquivos Nietzsche* — instituição por ela fundada em Weimar —, uma nova edição de sua obra, na qual estaria contido aquele escrito capital, com o título de *A vontade de poder*, dividido em quatro tomos ou livros. E foi com base nesta "mitologia" que foram organizadas as duas edições de *A vontade de poder*, com as manipulações e adulterações sumariamente descritas na sequência.

E em virtude desses fatos, a edição histórico-crítico-filológica dos escritos de Friedrich Nietzsche, sob responsabilidade de Giorgio Colli e Mazzino Montinari (*Kritische Gesamtausgabe Werke* — KGW), que hoje se constitui na referência principal para a interpretação e a pesquisa sobre a obra de Nietzsche, em escala mundial, tem sua origem determinada, de algum modo, pelas insuficiências editoriais, filosóficas e crítico-filológicas que estão na base das publicações anteriores de

BIBLIOGRAFIA

A vontade de poder, assim como do conjunto integral do espólio filosófico legado por Friedrich Nietzsche. Razão pela qual impõe-se, portanto, um breve apreciação histórica das sucessivas versões de *A vontade de poder*, em sua relação com a edição Colli-Montinari.

A primeira grande reunião das obras de Nietzsche remonta à edição completa em octavo (*Grossoktave Ausgabe* [GA], 1894-1926), em 20 volumes, publicada em Leipzig por G. Naumann até 1913 e daí em diante por A. Kröner, até 1926. Uma primeira versão do vol. XV desta edição, publicada em 1901, por Otto Weiss, continha *Ecce homo* — cujos originais tinham sido preparados por Nietzsche para publicação, mais os dois primeiros livros/tomos projetados de *A vontade de poder*. O volume XVI, por sua vez, era integrado por esboços dos livros III e IV de *A vontade de poder*, além de um comentário filológico do editor Otto Weiss. Os volumes XV e XVI da GA, em sua versão final, foram publicados pela primeira vez em 1911, em substituição ao antigo vol. XV, de 1901. Esta mesma edição, a GA, serviu de base para todas as edições ulteriores da obra de Friedrich Nietzsche, pelo menos até o trabalho de Karl Schlechta, iniciado em torno de 1950. Até a edição Schlechta, os acréscimos e modificações aportados pelas edições posteriores são de pequena monta, em relação ao conteúdo da GA.

O volume XIII da GA (1903), editado por Peter Gast e August Horneffer, contém os escritos inéditos do período temporal em que Nietzsche projetara escrever um livro que teria como título provável *A transvaloração de todos os valores*. O volume XIV (publicado em 1904) foi editado por Peter Gast e Elisabeth Förster-Nietzsche, e ambos constituem, então, um campo de reunião para o escólio filosófico do período compreendido entre 1882-1888, agrupando fragmentos que não foram incluídos na coletânea apócrifa *A vontade de poder* — *embora pertençam aos mesmos planos e manuscritos* de onde procede o material escolhido para a composição daquele livro. A ordenação sistemática dos fragmentos é feita de acordo com títulos e rubricas escolhidos pelos editores, *sem respeito à cronologia dos manuscritos*. No entanto, os volumes XIII e XIV oferecem, na conclusão, um índice das fontes dos fragmentos nos manuscritos, com indicação da numeração das páginas desses manuscritos.

Já os volumes XV-XVI (de 1911) foram editados por Otto Weiss, contendo — além de Ecce homo — A vontade de poder, na versão definitiva, tal como publicada pela primeira em edição sob responsabilidade de Peter Gast e Elisabeth Förster-Nietzsche, em formato de bolso (Leipzig: C. G. Naumann Verlag, 1906). O editor Otto Weis acrescentou a esses volumes os seguintes anexos: a) planos, disposições e projetos editoriais de Nietzsche, concebidos ao longo do período que vai de 1882 a 1888. De acordo com a apreciação de Mazzino Montinari, a profusão desses planos (e nem todos eles são contemplados por Otto Weiss) constitui a melhor refutação da escolha de um único plano (datado de 1887), a partir do qual Gast e Förster-Nietzsche compuseram sua compilação de *A vontade de poder*; b) notas ao texto, indicando uma quantidade enorme de omissões, interpolações, divisões arbitrárias de textos conexos (não de todos esses textos conexos, aliás), de modo que as anotações do editor refutam o próprio texto publicado.

O índice das fontes manuscritas dos "aforismos" de *A vontade de poder* e uma tabela cronológica dos manuscritos, acrescentados ao final dos volumes, desvendam involuntariamente o despropósito da compilação. Há que se observar ainda que os fragmentos contidos nos volumes XIII e XIV são provenientes dos mesmos manuscritos dos quais foram compostos os volumes XV e XVI.

Além disso, uma nova edição de *A vontade de poder*, organizada por Gast e Förster-Nietzsche e publicada entre 1906 e 1911, conhecida como "edição canônica", contém 1.067 "aforismos". Desse total desapareceram 17 "aforismos" pertencentes à anterior coletânea de 1901. Também de acordo com a avaliação de Mazzino Montinari, a nova edição (1906-11) de *A vontade de poder* representa um retrocesso, uma piora, em relação à primeira edição, entre outras razões porque dissolve os respectivos contextos originários e divide arbitrariamente 25 textos, multiplicando--os em 55, e rompendo, com isso, a conexão entre manuscritos originais dos quais foram arbitrariamente retirados.

BIBLIOGRAFIA

Por todas essas razões, já nos idos de 1958, em face da inexistência até então de uma edição histórico-filológica e criticamente confiável das obras de Nietzsche, mesmo em língua alemã, o editor milanês Einaudi encarregou os filólogos italianos Giorgio Colli e Mazzino Montinari de preparar uma edição dos escritos completos de Nietzsche (textos éditos e inéditos), em conformidade com um plano editorial levado a efeito a partir do início dos anos 1960.

Para a realização do referido projeto, os editores careciam do estabelecimento de uma segura base textual dos escritos de Nietzsche, em seu idioma original — fundamento que não encontraram em nenhuma das edições alemãs até então disponíveis. Mesmo aquela então mais recente e criteriosa, organizada por Karl Schlechta (edição Karl Schlecta [SA]. Munique: Carl Hanser Verlag, 1954-1956), deixava em aberto questões de importância fundamental, tanto de natureza histórico-filológica, como também filosófica, em particular relativas a uma adequada edição completa do abundante e diversificado material legado como espólio filosófico, constante de anotações, apontamentos, mapas, cadernos de notas, e outros tipos de documentos.

No posfácio filológico de sua edição, publicado em 1957, Karl Schlechta apontara diversas falsificações no espólio filosófico e na correspondência de Nietzsche levadas a efeito por Elisabeth Förster--Nietzsche, assim como demonstrou a inviabilidade editorial e filosófica da compilação, editada por ela e por Peter Gast, com o título de *Der Wille zur Macht*. A edição Schlechta dissolveu a unidade do livro apócrifo, reconstituiu a ordem cronológica desse material — cronologia que fora desprezada pelos editores, que agruparam o material com base em rubricas arbitrárias, reunindo textos retirados de manuscritos produzidos em contextos e em momentos diferentes dos últimos anos de vida lúcida do filósofo. No entanto, Schlechta conservou, quanto ao conteúdo, o mesmo material empregado por Förster-Nietzsche e Peter Gast para a elaboração de *A vontade de poder*. Além disso, Schlechta também questiona a utilidade do uso editorial do espólio filosófico de Nietzsche, em razão de sua inconfiabilidade, pelo menos até o ponto em que este era conhecido na época.

À vista disso, em 1961 Mazzino Montinari empreendeu uma viagem a Weimar para vistoriar a situação dos manuscritos originais, conservados nos Arquivos Goethe-Schiller, e inteirar-se sobre o estado do material disponível; a partir daí, firmou-se entre Giorgio Colli e Mazzino Montinari o entendimento de que fazia-se indispensável uma edição *inteiramente nova* dos escritos completos de Nietzsche *em língua alemã*, provida de um confiável aparato histórico-crítico-filológico.

Objetos de concentrada atenção e escrupuloso cuidado seriam os textos inéditos, o enorme manancial formado pelo espólio filosófico deixado por Nietzsche, em particular aquele referente ao período compreendido entre 1885-1888, contendo os manuscritos dos quais foram extraídos os fragmentos que compuseram a fatídica edição da coletânea apócrifa *A vontade de poder*. Era de fundamental importância restituir a seus contextos de origem fragmentos de manuscritos que tinham sido arbitrariamente reunidos, diante da desconsideração feita de seus contextos de sentido e engendramento, bem como de sua ordenação cronológica, o que tornou possível a manipulação abusiva dos originais de Nietzsche, em particular para fins de apropriação ideológica.

Considerada a grande magnitude do empreendimento, a editora italiana Einaudi acabou por recusar o projeto Colli-Montinari com argumentos de natureza tanto financeira quanto ideológica. Em razão disso, a editora Adelphi (Milão), por meio de um contrato firmado com sua congênere francesa Gallimard, assegurou a realização do referido projeto, de modo que os primeiros volumes, em italiano, vieram à luz depois de 1964. Somente daí em diante a editora alemã Walter De Gruyter demonstrou interesse pelo empreendimento e, a partir de 1967, iniciou-se por esta casa editorial a publicação da edição crítica das *Obras completas* de Friedrich Nietzsche, conhecida como *Kritische Gesamtausgabe Werke* (KGW) também em língua alemã. Esta edição, publicada simultaneamente em francês (Gallimard), italiano (Adelphi) e alemão (De Gruyter) obteve merecido reconhecimento acadêmico, a ponto de ter-se firmado, ao longo dos anos, como o padrão filológico de referência mundial para a pesquisa e a interpretação da obra deste pensador.

BIBLIOGRAFIA

A edição crítica das *Obras completas* de Friedrich Nietzsche (KGW) encontra-se ainda em vias de finalização, contando atualmente com mais de 40 volumes publicados. Tendo por base esta edição, em 1980 vem a público pela primeira vez a edição crítica de estudos da obra de Nietzsche, conhecida como *Kritische Studienausgabe* (KSA), também simultaneamente publicada por De Gruyter/DTV, Gallimard e Adelphi, em 15 volumes, contendo as obras publicadas durante a vida de Nietzsche e um conjunto de materiais inéditos, extraídos do espólio, com datação a partir de 1869, acompanhado de importante aparato histórico-crítico-filológico — reduzido, é certo, em comparação com a KGW, mas suficiente para finalidades de estudos e pesquisa. Em associação com a KGW e também com a KSA, começaram a ser publicados os *Nietzsche-Studien*, anuário de que Mazzino Montinari foi cofundador, bem como os volumes da revista *Nietzsche-Forschung*; esses periódicos publicam o que há de mais relevante na pesquisa internacional tendo por objeto a obra de Nietzsche.

Em 2001, inicialmente sob responsabilidade Marie-Luise Haase e Michael Kohlenbach, em copatrocínio com a Academia de Ciências de Berlim-Brandenburgo, iniciou-se a publicação da hoje já célebre seção IX (Abteilung IX) da KGW — um feito editorial e filológico ímpar na história das edições críticas de obras filosóficas. Nela são reproduzidos fiel e integralmente os manuscritos e fragmentos, contendo mapas, apontamentos, anotações, cadernos de trabalho e outros documentos, acompanhados por esclarecimentos editoriais acerca do tipo e estilo específico de escrita praticado por Nietzsche no material de elaboração literária de seu trabalho. Tais anotações e apontamentos integrantes do espólio filosófico tardio de Nietzsche (de 1885 a 1889) são de decifração extremamente dificultosa, mas são também filosoficamente indispensáveis, dada a prodigiosa riqueza de seu conteúdo, a importância que adquiriram na história da recepção e interpretação da obra de Nietzsche, bem como pela frequência com que a eles recorre a pesquisa especializada. Ao editá-las em todos os seus estágios, níveis e etapas de proveniência e elaboração, com todas as suas constantes modificações e variantes, a seção IX da KGW modifica o entendimento até agora consolidado a respeito do que se poderia considerar uma base textual segura e confiável, proveniente do espólio nietzschiano. Enquanto as edições anteriores das obras completas de Nietzsche, com o objetivo de propiciar uma leitura aplainada e corrente, dividiam as anotações e apontamentos inéditos em materiais preparatórios [*Vorstufen*] e fragmentos póstumos [*Nachlassfragmente*], sem reconstituí-los em sua autêntica materialidade, a seção IX da KGW, por seu turno, conserva o formato e o aspecto originais e a datação dos escritos, reconstruindo a configuração topológica dos manuscritos, sua ordenação espacial, com todas as inserções, rasuras, alterações, riscos e traços de correção empreendidos por Nietzsche, e sobretudo dispondo-os em rigorosa sucessão cronológica. A impressão gráfica é feita em cinco cores diferentes, para que o leitor possa acompanhar adequadamente as diversas camadas dos originais, os traços, sublinhamentos e riscos, as correções, modificações e os cancelamentos feitos por Nietzsche nos cadernos e manuscritos. Tanto quanto mantém-se possível a reconstituição, a seção IX resgata, em formato impresso, com detalhe e rigor, as inúmeras retranscrições, inserções marginais, os adendos feitos acima e abaixo da linha original, as interpolações, correções, os destaques e riscos de anulação, o direcionamento da escrita, da direita para a esquerda e vice-versa.

Com base nessa reconstituição e deciframento, os escritos inéditos deixam de ter a aparência global e indiferenciada de textos ao lado de outros textos de obras publicadas ou destinadas por Nietzsche à publicação, e passam a adquirir o feitio de esboços e projetos em processo de elaboração, na maioria das vezes retocados, remanejados, modificados, numa profusão que Nietzsche, com toda clareza, decidiu não publicar na forma em que os deixou — e que, portanto, não têm de ser lidos como textos. Mas que, justamente por esta razão, adquirem enorme interesse em sua diferença relativamente à obra publicada ou aos textos preparados por Nietzsche para publicação.

Mesmo com a recente publicação do volume XII da seção IX da KGW, entretanto, a polêmica em torno de uma publicação integral e satisfatória dos escritos completos de Nietzsche parece não ter sido encerrada — e a mais robusta prova deste fato parece ser a própria série de volumes que correspondem à seção IX da KGW. Assim é que para Barbara von Reibnitz, por exemplo, embora oficialmente constitua uma seção (a nona seção) da edição histórico-crítica dos escritos de Nietzsche por Colli e Montinari (KGW), a Abteilung IX de fato coloca em questão os critérios editoriais e os parâmetros filológicos da referida edição, uma vez que recusa o princípio da reconstrução genético-crítica dos textos, com hierarquização do material, partindo dos esboços preparatórios e de anotações menores, para culminar nos textos considerados maduros, prontos para a publicação [*Reinschrift*]. Ao invés desse procedimento, a seção IX, como esclarecido acima, opta pela transcrição isonômica de todos os escritos, tanto de anotações consideradas menores quanto de passagens já submetidas à crítica e à correção pelo autor, além do material intermediário, embora mantenha sua ordenação cronológica, procedimento que constituiu um princípio metodológico fundamental da edição Colli-Montinari.

Já para Henning Ritter, como princípio metódico, a "transcrição diferenciada" subverte e transtorna a imagem do pensador Nietzsche proporcionada pela KGW, tornando evidente que também Montinari não teria proporcionado muito mais, com a KGW, do que uma "seleção subjetiva" dos textos de Nietzsche. A publicação dos volumes da seção IX teria vindo mostrar que os textos de Nietzsche não comportam uma figura inequívoca, ou forma definitiva, mas se multiplicam em tentativas e recomeços fragmentários, destacando o aspecto espontâneo, experimental, permanentemente ensaístico, no pensamento do filósofo.

Argumentos e pontos de vista como os neste texto mencionados dão testemunho da importância e do teor da polêmica em pleno curso, mas não elidem o fato de que, com a seção IX, chega à sua fase conclusiva a edição histórico-crítico-filológica da obra completa de Friedrich Nietzsche, iniciada por Giorgio Colli e Mazzino Montinari — atualmente a edição acadêmica de referência para os estudos nietzschianos em todo o mundo. A reprodução em fac-símile dos manuscritos conclui e aperfeiçoa a edição crítica, de acordo com os apurados e exigentes padrões histórico-crítico-filológicos estabelecidos como diretriz e parâmetro pelos estudiosos italianos para o estabelecimento de uma base referencial cientificamente sólida, editorialmente transparente e confiável, que permite o reconhecimento da conexão entre o modo de pensamento, escrita e elaboração filosófica próprias de Nietzsche.

Acompanham os volumes publicados da seção IX reproduções digitalizadas facsimilares dos manuscritos e cadernos em *CD-ROM*, ensejando a pesquisadores e pesquisadoras a possibilidade de novos projetos de investigação, como, por exemplo, uma reconstrução da história da proveniência de obras de Nietzsche, ou uma análise do desenvolvimento de seu pensamento filosófico ao fio condutor de seus cadernos de notas, criteriosamente reconstituídos em seu formato original.

Com base nos trabalhos realizados na seção IX da edição histórico-crítico-filológica da obra de Nietzsche (KGW), nas demais seções da KGW e na KSA, os leitores e leitoras contemporâneos têm acesso também à edição completa digital-facsimilar (DFGA) dos escritos de Friedrich Nietzsche, de autoria do filósofo Paolo D'Iorio, publicada no sítio *Nietzsche Source* na internet[1], que disponibiliza, pela primeira vez, uma reprodução digital de todo o espólio literário de Nietzsche (primeiras edições de obras, manuscritos, cartas e documentos biográficos). A DFGA torna acessíveis as fontes primárias para a pesquisa da vida e da obra de Nietzsche, disponibilizando fac-símiles coloridos, altamente elucidativos, que podem ser lidos, aumentados, impressos, arquivados por pesquisadore(a)s interessado(a)s.

Para tanto, a DFGA tem por base um exato sistema digital de classificação, que designa cada página singular com um endereço de internet inequívoco e estável. No estabelecimento desse sistema de classificação, a meta da DFGA foi almejar uma elevada medida de compatibilidade com a edição crítica *standard* (KGW), assim como o material de pesquisa já existente. A DFGA completa e aperfeiçoa a classificação já existente, corrigindo erros e preenchendo lacunas de numeração. As siglas utilizadas nos endereços eletrônicos correspondem às abreviações constantes

---

[1] <www.nietzschesource.org/>.

dessa classificação, seguidas a cada vez por números de páginas. Assim, por exemplo, a página 194 do manuscrito M II 1 pode ser acessada no seguinte endereço: <www.nietzschesource.org/DFGA/M-II-1,194>.
Com isso, a DFGA torna-se, para a citação acadêmica e o referenciamento, uma das primeiras edições eletrônicas de assegurado valor e facilmente utilizável. No futuro, uma concordância produzirá a compatibilidade com todas as classificações dos manuscritos precoces de Nietzsche, como também com a edição KGW e KSA. O resultado será uma identificação e localização exata das páginas dos manuscritos, que na edição Colli-Montinari (KGW e KSA) foram classificados como "fragmentos póstumos".
Com a DFGA e projeto do novo *Dicionário Nietzsche* (*Nietzsche--Wörterbuch*), a cargo do grupo de pesquisa liderado na Holanda por Paul van Tongeren (Nijmegen) e Herman Siemens (Leiden), cujo primeiro volume, denso e alentado, já foi publicado em 2004 pela editora Walter De Gruyter, novos dispositivos e recursos, de imenso valor filológico e histórico-crítico-filosófico, são postos à disposição de uma pesquisa mundial sempre florescente e inovadora tendo por objeto a obra de Friedrich Nietzsche, um pensador seminal também para nosso tempo.

I. OBRAS DE NIETZSCHE

Edições alemães mais recentes

Gesamtausgabe des Briefwechsels (KGB). Giorgio Colli e Mazzino Montinari (orgs.). Berlim/Nova York: Walter de Gruyter, 1975ff.
Kritische Gesamtausgabe. Werke (KGW). Giorgio Colli e Mazzino Montinari (orgs.). Berlim/Nova York: Walter de Gruyter, 1967ff.
Sämtlicher Briefe. Kritische Studienausgabe (KSB). Giorgio Colli e Mazzino Montinari (orgs.). Berlim/Nova York: Walter de Gruyter/Deutscher Taschenbuch Verlag, 1986.
Sämtliche Werke. Kritische Studienausgabe (KSA). Giorgio Colli e Mazzino Montinari (orgs.). Berlim/Nova York: Walter de Gruyter/Deutscher Taschenbuch Verlag, 1980.

Edições digitais em alemão

Digitale Faksimile-Gesamtausgabe. Nach den Originalmanuskripten und Originaldrucken der Bestände der Klassik Stiftung Weimar. Paolo D'Iorio (org.). Endereço: <www.nietzschesource.org/DFGA>
Digitale Kritische Gesamtausgabe. Werke und Briefe. Auf der Grundlage der Kritischen Gesamtausgabe Werke. Giorgio Colli e Mazzino Montinari (orgs.). Berlim/Nova York: Walter de Gruyter, 1967ff. Endereço: <www.nietzschesource.org/#eKGWB>

Edições brasileiras mais recentes

A gaia ciência. Trad. de Paulo César de Souza. São Paulo: Companhia das Letras, 2001.
Além do bem e do mal: prelúdio a uma filosofia do futuro. São Paulo: Companhia das Letras, 2005.
Assim falou Zaratustra: um livro para todos e para ninguém. Trad. de Paulo César de Souza. São Paulo: Companhia das Letras, 2011.
Aurora: reflexões sobre preconceitos morais. São Paulo: Companhia das Letras, 2004.
Cinco prefácios para cinco livros não escritos. Trad. de Pedro Süssekind. Rio de Janeiro: 7Letras, 1996.
Crepúsculo dos ídolos: ou como se filosofa com martelo. Trad. de Paulo César de Souza. São Paulo: Companhia das Letras, 2010.
Da utilidade e desvantagem da história para a vida. Trad. de Marco Antonio Casanova. Rio de Janeiro: Relume-Dumará, 2003.
David Strauss, o devoto e o confessor. São Paulo: Martins Fontes, 2020.
Ecce homo: como alguém se torna o que é. Trad. de Paulo César de Souza. São Paulo: Companhia das Letras, 2008.
Genealogia da moral: um escrito polêmico. São Paulo: Companhia das Letras, 2009.
Humano, demasiado humano I: um livro para espíritos livres. Trad. de Paulo César de Souza. São Paulo: Companhia das Letras, 2008.
Humano, demasiado humano II: um livro para espíritos livres. Trad. de Paulo César de Souza. São Paulo: Companhia das Letras, 2008.
O anticristo: a maldição do cristianismo. Trad. de Paulo César de Souza. São Paulo: Companhia das Letras, 2007.

BIBLIOGRAFIA

O nascimento da tragédia. Trad. de Jacó Guinsburg. 2ª ed. São Paulo: Companhia das Letras, 1992.
O nascimento da tragédia. Trad. de Paulo César de Souza. São Paulo: Companhia das Letras, 2020.
Obras incompletas. Trad. de Rubens Rodrigues Torres Filho. Coleção Os Pensadores. 1ª ed. São Paulo: Abril Cultural, 1974.
Schopenhauer como educador. Trad. de Adriana M. S. Vaz. Campinas: FE/ Unicamp, 1999.
Schopenhauer como educador. Trad. de Clademir Araldi. São Paulo: Martins Fontes, 2020.
"Sobre o futuro de nossos estabelecimentos de ensino". In: *Escritos sobre educação.* Trad. de Noéli C. M. Sobrinho. Rio de Janeiro/São Paulo: PUC-Rio/ Loyola, 2003.
Wagner em Bayreuth. Trad. de Anna Hartmann Cavalcanti. Rio de Janeiro: Zahar, 2009.

II. PRINCIPAIS LIVROS SOBRE NIETZSCHE PUBLICADOS NO BRASIL

Almeida, R. M. *Nietzsche e o paradoxo.* São Paulo: Edições Loyola, 2005.
Ansell-Pearson, K. *Nietzsche como pensador político: uma introdução.* Rio de Janeiro: Jorge Zahar Editor, 1997.
Araldi, C. L. *Niilismo, criação, aniquilamento: Nietzsche e a filosofia dos extremos.* Coleção Sendas & Veredas. São Paulo: Discurso Editorial; Ijuí: Ed. Unijuí, 2004.
Barros. F. *O pensamento musical de Nietzsche.* São Paulo: Perspectiva, 2007.
_____. *Nietzsche: Além do homem e idealidade estética.* Campinas: Editora Phi, 2016.
Benchimol, M. *Apolo e Dionísio.* São Paulo: Annablume, 2002.
Burnett, H. *Nietzsche, Adorno e um pouquinho de Brasil.* São Paulo: Ed. Unifesp, 2011.
Casanova, M. A. *O instante extraordinário. Vida, história e valor na obra de Friedrich Nietzsche.* Rio de Janeiro: Forense Universitária, 2013.
Cavalcanti, A. H. *Símbolo e alegoria: a gênese da concepção de linguagem em Nietzsche.* São Paulo: Annablume/Fapesp, 2005.

Chaves, E. *No limiar do moderno: estudos sobre Friedrich Nietzsche e Walter Benjamin*. 1ª ed. Belém: Paka-Tatu, 2003.
Deleuze, G. *Nietzsche e a filosofia*. Rio de Janeiro: Rio Editora, 1976.
Dias, Rosa. *Nietzsche e a música*. Rio de Janeiro: Imago, 1994.
Ferraz, M. C. F. *Nietzsche, o bufão dos deuses*. São Paulo: n-1, 2017.
Frezatti Jr., W. *Nietzsche contra Darwin*. Ijuí: Ed. Unijuí, 2001.
Giacoia Jr., O. *Labirintos da alma. Nietzsche e a autossupressão da moral*. Campinas: Ed. Unicamp, 1997.
Giacoia Jr., O. *Nietsche. O Humano entre a memória e a promessa*. Petrópolis: Vozes, 2014.
Heidegger, M. *Nietzsche*. 2 vol. Trad. de Marco Antonio Casanova. Rio de Janeiro: Forense Universitária, 2007.
Janz, C. P. *Friedrich Nietzsche: uma biografia*. 3 vols. Tradução de Markus A. Hediger. Petrópolis, Rio de Janeiro: Vozes, 2016.
Julião, J. N. *Para ler o Zaratustra de Nietzsche*. São Paulo: Manole, 2012.
Kossovitch, L. *Signos e poderes em Nietzsche*. Rio de Janeiro: Azougue Editorial, 2004.
Larrosa, J. *Nietzsche e a educação*. Tradução de Semíramis Gorini da Veiga. Belo Horizonte: Autêntica, 2009.
Lopes, R. *Elementos de retórica em Nietzsche*. São Paulo: Loyola, 2006.
Löwith, K. *De Hegel a Nietzsche: a ruptura revolucionária no pensamento do século XIX: Marx e Kierkegaard*. Trad. de Flamarion Caldeira Ramos; Luiz Fernando Barrére Martin. São Paulo: Ed. Unesp, 2014.
Machado, B. M. *Nietzsche e Rée: psicólogos e espíritos livres*. Campinas: Editora Phi, 2016.
Machado, R. *Nietzsche e a verdade*. Rio de Janeiro: Paz e Terra, 2017.
Marton, S. *Nietzsche: das forças cósmicas aos valores humanos*. 2ª ed. Belo Horizonte: Ed. UFMG, 2000.
Melo, E. R. *Nietzsche e a justiça*. São Paulo: Perspectiva, 2004.
Moura, C. A. R. *Nietzsche: civilização e cultura*. São Paulo: Martins Fontes, 2014.
Müller-Lauter, W. *A doutrina da vontade de poder em Nietzsche*. Trad. de Oswaldo Giacoia Junior. São Paulo: Annablume, 1997.
Müller-Lauter, W. *Nietzsche: sua filosofia dos antagonismos e os antagonismos de sua filosofia*. Trad. de Clademir Araldi. São Paulo: Ed. Unifesp, 2009.
Nabaes, Nuno. *Metafísica do Trágico*. Lisboa: Relógio D'Água, 1997.

Niemeyer, C. (org.). *Léxico Nietzsche*. São Paulo: Edições Loyola, 2014.
Oliveira, J. *Para uma ética da amizade em Friedrich Nietzsche*. Rio de Janeiro: 7Letras, 2011.
Oliveira, S. *O Beethoven de Wagner no Nascimento da tragédia de Nietzsche*. Passo Fundo: Saluz, 2016.
Paschoal, A. E. *Nietzsche e o ressentimento*. São Paulo: Humanitas, 2014.
Pimenta, O. *A invenção da verdade*. Belo Horizonte: Ed. UFMG, 1999.
Rabelo, R. *A arte na filosofia madura de Nietzsche*. Londrina: Eduel, 2013.
Silva Jr, I. *Em busca de um lugar ao sol: Nietzsche e a cultura alemã*. São Paulo: Ed. Unijuí, 2007.
Stegmaier, W. *Linhas Fundamentais do pensamento de Nietzsche*. Jorge Viesenteiner e André Luiz Muniz Garcia (orgs.). Petrópolis: Vozes, 2013.
Tongeren, P. van. *A moral da crítica da moral de Nietzsche*. Trad. de Jorge Viesenteiner. Curitiba: Champagnat, 2012.
Vattimo, G. *Introdução a Nietzsche*. Trad. de António Guerreiro. Lisboa: Editoria Presença, 1990.
Viesenteiner, J. L. *Nietzsche e a vivência de tornar-se o que se é*. Campinas: Phi, 2013.
Weber, J. F. *Formação (Bildung), educação e experimentação em Nietzsche*. Londrina: Eduel, 2011.
Wotling, P. *Vocabulário de Friedrich Nietzsche*. Trad. de Cláudia Berliner. São Paulo: Martins Fontes, 2011.

1. O nascimento da tragédia*

---

* *Die Geburt der Tragödie* [O nascimento da tragédia], 3. In: *Sämtliche Werke. Kritische Studienausgabe* (KSA). G. Colli e M. Montinari (orgs.). Berlim/Nova York/Munique: Walter de Gruyter/DTV, 1980, vol. I.

1.

Para trazer para mais perto de nós aquelas duas pulsões, pensemo-las primeiramente como os mundos artísticos separados do sonho e da embriaguez; entre suas aparições [*Erscheinungen*] fisiológicas, é de se notar uma contradição correspondente àquela entre o apolíneo e o dionisíaco. De acordo com a representação de Lucrécio, foi no sonho que, primeiramente, surgiram as magníficas figuras dos deuses para as almas dos homens; no sonho, o grande escultor viu a arrebatadora estrutura de seres sobre-humanos, e o poeta helênico, perguntado a respeito dos segredos da criação poética, lembrar-se-ia igualmente do sonho, e teria dado, do mesmo modo, uma elucidação semelhante à que deu Hans Sachs em *Os mestres cantores*:

> Meu amigo, justamente isso é obra do poeta
> Que ele observa e interpreta seus sonhos.
> Acredite-me, o mais verdadeiro delírio do homem
> É-lhe descerrado no sonho;
> Toda a arte poética e o poetar
> Nada mais são do que decifração de sonho.

A bela aparência dos mundos oníricos, em cuja geração todo homem é um artista completo, é o pressuposto de toda arte figurativa — sim, também, como veremos, de uma importante metade da poesia. Deleitamo-nos na compreensão imediata das figuras, todas as formas nos falam, nada há de indiferente e desnecessário. Todavia, na vida sublime dessa efetividade onírica, temos ainda a sensação cintilante de sua aparência: pelo menos é essa a minha experiência, a cuja frequência e normalidade eu teria a acrescentar alguns testemunhos e as sentenças dos poetas. O homem filosófico tem até mesmo o pressentimento de que também nessa efetividade, na qual nós vivemos e somos, subjaz uma segunda, inteiramente outra, da qual, portanto, aquela é também uma aparência; e Schopenhauer menciona precisamente a dádiva na qual, de tempos em tempos, os homens e todas as coisas se apresentam para alguns como meros fantasmas e figuras oníricas como o sinal reconhecível do talento filosófico. Então, assim como o filósofo se relaciona com a efetividade da existência, assim também o homem artisticamente suscetível se relaciona com a efetividade do sonho; ele contempla precisamente e com prazer: pois a partir dessas figuras, ele interpreta para si mesmo a vida, nesses acontecimentos, ele exercita para si mesmo a vida. Não são apenas as agradáveis e amistosas figuras que ele experimenta em si próprio, mas também toda aquela compreensibilidade total: também o sério, o escuro, o triste, o sombrio, as súbitas inibições, as tolices do acaso, as expectativas claudicantes, em resumo, toda a "divina comédia", da vida, com o seu inferno, passa diante dele, não apenas como um jogo de sombras — pois ele vive e sofre conjuntamente com essas cenas —, todavia, também não sem aquela fugaz sensação de aparência; e talvez alguém, como eu, se recorde dos perigos e sustos do sonho e de que, encorajando-se, terá proferido: "Isso é um sonho! Eu quero continuar a sonhá-lo!" Como também foi-me relatado da parte de pessoas que estiveram em condições de dar prosseguimento à causalidade de um único e mesmo sonho por três ou mais noites subsequentes: fatos que claramente dão testemunho de que nossa mais íntima essência, o substrato comum de todos nós, experimenta o sonho em si com o mais profundo prazer e a mais alegre necessidade.

Essa alegre necessidade da experiência onírica foi expressa igualmente pelos gregos em seu Apolo: Apolo, como o deus de todas as forças figurativas, é ao mesmo tempo o deus profético. Ele que, de acordo com sua raiz, é a "a aparência brilhante" [*der "Scheinende"*], a divindade da luz, domina também a bela aparência do mundo interior da fantasia. A verdade superior, a perfeição desses estados — em oposição à compreensibilidade lacunar da efetividade do dia, e daí então, no sono e no sonho, a consciência profunda da natureza, restauradora e auxiliadora —, é ao mesmo tempo o análogo simbólico da faculdade profética e, em geral, das artes, por meio das quais a vida torna-se possível e digna de ser vivida. Mas também aquela linha tênue que a figura onírica não pode atravessar, para não atuar patologicamente — pois senão a aparência nos enganaria como grosseira efetividade —, não pode faltar na figura de Apolo: aquela limitação plena de medida, aquela liberdade das excitações mais selvagens, aquela tranquilidade, repleta de sabedoria, do deus dos escultores. Seu olho tem de ser "solar", de acordo com sua origem; mesmo quando se ira, e olha de maneira desaprovadora, a bênção da aparência paira sobre ele. E, desse modo, em sentido excêntrico, poderia valer a respeito de Apolo o que Schopenhauer diz sobre o homem enredado pelo véu de Maia: "Assim como, sobre o mar furioso, por todos os lados ilimitado, que bramindo eleva e abate montanhas de ondas, assenta-se o marinheiro num barco, confiante nessa frágil embarcação, assim assenta-se calmamente o homem singular em meio a um mundo de sofrimentos, apoiado e confiante no *principium individuationis*" (*O mundo como vontade e representação*, p. 416). Sim, quanto a Apolo, haveria que se dizer que nele adquiriram sublime expressão a inabalável confiança naquele princípio e o calmo instalar-se nele, por aqueles que nele se encontram capturados; e poder-se-ia designar o próprio Apolo como a magnífica figura do *principium individuationis*, de cujos gestos e olhares falaria a nós, juntamente com sua beleza, o inteiro prazer e a sabedoria da "aparência brilhante".

Na mesma passagem, Schopenhauer descreveu o terrível horror que arrebata o homem quando, subitamente, ele se extravia das formas do conhecimento e da aparência, quando o princípio de razão suficiente parece sofrer uma exceção, em qualquer uma de suas figuras. Se acrescentamos a esse horror o prazeroso arrebatamento que, nesse mesmo romper-se do *principium individuationis*, emerge do mais íntimo fundamento do homem, sim, da natureza; dessa maneira, lançamos um olhar na essência do *dionisíaco*, que se aproxima de nós o máximo possível pela analogia da *embriaguez*. Por meio da influência da bebida narcótica, de que falam em hinos de todos os homens e povos originários; ou no violento aproximar-se da primavera, que prenhe de prazer perpassa a natureza inteira, despertam aqueles estímulos dionisíacos, em cuja intensificação o subjetivo desaparece em completo autoesquecimento. Também na idade média alemã, sob a mesma violência dionisíaca, precipitavam-se de lugar em lugar cortejos sempre crescentes, cantando e dançando: nessas danças de São João e São Vito, reconhecemos os coros báquicos dos gregos, com sua pré-história na Ásia Menor até a Babilônia e os orgiásticos saqueus. Há homens que, por falta de experiência ou estupidez, afastam-se com escárnio e lamento dessas aparições como de "doenças do povo": esses pobres, em verdade, não suspeitam quão fantasmática e com que cores cadavéricas justamente aquela sua "saúde" se afigura quando diante deles passa transbordante a vida ardente dos entusiastas dionisíacos.

Sob o encantamento do dionisíaco, fecha-se de novo não somente a união do homem com o homem; também a natureza tornada estranha, hostil ou submissa, celebra novamente a reconciliação com seu filho perdido, o homem. De bom grado, a terra oferece suas dádivas, e pacificamente aproximam-se os animais de presa dos penhascos e do deserto. O carro de Dionísio está abarrotado de flores e coroas: sob o jugo dele caminham a pantera e o tigre. Transformemos em pintura a "Ode à alegria" de Beethoven e não mantenhamos retida nossa força de imaginação quando, tomados de horror, milhões lançam-se ao pó — então podemos nos aproximar do dionisíaco. Então o escravo é homem livre, agora partem-se todas as separações fixas e hostis que a penúria, o arbítrio ou a "moda atrevida" estabeleceram entre os homens. Agora, no Evangelho da harmonia universal, cada um sente-se não apenas unido com seu próximo, reconciliado, fundido, mas um com ele, como se o véu de Maia tivesse sido rasgado e flutuasse então apenas em farrapos diante do Uno Primordial, repleto de segredo. Cantando e dançando, expressa-se o homem como membro de uma comunidade superior: ele desaprendeu o andar e o falar, e está a ponto de, dançando, alçar voo nos ares. De seus gestos, fala o encantamento. Assim como então os animais falam e a terra dá leite e mel, assim também ressoa agora, a partir dele, algo sobrenatural: ele sente-se como um Deus, ele próprio caminha agora tão arrebatado e elevado como viu caminhar os deuses. O homem não é mais artista, tornou-se obra de arte: a violência artística da natureza inteira, para a suprema satisfação prazerosa do Uno Primordial, manifesta-se aqui sob os tremores da embriaguez. O barro mais nobre, o mármore mais valioso, é amassado e esculpido aqui: o homem; e, com os golpes de cinzel do artista dionisíaco do universo, ressoa o eleusínico grito de mistério: "Prostrai-vos, vós, oh, milhões! Pressentes tu, universo, o criador?"

15.

No sentido dessas últimas perguntas, cheias de pressentimento, é preciso que seja declarado como a influência de Sócrates espalhou-se até esse momento, sim, sobre futuro, sobre o mundo da posteridade, como uma sombra que no sol da tarde torna-se sempre maior; como essa influência tornou sempre de novo necessária a recriação da arte — e, com efeito, da arte já no sentido metafísico, no mais vasto e profundo sentido — e, na infinitude que é própria dela, também garante a infinitude desta última.

Antes que isso pudesse ser conhecido, antes que a íntima dependência de toda arte em relação aos gregos, dos gregos de Homero até Sócrates, fosse convincentemente exposta, foi preciso que ocorresse conosco, em relação aos gregos, como com atenienses em relação a Sócrates. Quase todo tempo e degrau de formação tentou alguma vez, com profunda má vontade, libertar-se dos gregos, porque, em face deles, tudo aquilo que foi conseguido por mérito próprio, em aparência totalmente original, e foi admirado de modo justamente decente, de súbito parecia perder a cor e a vida, e definhar como cópia malograda, sim, como caricatura. E assim irrompe sempre uma vez mais a mágoa de coração contra aquele pretensioso povinho, que se atreveu a designar para sempre como "bárbaro" aquilo que não lhe é familiar: perguntamo-nos quem são eles que, inobstante demonstrando ter somente um efêmero brilho histórico, apenas instituições risivelmente limitadas, só uma duvidosa aptidão ética, sendo até caracterizados por vícios odiosos, exigem, todavia, aquela dignidade e a posição especial entre os povos, que entre a massa é conferida ao gênio? Infelizmente, não se foi feliz o bastante para encontrar o cálice de cicuta com o qual um tal ser pudesse ser simplesmente liquidado: pois todo o veneno que, em si, geram a inveja, a calúnia e a mágoa não bastou para aniquilar aquela glória autossuficiente. E assim envergonhamo-nos e sentimos medo perante os gregos; a não ser que alguém venere a verdade sobre todas as coisas, e assim também ouse confessar para si também esta verdade, que os gregos têm nas mãos a direção do carro da nossa e de toda cultura; que, no entanto, carros e cavalos quase sempre são de matéria demasiado diminuta e incomensurável com a glória de seus condutores, que consideram portanto uma brincadeira precipitar tal atrelamento no abismo — abismo que eles próprios transpõem com o salto de Aquiles.

Para demonstrar a dignidade de uma tal posição de liderança também para Sócrates, é suficiente reconhecer nele o tipo de uma forma de existência antes dele inaudita, o tipo do homem teórico, forma da qual chegar à compreensão da significação e meta constitui nossa próxima tarefa. Também o homem teórico, como o artista, tem uma satisfação infinita no existente, e, como este último, é protegido por essa satisfação contra a ética prática do pessimismo e contra seus olhos de lince, que brilham apenas no mais sombrio. Porém, enquanto o artista em todo desvelamento da verdade permanece sempre preso, com olhos arrebatados apenas naquilo que mesmo então depois do desvelamento ainda permanece véu, o homem teórico deleita-se e se satisfaz no véu arrancado, e tem sua suprema meta de prazer no processo de um sempre bem-sucedido desvelamento, exitoso por meio da própria força. Não haveria nenhuma ciência se ela tivesse que se ocupar somente com aquela única deusa nua, e nada além disso. Pois então, seus discípulos teriam que estar dispostos como aqueles que quisessem cavar um buraco diretamente através da terra: cada um deles compreenderia que, com o maior esforço, que dura toda a sua vida, estaria em condições de cavar apenas uma parte muito pequena da formidável profundidade, que de novo será soterrada diante de seus olhos pelo trabalho do próximo, de modo que um terceiro parece portar-se bem, quando, com o próprio punho, escolhe um novo local para sua tentativa de escavação.

Se, então, alguém provasse convincentemente que, nesse caminho direto, a meta contraposta não poderia ser alcançada, quem iria ainda querer continuar a trabalhar nas antigas profundezas, a não ser que entrementes se deixasse satisfazer com encontrar pedras preciosas, ou com descobrir leis da natureza? Por isso Lessing, o mais honesto dos homens teóricos, atreveu-se a declarar que a ele importava mais a busca da verdade do que esta mesma: com isso ficou desvendado o segredo fundamental da verdade, para a perplexidade, mais ainda, para a irritação dos cientistas. Certamente, junto a esse conhecimento isolado encontra--se, como um excesso de honestidade, senão de soberba, uma profunda *representação delirante*, que pela primeira vez veio ao mundo na pessoa de Sócrates — aquela crença inabalável de que, seguindo o fio condutor da causalidade, o pensar alcança até os abismos mais profundos do ser, e que o pensar é capaz não somente de conhecer o ser, mas até de *corrigi-lo*. Este sublime delírio metafísico foi adjuntado à ciência como instinto e a conduz sempre, e sempre de novo, até aqueles limites nos quais ele tem de se converter em arte: que é o que propriamente se tem em vista nesse mecanismo.

Com a tocha desse pensamento, olhemos agora para Sócrates: ele nos aparece como o primeiro que, nas mãos daquele instinto da ciência, pôde não apenas viver, porém — o que, de longe, é mais — pôde também morrer; e por causa disso, a imagem do Sócrates moribundo, como do homem subtraído pelo saber e pelas razões ao medo da morte, é o dístico que, posto sobre o portal de entrada da ciência, lembra a todos e a cada um de sua determinação, a saber, fazer a existência parecer compreensível e, com isso, justificada. Para o que tem de servir finalmente também o mito, se as razões não bastam, o mito que há pouco designei até mesmo como a consequência necessária, sim, como o propósito da ciência?

Aquele que, alguma vez, tornou visível para si como, depois de Sócrates, o mistagogo da ciência, uma escola filosófica é substituída por outra como a onda pela onda; como, nos mais remotos domínios do mundo cultivado, e como a autêntica tarefa de toda aptidão mais elevada, uma nunca antes suspeitada universalidade da ânsia de saber conduziu a ciência ao alto-mar, do qual, desde então, jamais pôde ela ser de novo completamente removida; como, pela primeira vez, por meio dessa universalidade uma rede comum do pensamento foi estendida sobre o conjunto do globo terrestre — sim, com vistas à legalidade de um sistema solar inteiro; quem quer que tenha tornado presente para si mesmo tudo isso, junto com a surpreendente pirâmide de saber da atualidade —, esse não pode se recusar a ver em Sócrates o ponto de inflexão e o vértice da assim chamada história universal. Pois, se pensarmos alguma vez toda a indecifrável soma de força que foi consumida para aquela tendência mundial, empregada não a serviço do conhecer, mas para alvos práticos, isto é, egoístas, de indivíduos e povos, então o prazer instintivo de viver se tornaria tão enfraquecido que, pelo hábito do suicídio, um indivíduo singular talvez tivesse que sentir como último resto de sentimento de dever fazer como o habitante das ilhas Fidschi: como se o filho estrangulasse seus pais, como se o amigo estrangulasse seu amigo: um pessimismo prático, que poderia mesmo gerar uma ética cruel do assassinato dos povos por compaixão — o qual, aliás, está e esteve por toda parte presente no mundo, onde a arte, em alguma forma, particularmente como religião e ciência, não apareceu como meio de salvação e de defesa contra aquele hálito de peste.

Em face desse pessimismo prático, Sócrates é a figura originária do homem teórico, que, na mencionada crença na sondabilidade da natureza das coisas, apõe ao saber e ao conhecimento a força de uma medicina universal, e que compreende o erro como o mal em si. Penetrar naqueles fundamentos, e separar da aparência o verdadeiro conhecimento, parecia ser para o homem socrático a mais nobre, até mesmo a única e verdadeira profissão: assim como aquele mecanismo dos conceitos, juízos e silogismos, a partir de Sócrates, foi apreciado como a suprema atividade e a dádiva da natureza mais digna de admiração sobre todas as outras capacidades. Mesmo os feitos éticos mais sublimes, os transportes da compaixão, do sacrifício, do heroísmo, e aquela tranquilidade da alma, difícil de ser conquistada, que o grego apolíneo denominava *Sophrosyne*, foram, por Sócrates e seus sucessores até o presente, com igual disposição de ânimo, derivados da dialética e do saber; e, em conformidade com isso, foram considerados ensináveis. Quem experimentou em si mesmo o prazer de um conhecimento socrático, e sentiu como esse conhecimento, em sempre ulteriores combates, tenta abraçar o inteiro mundo das aparências, este, a partir de então, não sentirá nenhum aguilhão que possa impelir para a existência mais fortemente do que o desejo de completar aquela conquista e tecer a rede de modo firmemente impenetrável. A alguém assim disposto, o Sócrates platônico aparece então como o mestre de uma forma inteiramente nova da "serenojovialidade grega" e de bem-aventurança na existência, que procura se descarregar em ações, e essa descarga é encontrada, na maioria das vezes, em efeitos maiêuticos e pedagógicos sobre jovens nobres, para fins da geração final do gênio.

Mas agora a ciência, aguilhoada por sua vigorosa ilusão, corre pressurosa e irrefreável até aqueles limites nos quais fracassa seu otimismo, oculto na essência da lógica. Pois a periferia do círculo tem muitos e infinitos pontos, e enquanto não é ainda possível prever de modo algum como poderia alguma vez ser completamente medido o círculo, o homem nobre e talentoso alcança de maneira inevitável, e antes de chegar à metade de sua existência, aqueles pontos fronteiriços da periferia, onde ele se detém no que é impossível de esclarecer. Então ele vê aqui, para seu espanto, como a lógica, chegando a esses limites, enrosca-se sobre si mesma e finalmente morde a própria cauda — aí irrompe a nova forma do conhecimento, o conhecimento trágico, que, só para ser suportado, carece da arte como proteção e meio de cura.

Com olhos revigorados, restaurados pelos gregos, olhemos para as supremas esferas daquele mundo, que nos circunda com suas ondas; assim, percebemos a cobiça do insaciável conhecimento otimista, manifestada em Sócrates, converter-se em trágica resignação e carência de arte: enquanto, na verdade, a mesma cobiça, em seu grau mais baixo, tem de se exteriorizar de modo hostil e, em seu íntimo, abominar principalmente a arte trágico-dionisíaca, como foi apresentado, a modo de exemplo, no combate da tragédia esquiliana pelo socratismo.

Batemos aqui, com o ânimo agitado, nos portais do presente e do futuro: conduzirá aquele "converter-se" a sempre novas configurações do gênio e justamente do Sócrates musicante? Tornar-se-á a rede da arte, espalhada sobre a existência ainda que sob o nome de religião e ciência, sempre mais delicada e firmemente entretecida, ou a ela está determinado romper-se em tiras, sob o incessantemente bárbaro impelir e redemoinhar que agora se chama "o presente"? Preocupados, mas não desconsolados, postamo-nos ao lado, durante algum tempo, como aqueles que contemplam, aos quais é permitido ser testemunhas daqueles terríveis combates e transposições. Oh! O encanto desses combates é que aquele que os assiste também tem de combater!

18.

É um fenômeno eterno: por uma ilusão estendida sobre as coisas, a ávida vontade sempre encontra um meio de conservar na vida suas criaturas e forçá-las a continuar a viver. A esse prende-o o prazer socrático do conhecer e o delírio de poder curar, por meio dele, a eterna ferida da existência; àquele, enreda-o o véu de beleza da arte, pairando sedutoramente diante de seus olhos; àquele outro, de novo, o consolo metafísico de que debaixo do turbilhão das aparências, a vida eterna continua a fluir indestrutivelmente: para calar a das ilusões mais comuns e quase ainda mais vigorosas que a vontade mantém preparada em cada instante. Aqueles três graus de ilusão são, em geral, apenas para as naturezas mais nobremente equipadas, pelas quais o fardo e o peso da existência em geral são sentidos com mais profundo desprazer, e que têm de ser enganosamente liberadas desse desprazer por meio de seletos estimulantes. Tudo aquilo que denominamos cultura consiste desses estimulantes: de acordo com a proporção das misturas, temos uma cultura predominantemente socrática, ou artística ou trágica: ou, se quisermos nos permitir exemplificações históricas: existe uma cultura alexandrina, ou helênica ou budista.

O nosso mundo moderno todo está enredado na rede da cultura alexandrina e conhece como ideal o *homem teórico*, equipado com as mais elevadas forças cognitivas e trabalhando a serviço da ciência, cuja figura originária e tronco progenitor é Sócrates. Todos os nossos meios de ensino têm em vista originariamente este ideal: toda outra forma de existência tem de lutar penosamente para crescer ao lado dela, como existência permitida, não propositada. Aqui, durante longo tempo, num sentido quase assustador, o homem bem formado [*der Gebildete*] era encontrado apenas na forma do erudito; até mesmo nossas artes poéticas tiveram de se desenvolver a partir de imitações eruditas, e no efeito principal da rima ainda reconhecemos a proveniência de nossas formas poéticas a partir de experimentos artificiais com uma linguagem infamiliar, de todo propriamente erudita. Como teria de parecer incompreensível para um grego autêntico o nosso em si compreensível homem da cultura moderna, o nosso *Fausto*, impelido, sempre insatisfeito, para todas as faculdades, o Fausto rendido à magia e ao diabo pelo impulso do saber, que só temos de colocar ao lado de Sócrates, para fins de comparação, para reconhecer que o homem moderno começa a pressentir os limites daquele prazer socrático no conhecimento, e, desde o amplo e deserto mar do saber, começa a exigir uma costa. Quando Goethe diz uma vez a Eckermann, com referência a Napoleão: "Sim, meu caro, existe também uma produtividade dos feitos", é porque ele, de modo ingenuamente gracioso, lembra-se de que o homem não teórico é para o homem moderno algo indigno de crédito e que provoca admiração, de modo que de novo faz-se necessária a sabedoria de um Goethe também para achar compreensível, sim, desculpável, uma forma tão estranha de existência. E agora não se deve encobrir de si mesmo aquilo que jaz oculto no seio desta cultura socrática! O otimismo que se presume ilimitado! Não devemos nos assustar agora, quando amadurecem os frutos deste otimismo, se uma cultura dessa espécie, fermentada até em seus mais baixos estratos, pouco a pouco estremece em exuberantes surtos e desejos, se a crença na felicidade terrena de todos, se a crença na possibilidade de uma tal cultura científica universal paulatinamente se converte na ameaçadora exigência de uma semelhante felicidade terrena alexandrina, na conjuração de um *deus ex machina* euripidiano! Deve-se notar isto: a cultura alexandrina carece de um estamento de escravos para poder existir duradouramente; no entanto, em sua consideração otimista da existência, ela nega a necessidade de um tal estamento, e em virtude disso vai a pouco e pouco ao encontro de uma terrível destruição, quando esgota-se o efeito de suas belas palavras de sedução e acomodação, como "dignidade do homem" e "dignidade do trabalho". Nada há de mais temível do que um bárbaro estamento de escravos, que aprendeu a considerar sua existência como uma injustiça e se dispõe a vingar-se disso não apenas para si, mas por todas as gerações. Quem ousará, com firme coragem, contra tais ameaçadoras tempestades, apelar para nossas pálidas e exaustas religiões, que até em seus fundamentos foram degeneradas em religiões de eruditos? Desse modo, o mito, o pressuposto necessário de toda religião, já está por toda parte entravado, e até mesmo neste âmbito obteve domínio aquele espírito otimista, precisamente este que designamos como o germe de destruição de nossa sociedade.

  Enquanto o infortúnio que dormita no seio da cultura teórica começa a pouco e pouco a angustiar-se, e, inquieto, procura por meios, no tesouro de suas experiências, para se defender do perigo, sem acreditar de todo, ele mesmo, em tais meios; quando ele começa, portanto, a pressentir suas próprias consequências, naturezas grandiosas, com disposições universais, souberam aproveitar com incrível lucidez o próprio arsenal da ciência para exibir os limites e o condicionamento do conhecimento em geral, e com isso decididamente negar a pretensão da ciência à validade universal e a fins universais; demonstração pela qual foi reconhecida, pela primeira vez, aquela representação delirante, que, ao fio condutor da causalidade, arroga-se o poder de perscrutar a mais recôndita essência das coisas. A prodigiosa bravura e a sabedoria de Kant e Schopenhauer conquistaram a mais pesada vitória, a vitória sobre o otimismo oculto subjacente na essência da lógica, que, de novo, é o subsolo de nossa cultura. Enquanto este otimismo, baseado nas *aeterna veritatis*, para ele inquestionáveis, tinha acreditado na cognoscibilidade e perscrutabilidade de todos os enigmas do universo, e tratara o espaço, o tempo e a causalidade como leis totalmente incondicionadas, de validade universal, Kant mostrou como estas serviam propriamente apenas para elevar a mera aparência, a obra de Maja à condição de única e suprema realidade, e colocá-la no lugar da mais íntima e verdadeira essência das coisas, e com isso tornar impossível o conhecimento desta essência; quer dizer, segundo uma expressão de Schopenhauer, para fazer adormecer ainda mais firmemente o sonhador (*O mundo como vontade e representação*, p. 498). Com este conhecimento introduz-se uma cultura que ouso designar como trágica, cuja característica mais importante é que para o lugar da ciência empurra-se a sabedoria como meta suprema, que, não enganada pelos desvios das ciências, volta-se com o olhar imóvel para a figura total do universo e neste procura apreender, com simpático sentimento amoroso, a dor eterna como dor própria. Pensemos uma geração a crescer com esta intrepidez do olhar, com este heroico pendor para o prodigioso, pensemos no ousado passo destes matadores de dragões, na orgulhosa temeridade com a qual voltam as costas para doutrinas da fraqueza daquele otimismo, para "viver resolutamente" na totalidade e na plenitude; não deveria ser necessário que o homem trágico desta cultura, em sua autoeducação para a seriedade e o pavor, tivesse que desejar uma nova arte, a arte do consolo metafísico, a tragédia, como a Helena a ele pertencente, e que tivesse que conclamar, com Fausto:

E não devo eu, com a mais nostálgica força,
Trazer à vida esta singularíssima figura?

Depois que a cultura socrática foi abalada por dois lados, e só com mãos trêmulas pode ainda manter o cetro de sua infalibilidade, uma vez por medo de suas próprias consequências, que ela justamente começa a suspeitar, e em seguida por não mais estar convencida, com a ingênua confiança anterior, da validade eterna de seus fundamentos; depois disso é um triste espetáculo como a dança de seu pensamento se lança sempre nostalgicamente sobre novas figuras, para abraçá-las, para então, de novo subitamente, tornar a afastá-las estremecendo, como Mefistófeles às lâmias sedutoras. Esta é a característica daquela "ruptura" [*"jenes Bruches"*] da qual todos costumam falar como do sofrimento originário da cultura moderna; que o homem teórico se assusta diante de suas consequências, e, insatisfeito, não ousa mais confiar-se à temível corrente gelada da existência; angustiado, ele põe-se a correr na margem, para cima e para baixo. Ele não quer mais ter nada por inteiro, por inteiro também com toda a natural crueldade das coisas. Até este ponto o enterneceu ao modo otimista de consideração. Além disso, ele sente como uma cultura construída sobre o princípio da ciência tem de ir a pique quando começa a tornar-se *ilógica*, quer dizer, a fugir e recuar diante de suas consequências. Nossa arte manifesta esta penúria universal: em vão nos apoiamos em todos os grandes períodos e naturezas produtivas imitatoriamente; debalde reunimos em torno do homem moderno, para consolá-lo, toda a "literatura mundial", e o instalamos no meio de todos os estilos artísticos e dos artistas de todos os tempos, para que ele lhes dê um nome, como Adão aos animais; ele permanece, todavia, o eterno faminto, o "crítico" sem prazer e sem força, o homem alexandrino, que no fundo é bibliotecário e corretor, e que vai cegando miseravelmente em meio à poeira dos livros e aos erros de impressão.

2. Considerações extemporâneas:
I. David Strauss, o devoto e o confessor*

---
* *Unzeitgemässe Betrachtungen* [Considerações extemporâneas], I. In: KSA, vol. I p. 157-242.

§ 1

A opinião pública na Alemanha parece quase proibir que se fale das consequências ruins e perigosas da guerra, sobretudo de uma guerra vitoriosamente concluída: tanto mais voluntariamente são ouvidos, porém, aqueles escritores que não conhecem nenhuma opinião mais importante do que aquela opinião pública e, por causa disso, aplicam-se concorrencialmente a louvar a guerra e, de modo jubiloso, a acompanhar os poderosos fenômenos de sua atuação sobre a eticidade, a cultura e a arte. Seja dito, a despeito disso: uma grande vitória é um grande perigo. A natureza humana suporta-a mais penosamente do que uma derrota; sim, parece mesmo ser mais leve conquistar uma tal vitória do que suportá-la de maneira tal que disso não advenha nenhuma derrota mais pesada. Porém, de todas as más consequências que a última guerra travada contra a França arrasta consigo, talvez a pior e mais amplamente difundida seja um erro generalizado: o erro da opinião pública e de todos os opinadores públicos, de que também a cultura alemã triunfou naquele combate, e que por isso tem agora de ser adornada com coroas, como é tão apropriado a eventos e sucessos de tal modo extraordinários. Esse delírio é altamente corruptor: não quiçá porque seja um delírio — pois que há erros os mais salvíficos e abençoados —, mas porque ele está em condições de transformar nossa vitória numa completa derrota: *na derrota, sim, na extirpação do espírito alemão em proveito do 'império alemão'*.

* * *

Mesmo admitindo-se que duas culturas tivessem se combatido mutuamente, o padrão de medida para o valor do vencedor permaneceria sempre relativo e, sob determinadas relações, não seria justificado um júbilo de vitória ou uma autoglorificação. Pois tudo dependeria de saber qual seria o valor daquela cultura subjugada: talvez muito pequeno: nesse caso também a vitória, mesmo que com o mais pomposo êxito nas armas, não encerraria nenhum desafio ao triunfo para a cultura vitoriosa. Por outro lado, em nosso caso, não se pode falar de uma vitória da cultura alemã pelo mais simples dos motivos: porque a cultura francesa subsiste tal como antes, e nós dependemos dela tal como antes. Ela não colaborou sequer no êxito armado. Severo adestramento guerreiro, coragem natural e perseverança, superioridade dos líderes, unidade e obediência entre os liderados, em resumo, elementos que nada têm a ver com a cultura, ajudaram-nos na vitória sobre adversários, aos quais faltavam os mais importantes desses elementos; somente disto pode alguém se admirar: que o que agora, na Alemanha, denomina-se "cultura", tão pouco inibitório entre essas exigências militares, tenha chegado a um tão grande sucesso somente porque esse algo que se denomina cultura considera vantajoso para si demonstrar-se dessa vez preparado para o serviço. Deixemo-lo crescer e ramificar-se, acostumemo-lo por meio do lisonjeiro delírio de que ele foi vencedor, então adquire ele a força para, como eu disse, extirpar o espírito alemão — e quem sabe se ainda se pode então iniciar alguma coisa com o corpo alemão remanescente!

Se fosse possível despertar contra o inimigo interno aquela temperada e pertinaz coragem que o alemão contrapôs ao patético e súbito ímpeto tempestuoso do francês, contra aquela supremamente ambígua e, em todo caso, não nacional "erudição" que agora na Alemanha, com perigoso mal-entendido, é denominada cultura: desse modo nem toda esperança está perdida numa efetiva e genuína formação alemã, no contrário dessa erudição, pois nunca faltaram aos alemães os mais clarividentes e intrépidos dirigentes e marechais — apenas, com frequência, lhes faltam os alemães. Mas, se é possível dar à coragem alemã aquela nova direção, torna-se para mim sempre mais duvidoso e, depois da guerra, diariamente mais improvável; pois vejo como todos estão convencidos de que de um combate e de uma tal coragem não se carece mais de modo algum, que, pelo contrário, a maior parte das coisas encontra-se tão bem-ordenada quanto possível, e, em todo caso, tudo o que é necessário de há muito já foi encontrado e feito; em resumo, que a melhor semeadura da cultura já estaria, em parte, por todo lado semeada, estando em parte em fresca verdura, aqui e acolá até mesmo em profusa floração. Nesse domínio há não apenas satisfação; aqui há felicidade e vertigem, glória. Eu experimento essa glória e essa felicidade no incomparavelmente confiante comportamento dos jornalistas alemães e nos fabricantes de romances, tragédias, canções e historiografias: pois isso é visivelmente, com certeza, uma sociedade interdependente, que parece ter se conjurado para dominar as horas de lazer e digestão do homem moderno, isto é, seus "momentos de cultura", e narcotizá-lo nesses momentos por meio de papel impresso.

Nessa sociedade, desde a guerra, tudo é agora felicidade, dignidade, autoconsciência: depois de tais "êxitos da cultura alemã", ela sente-se não apenas comprovada e sancionada, mas quase sacrossanta, por isso fala solenemente, ama a conclamação ao povo alemão, edita obras completas à maneira dos clássicos e, nos periódicos mundiais que estão a seu serviço, proclama alguns de seu próprio meio como os novos clássicos alemães e escritores exemplares. Dever-se-ia talvez esperar que os perigos de um tal abuso do sucesso fossem conhecidos pela parte mais reflexiva e instruída dos eruditos alemães, ou que pelo menos fosse sentido o elemento constrangedor do espetáculo dado.

Pois o que pode ser mais constrangedor do que o malogrado postar--se teso como um galo diante do espelho e trocar com a própria imagem olhares maravilhados? Mas os estamentos eruditos, com prazer, deixam acontecer o que acontece e têm eles próprios o bastante que fazer consigo mesmos para que possam assumir sobre si o cuidado para com o espírito alemão. Além disso, seus membros estão convencidos, com o mais elevado grau de segurança, de que a sua própria formação seja o mais maduro e belo fruto do tempo, sim, de todos os tempos, e por isso não compreendem de modo algum uma cura da formação universal alemã, porque, consigo mesmos e com os seus inúmeros iguais, estão muito além de toda cura dessa espécie. Quem cuidadosamente pondera, em especial sendo estrangeiro, a este não pode escapar, de resto, que entre aquilo que agora o erudito alemão denomina sua formação e aquela triunfante formação dos novos clássicos alemães coloca-se uma oposição apenas em face do *quantum* de saber: por toda parte onde não o saber, mas o poder, onde não o documento, mas a arte, entra em linha de conta — portanto por toda parte onde a vida deve dar testemunho da espécie de formação, existe agora apenas uma formação alemã — e deve ela ter triunfado sobre a França?

Essa afirmação aparece assim completamente incompreensível: pois justamente no saber mais abrangente dos oficiais alemães, na instrução maior das equipes alemãs, na condução mais científica da guerra, foi reconhecida a decisiva vantagem por todos os juízes isentos e finalmente pelos próprios franceses. Em que sentido então pode querer ter vencido a formação alemã, se quisermos separar dela a instrução alemã? Em nenhum: pois as qualidades morais da disciplina mais severa, da obediência mais tranquila, nada têm a ver com a formação; elas distinguiam, por exemplo, os exércitos macedônios em contraposição aos incomparavelmente mais bem formados exércitos gregos. Só pode ser uma confusão quando se fala da vitória da formação e cultura alemã, uma confusão que tem por base o ter-se perdido na Alemanha o puro conceito de cultura.

Cultura é sobretudo a unidade do estilo artístico em todas as manifestações da vida de um povo. Porém, muito saber e ter aprendido não é nem um meio necessário da cultura nem um sinal dela e, caso necessário, concilia-se da melhor forma possível como contrário da cultura, com a barbárie, isto é: com a falta de estilo ou com a caótica confusão de todos os estilos.

Nessa caótica confusão de todos os estilos, porém, vive o alemão de nossos dias: e permanece um problema sério como pode ser possível a ele não perceber isso, com toda a sua instrução, e além disso ainda alegrar-se honestamente de coração com sua presente "formação". Todavia, tudo deveria ensinar-lhe: qualquer olhar sobre sua vestimenta, suas acomodações, sua casa, qualquer passeio pelas ruas de suas cidades, qualquer entrada nos acervos dos mercadores de arte da moda; em meio ao trânsito social, ele deveria tornar-se consciente da origem de suas maneiras e de seus movimentos, assim como em meio a nossos estabelecimentos artísticos, das alegrias de concertos, teatros, museus, ele deveria tornar-se consciente da grotesca justaposição e sobreposição de todos os estilos. O alemão empilha ao seu redor as formas, cores, os produtos e as curiosidades de todos os tempos e de todas as zonas, e produz com isso aquele moderno colorido de mercado que seus eruditos então, de novo, têm que considerar e formular como o "moderno em si"; ele próprio permanece tranquilamente sentado nesse tumulto de todos os estilos. Com essa espécie de "cultura", que é, todavia, só uma fleumática ausência de sentimento para a cultura, não se pode, porém, forçar nenhum inimigo, menos ainda aqueles que, como os franceses, têm uma efetiva cultura produtiva, qualquer que seja seu valor, e dos quais nós até agora tudo temos imitado, na maioria das vezes ainda, além disso, sem destreza.

Tivéssemos nós efetivamente cessado de imitá-los, assim ainda não os teríamos com isso vencido, mas apenas nos libertado deles: só então, quando tivéssemos imposto a eles uma cultura alemã original, poder-se-ia falar também de um triunfo da cultura alemã. Entrementes observamos que dependemos de Paris tanto quanto antes em todas as questões da forma — e temos que depender: pois até agora não existe qualquer cultura alemã original.

Isso, todos deveríamos sabê-lo a respeito de nós mesmos: além disso, um dos poucos que tinham um direito de, em tom de censura, dizer isso aos alemães denunciou-o também publicamente. "Nós, alemães, somos de ontem", disse uma vez Goethe a Eckermann; com efeito, nós nos temos cultivado bravamente, de um século para cá, só que pode transcorrer ainda um par de séculos antes que penetre e se generalize em nossos conterrâneos tanto espírito e tanta cultura superior, de modo que deles se possa dizer que já faz muito tempo que foram bárbaros.

3. Considerações extemporâneas:
II. Vantagens e desvantagens da História
para a vida*

---

* *Unzeitgemässe Betrachtungen* [Considerações extemporâneas], II. In: KSA, vol. I, p. 243-334.

§ 10

Nessa passagem, pensando na juventude, exclamo: Terra! Terra! Basta e mais que basta da apaixonada, exploratória e delirante viagem por sombrios e estranhos mares! Agora mostra-se finalmente uma costa: como quer que ela seja, temos que aportar nela, e o pior porto emergencial é melhor do que retornar tateante à cética infinitude desprovida de esperança. Que primeiramente apenas mantenhamos firme a terra; mais tarde já encontraremos os bons portos e facilitaremos a travessia aos pósteros.

Perigosa e excitante foi essa viagem. Quão distantes estamos agora da calma contemplação na qual primeiramente vimos flutuar ao longe nossa embarcação. Perseguindo os perigos da historiografia, expusemo-nos do modo mais forte possível a todos esses perigos; nós mesmos trazemos à luz as marcas daquelas dores que se abateram sobre os homens da modernidade, em consequência de uma desmesura de historiografia, e justamente esse tratado mostra como não quero ocultar para mim mesmo o seu caráter moderno, o caráter da personalidade fraca, na desmedida de sua crítica, na imaturidade de sua humanidade, na frequente transição da ironia para o cinismo, do orgulho para o ceticismo. E, no entanto, confio na potência inspiradora que, em vez do gênio, dirige para mim a nave; eu confio na juventude, que ela me terá conduzido corretamente, quando força-me a um protesto contra a instrução historiográfica da juventude, e quando aquele que protesta exige que o homem aprenda sobretudo a viver e utilize a historiografia somente a serviço da vida aprendida. É preciso ser jovem para compreender esse protesto, sim, no encanecimento atual de nossa juventude de hoje, quase não se pode ser jovem o suficiente para ainda sentir contra quem propriamente se protesta aqui. Quero tomar um exemplo como auxílio. Na Alemanha, não muito mais do que há um século atrás, despertou em alguns jovens um instinto natural para aquilo que se chama poesia. Alguém pensa, a propósito, que as gerações anteriores e daquele tempo não teriam falado, em absoluto, daquela arte que lhes era interiormente estranha e não natural? Sabe-se o contrário: que, com as forças do corpo, eles meditaram, escreveram, disputaram sobre "poesia" com palavras sobre palavras, palavras, palavras. Aquele emergente despertamento para a vida de uma palavra não foi também, ao mesmo tempo, a morte daqueles produtores de palavras, em certo sentido, eles vivem ainda agora; pois, como diz Gibbon, nada mais que o tempo é preciso, mas muito tempo, para que um mundo decline; então também nada mais que o tempo é necessário, porém muito mais tempo, para que na Alemanha, na "terra do pouco a pouco", um falso conceito vá a pique.

Como quer que seja: existe hoje talvez uma centena de homens que sabem o que é poesia; talvez cem anos mais tarde haja mais uma centena de homens que entrementes aprenderam o que é cultura, e que os alemães até agora não têm nenhuma, por mais que possam também falar e orgulhar-se. Para eles, o tão generalizado conforto dos alemães em sua "formação" aparecerá tão inacreditável e infantil como para nós o outrora reconhecido classicismo de Gottsched, ou o prestígio de Ramler como um Píndaro alemão. Eles julgarão talvez que essa formação terá sido apenas uma espécie de saber sobre a formação e, além disso, um saber sobremaneira falso e superficial. Falso e superficial, com efeito, porque foi tolerada a contradição entre a vida e o saber, porque não foi visto, em absoluto, o elemento característico na formação para a verdadeira cultura dos povos: que a cultura só pode brotar e florescer a partir da vida; enquanto que, entre os alemães, ela é implantada como uma flor de papel, ou regada como uma cobertura de açúcar, e por isso tem de permanecer sempre como mendaz e infrutífera. A educação da juventude alemã parte, no entanto, justamente desse falso e infrutífero conceito de cultura: sua meta, pensada de modo totalmente puro e elevado, não é de modo algum o homem livre e cultivado [*freie Gebildete*], mas o erudito, o homem científico, a saber, aquele homem científico utilizável o mais cedo possível, que se coloca à margem da vida, para mais claramente conhecê-la; seu resultado, visto do justo modo vulgarmente empírico, é o historiográfico-estético filisteu da cultura [*Bildungsphilister*], o vetero-sagaz e neossábio arengador sobre Estado, Igreja e arte, o sensório para milhares de sensações, o estômago insaciável, que, no entanto, desconhece o que sejam fome e sede autênticas. Que uma educação com aquela meta e seu resultado é uma educação antinatural, isso só é sentido pelo homem que nela ainda não está completamente pronto, isso só é sentido pelo instinto da juventude, porque ela ainda tem o instinto de natureza, que só artificial e violentamente é quebrado por essa educação. Aquele que, por sua vez, quer quebrar essa educação, precisa ajudar a juventude a tomar a palavra, ele tem de iluminar sua resistência inconsciente com a clareza dos conceitos e transformá-la numa consciência vigilante, altissonante. Como conquista ele, pois, um alvo tão estranho?

Sobretudo destruindo uma superstição, a crença na necessidade daquela operação pedagógica. Pensemos, todavia, que não exista qualquer outra possibilidade além dessa nossa atual efetividade, extremamente penosa. Que somente se prove a literatura das instituições superiores de ensino e educação das últimas décadas, justamente a esse respeito: para seu espanto desencorajado, o observador notará o modo uniforme como é pensado o propósito global da educação, a despeito de toda oscilação das propostas, de todo vigor das contradições, da maneira desconsiderada com que o resultado até hoje, "o homem cultivado", tal como é agora entendido, é assumido como fundamento necessário e racional de toda educação mais ampla.

Aproximadamente do seguinte modo soaria, porém, aquele cânon de um único tom: o jovem não tem de começar nem ao menos com um saber sobre a vida, menos ainda com a vida e a vivência, elas mesmas. E, com efeito, esse saber sobre a formação, como saber historiográfico, é instilado ou insuflado no discípulo, isto é, sua cabeça é recheada com uma imensa quantidade de conceitos extraídos de um conhecimento extremamente mediato dos tempos e povos passados, não da intuição imediata da vida. Seu desejo de experimentar, ele próprio, alguma coisa, e sentir crescer em si um sistema conexo de experiências próprias — tal desejo é anestesiado e como que entorpecido, e isso por meio de grosseiro embuste, como se fosse possível em poucos anos somar em si as experiências mais elevadas e dignas de nota dos tempos antigos, e justamente dos maiores tempos.

É inteiramente o mesmo ridículo método que leva nossos jovens artistas figurativos a salões de arte e galerias, em vez de conduzi-los ao ateliê de um mestre, e sobretudo ao único ateliê da única mestra natureza. Sim, como se pudessem ver, como quem rapidamente passeia pela historiografia, as artes e obras-primas, golpes das épocas passadas, a autêntica produção global de sua vida! Sim, como se a própria vida não fosse um ofício que tem de ser aprendido desde o fundamento e permanentemente, e exercido sem preservação, caso ela não deva permitir que por aí se arrastem remendões e arengadores!

Platão julgava necessário que a primeira geração de sua nova sociedade (no Estado perfeito) fosse educada com o auxílio de uma vigorosa mentira emergencial; as crianças deveriam aprender a acreditar que todas elas, em sonhos, já teriam habitado a Terra durante um tempo, no qual teriam sido bem amassadas e conformadas pelo mestre demiurgo da natureza. Impossível sublevar-se contra esse passado! Impossível atuar contrariamente à obra dos deuses! Isso deve valer como inquebrantável lei da natureza: quem nasceu como filósofo tem ouro em seu corpo, quem nasceu como guardião, apenas prata, quem nasceu como trabalhador, ferro e aço. Como não é possível misturar esses metais, esclarece Platão, assim não deve ser possível alguma vez alterar e confundir a ordem das castas; a crença na *aeterna veritas* desse ordenamento é o fundamento da nova educação e com isso do novo Estado. — Assim também o alemão moderno acredita então na *aeterna veritas* de sua educação, de sua espécie de cultura: e, no entanto, essa crença torna-se caduca, como teria caducado o Estado platônico, quando uma mentira emergencial é alguma vez contraposta a uma verdade emergencial: que o alemão não tem nenhuma cultura, porque, sobre a base de sua educação, ele não pode tê-la em absoluto. Ele quer a flor sem raiz e caule: ele a quer, portanto, debalde. Essa é a simples verdade, uma verdade desagradável e grosseira, uma justa verdade emergencial.

Porém, nessa verdade emergencial tem de ser educada nossa primeira geração; nela, esta sofre, certamente, da maneira mais pesada possível, pois tem de educar a si mesma por meio dela, a saber: educar a si mesma, contra si mesma, para um novo hábito e natureza, para fora de uma primeira natureza e hábito: de modo a poder falar consigo mesma à velha moda espanhola: *Defienda me Dios de my,* Deus me defenda de mim mesmo; a saber, de minha natureza já incorporada pela educação. Ela deve provar gota por gota essa verdade, prová-la como uma medicação amarga e violenta, e cada indivíduo dessa geração tem de superar a si mesmo, julgar sobre si mesmo o que ele suportaria mais facilmente como juízo universal sobre um tempo inteiro: nós somos sem formação, mais ainda, fomos corrompidos para o ver e ouvir simples e certo, para a feliz apreensão do mais próximo e natural, e até agora ainda não temos sequer o fundamento de uma cultura, porque nós mesmos não estamos convencidos de ter em nós uma verdadeira vida.

No todo, despedaçados e divididos, desmembrados meio mecanicamente num interior e num exterior, profusamente semeados de conceitos, como com dentes de dragão, gerando conceitos-dragões, além disso sofrendo da enfermidade das palavras e sem confiança em nenhuma das próprias sensações que ainda não foram estampadas com palavras: semelhante a uma entorpecida e todavia ominosamente excitável fábrica de conceitos e palavras, tenho eu talvez ainda o direito de dizer a meu respeito *cogito* (penso), *ergo sum* (logo, sou), mas não *vivo* (vivo), *ergo cogito* (logo, penso). O "ser" vazio, não a "vida" verde e plena, está assegurado para mim; minha sensação originária me garante apenas que eu sou um ser pensante, não que eu sou um ser vivo, que eu não sou um animal — no máximo um cogital. Dai-me primeiro a vida, então eu dela criarei também para vós uma cultura! — assim exclama cada indivíduo dessa primeira geração, e todos esses indivíduos se reconhecerão entre si nessa exclamação. Quem os brindará com essa vida?

Nenhum Deus e nenhum homem, apenas sua própria juventude: retirai-lhe as cadeias, e com elas tereis libertado a vida. Pois esta jazia apenas oculta, no cárcere, ela ainda não está ressequida e extinta — perguntai a vós mesmos! Mas está doente, essa vida desencadeada, e tem de ser curada. Ela está enferma de muitos males e padece não apenas da lembrança de suas cadeias — ela sofre, no que aqui principalmente nos concerne, da doença historiográfica. A desmesura da historiografia atacou a força plástica da vida, que não consegue mais servir-se do passado como de uma forte nutrição. O mau é terrível, e apesar disso! Se a juventude não tivesse o clarividente dom da natureza, então ninguém saberia que isso é um mal, e que foi perdido um paraíso de saúde. Mas a mesma juventude adivinha também, com o vigoroso instinto restaurador da própria natureza, como esse paraíso há de ser novamente conquistado; ela conhece as seivas miraculosas e os medicamentos contra a doença historiográfica, contra a desmesura do historiográfico — como se chamam eles, então? Apenas que não nos admiremos, são nomes de venenos: os antídotos contra o historiográfico chamam-se — o não historiográfico e o supra-historiográfico. Com esses nomes retornamos aos inícios de nossa consideração e a seu repouso.

Com a expressão "o não histórico", designo a arte e a força de poder esquecer, e de se encerrar num horizonte limitado; como "trans-histórico" denomino o poder de desviar o olhar do vir-a-ser, de voltá-lo para aquilo que dá à existência o caráter do eterno e de sempre igual significação — para a arte e a religião. A ciência — pois que seria ela a falar em venenos — enxerga naquela força, naquelas potências, potências e forças adversárias; pois ela leva em conta como verdadeira e correta apenas sua própria consideração das coisas, portanto, como consideração científica, que vê por toda parte um advindo, algo histórico, e jamais um ente, eterno; ela vive numa contradição interna contra as potências eternizantes da arte e da religião, do mesmo modo como odeia o esquecer, a morte do saber, assim como procura suprimir todas as limitações de horizonte, e lança o homem no meio do infinitamente ilimitado mar de ondas luminosas do conhecido vir-a-ser.

Se apenas em meio a ele o homem pudesse viver! Como as cidades desmoronam e se desertificam em virtude de um terremoto, e como o homem só com temor e furtivamente edifica sua morada sobre o solo vulcânico, assim a vida se quebranta internamente, torna-se tíbia e timorata, quando o terremoto de conceitos, que a ciência provoca, priva o homem do fundamento de toda a sua segurança e calma, da crença no permanente e eterno. Deve a vida dominar sobre o conhecer, sobre a ciência, deve o conhecer dominar sobre a vida? Qual das duas potências é a superior e decisiva? Ninguém duvidará: a vida é a potência superior e dominante, pois um conhecer que aniquila a vida teria aniquilado também a si mesmo.

O conhecer pressupõe a vida, tem portanto na conservação da vida o mesmo interesse que tem todo ser no prolongamento da própria existência. Desse modo, a ciência tem necessidade de uma supervisão e vigilância; uma doutrina da saúde da vida coloca-se estreitamente ao lado da ciência; e uma proposição dessa doutrina da saúde soaria justamente assim: o não histórico e o supra-histórico são os antídotos naturais contra o sufocamento da vida pelo historiográfico, contra a doença historiográfica. É provável que nós, os doentes de historiografia, tenhamos que suportar também os antídotos. Mas que soframos com eles não é uma prova contra a correção do procedimento de cura adotado.

E aqui reconheço eu a missão daquela juventude, daquela primeira geração de combatentes e matadores de dragões, que conduz avante uma formação e uma humanidade mais felizes e mais belas, sem ter mais do que uma promissora suspeita dessa futura felicidade e beleza única. Essa juventude sofrerá ao mesmo tempo dos males e dos antídotos: e, a despeito disso, ela acredita poder gloriar-se de uma saúde mais vigorosa e, em geral, de uma natureza mais natural do que seus predecessores, os cultivados "homens" e "anciãos" do presente. Sua missão, porém, é abalar os conceitos que aquele presente tem de "saúde" e "formação", e suscitar escárnio e ódio contra tais híbridos monstros conceituais; e o sinal garantidor de sua própria saúde mais vigorosa deverá ser justamente isso: que ela, a saber, essa juventude, não pode empregar, ela mesma, para designação de sua essência, nenhum conceito, nenhum termo partidário da moedagem verbal e conceitual corrente na atualidade, mas somente estar convicta de uma potência nela ativa, combatente, que separa, secciona, de um sentimento de vida sempre mais elevado em cada boa hora. Pode-se contestar que essa juventude já tenha formação — mas para que juventude isso seria uma censura? Alguém pode imputar-lhe grosseria e ausência de medida — porém ela não é ainda velha e madura o suficiente para ser modesta; sobretudo ela não precisa adular nem defender qualquer formação pronta, e goza de todos os consolos e privilégios da juventude, sobretudo o privilégio da corajosa e irrefletida honradez e do exaltado consolo da esperança.

Desses esperançosos, eu sei que eles compreendem de perto todas essas generalidades, e que os traduzirão para si mesmos, com a própria experiência, numa doutrina pessoalmente meditada; os demais, durante algum tempo, nada mais podem perceber senão tigelas tampadas, que bem podem também estar vazias; até que, surpresos, eles vejam alguma vez com os próprios olhos que as tigelas estão cheias, e que ataques, exigências, impulsos vitais, paixões jazem atrelados e comprimidos nessas generalidades, que não podiam permanecer encobertos por muito tempo. Indicando aqueles que duvidam do tempo, que tudo traz à luz, volto-me, em conclusão, para aquela sociedade de esperançosos, para narrar-lhes, por meio de uma parábola, o curso e o processo de sua cura, de sua salvação da doença historiográfica, e com isso sua própria história até o ponto do tempo em que eles serão novamente saudáveis o bastante para empreender novamente a historiografia, e servir-se do passado sob o domínio da vida naquele tríplice sentido, a saber, monumental, ou antiquário ou crítico. Naquele ponto do tempo, eles serão menos sábios do que os "cultivados" do presente, pois eles muito terão desaprendido, e terão até perdido todo prazer em ainda, em geral, lançar o olhar para aquilo que, sobretudo, aqueles cultivados querem saber; o signo característico deles é, visto a partir do campo de visão daqueles cultivados, justamente a "não formação", sua indiferença e seu fechamento em relação a muito do que é célebre, mesmo em relação a algo de bom. Mas, naquele ponto final de sua cura, eles se tornaram novamente homens e deixaram de ser agregados semelhantes a humanos — isso é alguma coisa! Isso ainda são esperanças! Não lhes ri, com isso, o coração, oh vós esperançosos?

E como chegaremos àquela meta, perguntarão vós. O délfico Deus pronuncia diante de vós, já no início de vossa caminhada em direção àquela meta: "conhece-te a ti mesmo". Essa é uma sentença pesada: pois aquele Deus "não garante e não anuncia, senão apenas indica", como disse Heráclito. Em direção a que ele vos sinaliza?

Houve séculos nos quais os gregos se encontravam num perigo semelhante àquele em que nos encontramos hoje, a saber, de sucumbir na inundação pelo estrangeiro e passado, na "historiografia". Nunca viveram eles em mais orgulhosa intocabilidade: por longo tempo, a "formação" deles era muito mais um caos de formas e conceitos estrangeiros, semíticos, babilônios, lídios, egípcios, e sua religião um verdadeiro combate dos deuses do Oriente inteiro: mais ou menos analogamente a como agora a religião e a "formação alemãs" são um caos de todo estrangeiro, do inteiro tempo primevo, combatendo no interior de si mesmo. E, apesar disso, a cultura helênica não se tornou nenhum agregado. Graças àquela sentença apolínea. A pouco e pouco, os gregos aprenderam a organizar o caos, ao refletir sobre si mesmos, segundo a doutrina délfica, isto é, sobre suas autênticas necessidades, e deixar morrer as necessidades aparentes. Dessa maneira, eles tomaram novamente posse de si mesmos, eles não permaneceram mais os atulhados herdeiros e epígonos do Oriente inteiro; eles se tornaram, depois de pesados combates consigo mesmos, por meio da interpretação prática daquela sentença, os mais felizes fomentadores e multiplicadores do tesouro herdado, e as primícias e modelos de todos vindouros povos de cultura.

Essa é uma parábola para cada um de nós: ele tem que organizar o caos em si mesmo, ao refletir sobre suas genuínas carências. Sua honradez, seu caráter operoso e veraz têm alguma vez que se insurgir contra isso: que só se arremede o que foi dito, só se aprenda copiando, só se imite; ele principia então a compreender que cultura pode ser ainda algo além de decoração da vida, seja, no fundo sempre ainda, todavia, somente disfarce e velamento; pois toda joia esconde aquilo que foi adornado. Dessa maneira, desvela-se para ele o conceito grego de cultura — em oposição ao românico —, o conceito de cultura como uma nova e melhorada *physis*, sem interior e exterior, sem disfarce e convenção, de cultura como unidade radiante de vida, pensamento, aparência e querer. Desse modo, ele aprende a partir da própria experiência que foi a força superior da natureza ética aquela pela qual os gregos conseguiram a vitória sobre todas as outras culturas, e que todo incremento de veracidade tem de ser também um fomento preparatório da verdadeira formação: ainda que essa veracidade possa, em certas ocasiões, lesar seriamente a erudição então veneranda, ainda que ela possa até mesmo ajudar na queda de uma cultura decorativa inteira.

4. Considerações extemporâneas: III. Schopenhauer como educador*

---

* *Unzeitgemässe Betrachtungen* [Considerações extemporâneas], III. In: KSA, vol. I, p. 335-428.

§ 1

Aquele viajante que viu muitos países e povos e várias partes da Terra, e a quem foi perguntado quais propriedades dos homens ele teria de novo encontrado por toda parte, disse: eles têm uma propensão para a preguiça. A muitos parecerá que ele teria dito algo mais correto e válido: eles são todos temerosos. Eles se escondem sob costumes e opiniões. No fundo, todo homem sabe muito bem que ele, como um *unicum*, está no mundo apenas uma vez, e que nenhum acaso tão curioso misturará pela segunda vez numa unidade, como ele é, uma variedade tão admirável e colorida: ele o sabe, mas ele o oculta, como uma consciência malvada — por quê? Por temor do vizinho, que exige a convenção e com ela oculta a si mesmo. Mas o que é isso, que constrange o indivíduo particular a temer o vizinho, a pensar e a agir conforme o rebanho, e a não estar contente consigo mesmo? Pudor, talvez, em alguns e em poucos. Para a maioria, é comodidade, inércia, em resumo, pendor para a preguiça, do qual falou o viajante. Ele tem razão: os homens são ainda mais preguiçosos do que temerosos, e temem justamente na maioria das vezes os reclamos com que seriam onerados por uma honrada nudez incondicional. Só os artistas odeiam esse frouxo inserir-se em maneirismos tomados de empréstimo, em opiniões-revestimento, e revelam o segredo, a má consciência de cada um: a sentença de acordo com a qual todo homem é um milagre único, eles ousam mostrar-nos como cada homem, em todo movimento muscular, é ele próprio e só ele; mais ainda, que, nessa estrita consequência de sua singularidade, ele é belo e digno de ser contemplado, novo e incrível como toda obra da natureza, e de modo algum entediante. Se o grande pensador despreza os homens, ele despreza sua preguiça: pois, por causa dela, eles aparecem como mercadorias de fábrica, indiferentes, indignos de trato e instrução. O homem que não quer pertencer à massa tem apenas que deixar de quedar-se acomodado consigo mesmo; que ele siga a própria consciência moral, que o conclama: "Seja você mesmo! Nada disso é você, o que você agora faz, acha e deseja."

Toda alma jovem ouve essa conclamação de dia e de noite, e estremece ao ouvi-la; pois ela pressente sua medida de felicidade, determinada desde eternidades, quando pensa em sua efetiva libertação: felicidade para a qual ela não pode ser ajudada, de modo nenhum, enquanto permanecer cativa nas cadeias das opiniões e do medo. E quão desprovida de consolo e sentido pode tornar-se a vida sem essa libertação! Não existe criatura mais estéril e repulsiva na natureza do que o homem que apartou-se de seu gênio, e agora lança olhares para a direita e para a esquerda, para trás e por toda parte. Por fim, não se pode mais, em absoluto, atacar tal homem, pois ele é apenas exterioridade sem caroço, uma parede quebradiça, pintada, artificialmente aumentada, um fantasma queimado, que não pode despertar sequer medo e certamente também nenhuma compaixão. E quando se fala do preguiçoso, com justiça, que ele mata o tempo, assim tem-se que falar de uma época que deposita sua salvação na opinião pública, isto é, nas preguiças privadas, seriamente preocupada com que semelhante tempo esteja alguma vez efetivamente morto: que ele seja apagado da história da verdadeira libertação da vida. Quão grande tem de ser a má vontade de futuras gerações em ocupar-se com o legado daquele período, no qual não governaram homens vivos, mas aparências de homens publicamente pensantes; razão pela qual talvez nossa época pode ser, para alguma distante posteridade, o mais escuro e desconhecido recorte da história, porque o mais não humano de todos. Caminho pelas novas ruas de nossas cidades e penso que, de todas essas horrorosas casas que a geração dos publicamente pensantes construiu para si, daqui a um século, nada mais restará de pé, e como então também ruirão as opiniões desses construtores de casas. Contrariamente a isso, quão cheios de esperança podem estar todos aqueles que não se sentem como cidadãos desse tempo; pois se o fossem, então tomariam parte no matar de seu tempo, e no perecer juntamente com seu tempo — enquanto, pelo contrário, eles querem despertar o tempo para a vida, para, eles mesmos, continuar a viver nessa vida.

Mas, mesmo que o futuro não nos deixasse esperar nada — nossa maravilhosa existência, justamente nesse hoje, nos encoraja, do modo mais vigoroso, a viver de acordo com nossa própria medida e lei: aquela ausência de explicação a respeito de que vivamos precisamente hoje e, no entanto, tivemos o tempo infinito para surgir; de que nada mais possuímos além de um hoje longamente distendido, e nele devemos mostrar por que e para que surgimos nós precisamente agora. Temos de nos responsabilizar, perante nós mesmos, por nossa existência: consequentemente, queremos ser também os efetivos condutores dessa existência e não permitir que nossa existência seja igual a um acaso desprovido de pensamento. Temos que empreender com ele algo de atrevido e perigoso: principalmente porque iremos perdê-lo, tanto no pior como no melhor dos casos. Por que prender-se a esse pedaço de lavoura, a esse negócio, por que escutar aquilo que diz o vizinho? É tão provinciano obrigar-se relativamente a pontos de vista que, duzentas milhas adiante, já não mais obrigam. Ocidente e Oriente são riscos de giz, que alguém traça diante de nossos olhos para enganar nossa temerosidade. Quero fazer a tentativa de chegar à liberdade, diz para si mesma a jovem alma; e que casualmente duas nações se odeiem e se combatam deveria impedi-la nesse intento? Ou que um oceano se encontre entre duas partes da Terra? Ou que, ao redor dela, uma religião seja pregada, que todavia há um par de milênios não existia? Nada disso és tu. Ninguém pode construir para ti a ponte sobre a qual tu precisamente tens que passar sobre o rio da vida, ninguém além de ti mesmo. Decerto que há inumeráveis atalhos e pontes e semideuses que querem te carregar através do rio; mas apenas ao preço de ti mesmo; tu te darias em penhor e te perderias. Há no mundo um único caminho que ninguém pode trilhar, além de ti: para onde conduz ele? Não perguntes, prossegue. Quem foi que enunciou o seguinte princípio: "um homem jamais se eleva mais alto do que quando não sabe para onde seu caminho ainda o pode conduzir"?

Mas como encontramos novamente a nós mesmos? Como o homem pode conhecer a si mesmo? Ele é uma coisa escura, encoberta; e se o coelho tem sete peles, o homem pode extraí-las sete vezes setenta vezes, e ainda assim não poderá dizer: "Agora és tu efetivamente, isso não é mais casca." Além do que, é um penoso, perigoso começo escavar assim em si mesmo, e, pelo caminho mais próximo, precipitar-se violentamente no tesouro da própria essência. Quão facilmente ele nos fere com isso, de tal modo que nenhum médico pode nos curar. E ademais, para que isso seria necessário, se, com efeito, tudo dá testemunho de nossa essência? Nossas amizades e inimizades, nosso olhar e nosso aperto de mão, nossa memória e aquilo que esquecemos, nossos livros e os traços de nosso punho. Porém, para prestar ouvidos ao mais importante, há o seguinte meio: Que a jovem alma volva seu olhar retrospectivamente sobre a vida, e pergunte: o que, até agora, verdadeiramente amaste, o que atraiu a tua alma, o que dominou e, ao mesmo tempo, a felicitou? Coloca diante de ti a série desses venerados objetos e talvez eles, por sua essência e sucessão, te proporcionem uma lei, a lei fundamental do teu autêntico si próprio. Compara esses objetos, vê como um complementa, alarga, sobrepuja, transfigura o outro, como eles formam uma escada, sobre a qual até agora te elevaste para ti mesmo; pois a tua verdadeira essência não subjaz profundamente oculta em ti, mas se encontra imensamente acima de ti, ou ao menos acima daquilo que habitualmente tomas como o teu eu. Teus verdadeiros educadores e formadores revelam-te o que é o verdadeiro sentido originário [*Ursinn*] e a matéria fundamental [*Grundstoff*] de tua essência — algo inteiramente inacessível à instrução e à figuração, em todo caso dificilmente acessível, algo preso, entravado: teus educadores conseguem não ser senão os teus libertadores. E este é o segredo de toda formação: ela não proporciona próteses artificiais, narizes de cera, olhos providos de lentes — pelo contrário, aquilo que tais dádivas conseguiriam proporcionar é apenas arremedo de educação. Esta, porém, é libertação, remoção de toda erva daninha, entulho, vermes que querem atingir a delicada semente da planta; ela é jorro de luz e calor, amoroso murmúrio de chuva noturna; ela é imitação e adoração da natureza, lá onde esta é maternal e misericordiosamente disposta; é aperfeiçoamento da natureza, quando previne e volta para o bem seus cruéis e impiedosos ataques, quando estende um véu sobre as manifestações da disposição madrasta e da triste incompreensão da natureza.

Seguramente, bem que existem outros meios de se encontrar, de tornar a si a partir do entorpecimento no qual habitualmente se paira, como numa nuvem sombria, mas não conheço nenhum melhor do que meditar sobre seus educadores e formadores. E assim quero hoje recordar do único mestre e mestre de disciplina de que tenha que me gloriar, de Arthur Schopenhauer — para depois pensar em outros. (*Schopenhauer como educador*, 1, KSA, vol. I, *op. cit.*, p. 340s.)

5. Considerações extemporâneas:
IV. Richard Wagner em Bayreuth*

---

* *Unzeitgemässe Betrachtungen* [Considerações extemporâneas], IV. In: KSA, vol. I, p. 429-510.

§ 1.

Para que um evento tenha grandeza, duas coisas têm que atuar juntas: o sentido de grandeza daqueles que o perfazem e o sentido de grandeza daqueles que o vivenciam. Em si mesmo, nenhum evento tem grandeza, e se desaparecem configurações inteiras de astros, se povos sucumbem, extensos Estados são fundados, e guerras são travadas com forças e perdas gigantescas, sobre muita coisa dessa espécie sopra o hálito da história, como se de flocos se tratasse. Mas ocorre também que um homem poderoso leva a termo um feito que, sem efeito, cai por terra em dura rocha; um agudo e curto eco, e tudo já passou. A história quase nada sabe registrar de tais eventos, como que embotados. Desse modo, insinua-se em todo aquele que vê aproximar-se um evento a preocupação sobre se aqueles que o vivenciam serão dignos dele. Quando agimos, contamos e almejamos sempre com essa correspondência entre feito e suscetibilidade, no maior como no menor; e aquele que quer dar precisa observar se encontra tomadores que façam jus ao sentido de sua dádiva. Justamente por causa disso, também a ação singular, mesmo de um grande homem, não tem qualquer grandeza se é estreita, embotada e infrutífera; pois então, no instante em que a praticou, ter-lhe-á faltado, em todo caso, o profundo discernimento de que ela seria necessária justamente agora: ele não fixou o alvo de modo suficientemente atilado, não conheceu e escolheu o tempo de modo suficientemente determinado: o acaso o dominou.

Portanto, preocupar-se com o que sucede agora em Bayreuth, com o que sucede no preciso instante, e é necessário; recear a esse respeito, isso o deixamos, como é justo, àqueles que receiam a respeito da visão por Wagner para aquilo que é necessário. A nós, os mais cheios de confiança, tem de parecer que ele acredita tanto na grandeza de seu feito quanto no amplo senso daqueles que devem vivenciá-lo. Sobre isso devem estar orgulhosos todos aqueles para quem vale essa crença, aqueles muitos ou poucos — pois que não seja para todos, que não seja para toda época que vale aquela crença, mesmo nem sequer para todo povo alemão em sua configuração [*Erscheinung*] atual, ele [Wagner] mesmo nos disse, naquela oração consagratória de vinte e dois de maio de 1872, e não há ninguém entre nós que, precisamente a esse respeito, pudesse contradizê-lo à guisa de consolo. "Apenas aos senhores", disse ele outrora, "os amigos de minha arte particular, de meu mais próprio atuar e criar tinha eu que me voltar, como a partícipes em meus projetos: apenas para sua cooperação em minha obra pude eu concitá-los a poder apresentar essa obra de modo puro e não deslocado, àqueles que demonstram para minha arte sua séria inclinação, a despeito de que até agora ela só tenha podido ser apresentada a eles de modo impuro e deslocado."

Em Bayreuth também o espectador é digno de admiração, não há dúvida. Um sábio espírito contemplador, que caminhasse de um século para outro, que tivesse que comparar notáveis estimulantes da cultura, teria lá muito que ver; ele teria que sentir que ali ele cairia em cálidas águas, como alguém que nada num lago e se aproxima da corrente de uma fonte quente: de outros fundamentos, mais profundos, ela tem que brotar, diz ele consigo mesmo, a água a seu redor não a esclarece e, em todo caso, é ela mesma de origem mais superficial. Desse modo, todos aqueles que assistem ao festival de Bayreuth serão sentidos como homens extemporâneos: eles têm sua pátria em outro sítio no tempo e encontram noutra parte tanto sua explicação quanto sua justificação.

Para mim, tornou-se sempre mais claro que o "erudito", na medida em que ele é inteira e completamente o fruto desse presente, só pode chegar a tudo o que Wagner faz e pensa através da paródia — aliás, como também foi parodiada toda e qualquer coisa — e que ele também quer fazer iluminar para si também o evento de Bayreuth apenas com as lanternas tão sem magia de nossos engenhosos escritores de jornais. E é uma sorte se ele permanece na paródia! Desafoga-se nela um espírito de estranhamento e hostilidade que poderia ainda procurar meios e caminhos totalmente diversos, e por vezes também os procurou. Em todo caso, essa insólita agudeza e essa tensão dos contrários saltariam aos olhos daquele observador da cultura. Que um indivíduo, no curso de uma vida humana costumeira, possa estabelecer algo de novo pode bem revoltar todos aqueles que juraram sobre a gradualidade de todo desenvolvimento como sobre uma espécie de lei ética: eles próprios são lentos e exigem lentidão — e então, se veem aí alguém muito rápido, não sabem como este faz e se indispõem contra ele. Não houve qualquer sinal admonitório de um empreendimento tal como o de Bayreuth, nenhuma transição, nenhuma mediação; o longo caminho para a meta e a própria meta, ninguém sabia além de Wagner. É a primeira circum-navegação mundial no reino da arte: para a qual, como parece, não apenas uma nova arte, mas a própria arte foi descoberta. Para tanto, todas as artes modernas até agora foram meio a meio desvalorizadas como artes de luxo, como artes eremiticamente atrofiadas; também as inseguras recordações de uma verdadeira arte, mal conectadas, que nós modernos tínhamos a partir dos gregos, podem agora repousar, na medida em que elas mesmas não conseguem agora brilhar em uma nova compreensão. Para muita coisa agora é tempo de finar-se; essa nova arte é uma vidente, que vê aproximar-se o declínio não apenas para artes. Para toda a nossa formação atual, sua mão admonitória tem de parecer como muito ominosa, a partir do momento em que emudece a gargalhada sobre a sua paródia: ainda que, inobstante, ela possa ter ainda um curto lapso de tempo para o prazer e o riso!

Contra isso nós, os discípulos da arte ressuscitada, teremos tempo e vontade para a seriedade, para a profunda e santa seriedade! O palavrório e o ruído que a formação de até então fez diante da arte — temos de senti-los agora como um atrevimento despudorado; tudo nos obriga ao silêncio, ao pitagórico silêncio de cinco anos. Quem de nós não teria conspurcado mãos e ânimo no repugnante culto idolátrico da formação moderna! Quem não necessitaria de água lustral, quem não ouviria a voz que o adverte: Calar e estar limpo! Calar e estar limpo! Unicamente como aqueles que ouvem essa voz, também tomaremos parte na grande ótica com a qual temos que contemplar o acontecimento de Bayreuth: e somente nesse olhar jaz o grande futuro daquele acontecimento.

Quando, naquele dia de maio do ano 1872, a pedra fundamental foi colocada na colina de Bayreuth, sob chuva copiosa e céu ensombrecido, Wagner retornou com alguns de nós à cidade; ele calou-se e, ao fazê-lo, olhou para o interior de si mesmo com um olhar prolongado, que não se poderia designar com uma palavra. Ele iniciou nesse dia seu sexagésimo ano de vida: tudo até aqui fora a preparação desse momento. Sabe-se que os homens, no momento de um perigo extraordinário, ou, em geral, de uma importante decisão de suas vidas, comprimem num olhar interior infinitamente acelerado tudo aquilo que foi vivenciado, e com o mais raro aguçamento reconhecem o mais próximo como o mais distante. O que pode ter visto Alexandre, o Grande, naquele instante em que se permitiu beber a Ásia e a Europa num cálice de mistura? O que, porém, olhava Wagner intimamente naquele dia — como ele se tornou o que ele é, o que ele será —, isso podemos nós, os seus próximos, acompanhar com o olhar até um certo ponto: e somente a partir desse olhar wagneriano poderemos, nós mesmos, entender o seu grande feito — e, com esse entendimento, garantir sua fertilidade.

6. Humano, demasiado humano, livro I*

* Sämtliche Werke. *Kritische Studienausgabe* (KSA). G. Colli e M. Montinari (orgs.). Berlim/Nova York/Munique: Walter de Gruyter/DTV, 1980, vol. II.

1. QUÍMICA DOS CONCEITOS E SENSAÇÕES

Os problemas filosóficos assumem de novo agora, quase em todas as partes, a mesma forma de pergunta como há dois milênios: como pode algo surgir de seu contrário, por exemplo, o racional daquilo que é desprovido de razão, o senciente do morto, o lógico do ilógico, a contemplação desinteressada do querer desejante, o viver para o outrem do egoísmo, a verdade dos erros? Até agora, a filosofia metafísica safou-se dessas dificuldades na medida em que negava o surgimento de um deles a partir do outro e, para as coisas superiormente avaliadas, admitia uma origem miraculosa, imediatamente a partir do cerne e da essência da "coisa em si". Ao contrário disso, a filosofia histórica, que, em absoluto, não pode mais ser pensada em separado da ciência da natureza, o mais jovem de todos os métodos filosóficos, apurou em casos singulares (e isso supostamente será o seu resultado em todos os casos) que não existem contrários, a não ser no exagero habitual da concepção popular ou metafísica, e que um erro da razão encontra-se subjacente nessa contraposição: de acordo com sua explicação, rigorosamente compreendida, não existe nem um agir egoísta nem um contemplar inteiramente desinteressado, ambos são apenas sublimações, nas quais o elemento fundamental aparece volatilizado, e só se atesta ainda como existente para a mais refinada observação. — Tudo aquilo de que necessitamos, e que nos pode ser dado na altura atual das ciências singulares, é uma química das representações e sensações religiosas, estéticas, assim como de todas aquelas excitações que vivenciamos no grande e pequeno trânsito da cultura e da sociedade, sim, na solidão: como seria então, se essa química se concluísse com o resultado de que também nesse domínio as cores mais magníficas advêm das matérias mais baixas, desprezadas? Tais investigações, serão muitos os que terão interesse em segui-las? A humanidade ama deixar fora de consideração as perguntas sobre origem e primórdios: não se tem de estar quase desumanizado para sentir em si a propensão contrária?

39. A FÁBULA DA LIBERDADE INTELIGÍVEL

A história dos sentimentos, em virtude dos quais fazemos alguém responsável, portanto, dos assim chamados sentimentos morais transcorre nas seguintes fases principais. Primeiramente, denominam-se boas ou más ações singulares, sem qualquer consideração por seus motivos, mas unicamente por causa das consequências vantajosas ou nocivas. Logo, porém, a origem dessas designações é esquecida, e se pretende que a propriedade "boa" ou "má", sem consideração por suas consequências, seja inerente às próprias ações: com o mesmo erro, de acordo com o qual a linguagem designa a própria pedra como dura, a própria árvore como verde — portanto, ao apreender como causa aquilo que é efeito. Em seguida, inserem-se o ser-bom ou ser-mau nos motivos, e consideram-se as ações em si como moralmente ambíguas. Segue-se adiante e atribui--se o predicado bom ou mau não mais ao motivo singular, mas à inteira ("consciência de culpa"), então tem que existir uma responsabilidade; pois não haveria qualquer razão para esse mal-estar, se todo agir do homem não somente transcorresse com necessidade — como transcorre de fato, também segundo a visão desse filósofo —, senão também que o próprio homem alcançasse sua essência inteira com a mesma necessidade — o que Schopenhauer nega. A partir do fato desse mal-estar, Schopenhauer acredita poder provar uma liberdade que o homem teria que ter tido, decerto não em relação às ações, mas em relação à essência: liberdade, portanto, de ser assim ou de outro modo, não de agir assim ou de outro modo. A partir do *esse*, da esfera da liberdade e da responsabilidade, segue-se, de acordo com a opinião dele, o *operari*, a esfera da estrita causalidade, necessidade e irresponsabilidade. Aquele mal-estar se referiria, com efeito, aparentemente ao *operari* — e nessa medida seria errôneo —, em verdade, porém, ao *esse*: o homem tornar-se-ia o que quisesse tornar-se, seu querer seria anterior à sua existência. O feito de uma vontade livre, a causa fundamental da existência de um indivíduo. — Faz-se aqui o erro de inferência, de acordo com o qual conclui-se, a partir do fato daquele mal-estar, a justificação, a admissibilidade racional desse mal-estar; e a partir dessa falsa inferência Schopenhauer chega à fantástica consequência da assim chamada liberdade inteligível. Mas o mal-estar posterior ao feito não precisa, de modo algum, ser racional: sim, certamente não o é, pois ele repousa sobre o errôneo pressuposto de que o feito não teria que seguir-se necessariamente. Portanto: porque o homem se considera livre, não porém porque ele é livre, sente ele remorso e mordida de consciência. — Além disso, esse mal-estar, de que podemos nos desacostumar, em muitos homens não se apresenta, em absoluto, relativamente a ações pelas quais o sentem muitos outros homens. É uma coisa muito mutável, ligada ao desenvolvimento do costume e da cultura, talvez existente somente num tempo relativamente curto da história universal. Ninguém é responsável por seus feitos, ninguém por sua essência; julgar é tanto quanto ser injusto. Isso também vale quando o indivíduo julga sobre si mesmo. A proposição é tão clara como a luz do sol, e, todavia, todos retrocedem aqui, preferencialmente, às sombras e à inverdade: de medo das consequências.

92. ORIGEM DA JUSTIÇA

A justiça (equidade) tem sua origem entre aqueles que são mais ou menos igualmente poderosos, como corretamente o compreendeu Tucídides (na terrível conversação entre os enviados atenienses e mélios): onde não existe uma potência superior claramente reconhecível, onde um combate resultaria num lesar-se recíproco, desprovido de êxito, aí surge o pensamento de se entender, negociar sobre as exigências de ambos os lados: o caráter da troca é o caráter primordial da justiça. Cada um deixa o outro satisfeito, quando cada um recebe aquilo que ele preza mais do que o outro. Dá-se a cada um o que ele quer ter como aquilo que doravante é dele, e recebe, em contrapartida, aquilo que é desejado. Justiça é, portanto, a retribuição e a troca sob o pressuposto de uma aproximadamente idêntica posição de poder: assim, a vingança pertence originariamente ao domínio da justiça, ela é uma troca. Do mesmo modo a gratidão — a justiça, naturalmente — retrocede ao ponto de vista de uma diligente autoconservação, portanto ao egoísmo dessa reflexão: "Para que deveria eu lesar-me sem proveito, e talvez não atingir minha meta?" — Basta sobre a origem da justiça. Pois, de conformidade com seu costume intelectual, os homens esqueceram a finalidade originária das assim chamadas ações justas, equitativas e, nomeadamente, porque durante milênios as crianças foram ensinadas a admirar e imitar tais ações, surgiu a pouco e pouco a aparência de que uma boa ação seria não egoísta: sobre essa aparência repousa, porém, a elevada apreciação da mesma, que, além disso, como todas as avaliações, ainda está permanentemente em crescimento, pois algo superiormente avaliado é almejado com sacrifício, imitado, multiplicado, e porque o valor do esforço e ardor despendido por cada um é ainda acrescentado ao valor da coisa apreciada. Quão pouco moral pareceria o mundo sem o esquecimento? Um poeta poderia dizer que Deus postou o esquecimento como guarda-portal no limiar do templo da dignidade humana.

107. IRRESPONSABILIDADE E INOCÊNCIA

A completa irresponsabilidade do homem por seu agir e sua essência é a gota mais amarga que o homem do conhecimento tem de tragar, se ele foi acostumado a ver na responsabilidade e no dever a carta de nobreza de sua humanidade. Todas as suas avaliações, distinções, inclinações foram, por meio disso, desvalorizadas e falseadas: seu sentimento mais profundo, que ele contrapunha ao sofredor, ao herói, foi consagrado a um erro: ele já não pode mais louvar.

Mas não pode encontrar nenhum mérito nelas: o processo químico e o combate dos elementos, o sofrimento do enfermo que anseia pela cura, são tão pouco mérito quanto aqueles combates anímicos e estados de necessidade, durante os quais alguém é arrebatado de lá para cá por diferentes motivos, até que finalmente se decide pelo mais forte — como se diz (em verdade, porém, até que o motivo mais forte decida por nós). Todos esses motivos, quaisquer que sejam os elevados nomes que lhes damos, brotaram, porém, das mesmas raízes nas quais cremos habitar os maus venenos; entre boas e más ações não há qualquer diferença de gênero, no máximo de grau. Boas ações são más ações sublimadas; más ações são boas ações embrutecidas, embotadas. O anseio único do indivíduo por autofruição (juntamente com o temor de ser privado do mesmo) satisfaz-se sob todas as circunstâncias, o homem pode agir como quiser, isto é, como ele tem de agir: seja em feitos de vaidade, vingança, prazer, utilidade, malvadez, astúcia; dores são dores de parto. A borboleta quer romper seu casulo, ela o come, ela o dilacera: ela é ofuscada e confundida pela luz desconhecida, pelo reino da liberdade. Em tais homens, que são capazes daquela tristeza — quão poucos o serão! —, será feita a primeira tentativa de saber se a humanidade poderia transformar-se de moral em sábia humanidade. Os sóis de um novo Evangelho lançam seus primeiros raios sobre os cumes mais elevados na alma daqueles indivíduos: aí acumula-se a névoa de modo mais cerrado do que nunca, e um ao lado do outro estão o brilho mais claro e o mais sombrio crepúsculo. Tudo é necessidade — assim diz o novo conhecimento: e esse mesmo conhecimento é necessidade. Tudo é inocência: e o conhecimento é o caminho para a compreensão dessa inocência. Prazer, egoísmo, vaidade são necessários para a geração dos fenômenos morais e sua suprema floração, do sentido para a verdade e justiça do conhecimento; o erro e a extravagância da fantasia foram o único meio pelo qual a humanidade conseguiu elevar-se pouco a pouco para esse grau de autoiluminação e autorredenção — quem poderia subestimar aqueles meios? Quem poderia entristecer-se ao perceber o alvo para o qual conduzem aqueles caminhos? Tudo, no domínio da moral, veio a ser, tudo é mutável, oscilante. Tudo está em fluxo, é verdade: — mas tudo também está em fluxo na direção daquele único alvo. De qualquer modo, pode continuar imperando em nós o hábito herdado do errôneo avaliar, amar, odiar; mas sob a influência do conhecimento crescente, ele tornar-se-á mais fraco: um novo hábito, o de compreender, não amar, não odiar, olhar de cima, implanta-se em nós gradualmente sobre o mesmo solo; e daqui a milênios será talvez poderoso o suficiente para dar à humanidade a força de produzir o homem sábio, inocente (consciente da inocência) de modo tão regular como ela agora produz o homem ignorante, iníquo, consciente de culpa — isto é, o necessário degrau anterior, não o contrário daquele outro —.

222. O QUE RESTA DA ARTE

É verdade que, sob certos pressupostos metafísicos, a arte tem valor muito maior, por exemplo quando vige a crença de que o caráter seria imutável e a essência do mundo se expressa permanentemente em todos os caracteres e ações: aqui a obra do artista torna-se o modelo do eternamente permanente, enquanto que, para nossa concepção do artista, a suas criações sempre pode ser dada apenas validade por um tempo, porque o homem, no todo, veio a ser, é mutável, e mesmo o homem singular nada é de firme e permanente. — Do mesmo modo ocorre com outro pressuposto metafísico: suposto que nosso mundo visível fosse apenas aparência, como o admitem os metafísicos, então a arte estaria mais próxima do mundo efetivo: pois haveria então muita semelhança entre o mundo da aparência e o mundo de figuras oníricas do artista: e a diferença remanescente colocaria ainda mais alta a significação da arte do que a significação da natureza, porque a arte exibiria a igual formatação, os tipos e modelos da natureza. — Porém, aqueles pressupostos são falsos: depois desse conhecimento, que lugar ainda permanece agora para a arte? Ela ensinou, sobretudo, durante milênios, a olhar com interesse e prazer a vida em todas as suas figuras, e a alargar de tal maneira nosso sentimento, que finalmente exclamamos: "Como quer que seja, a vida é boa." Essa doutrina da arte, de ter prazer na existência e considerar a vida humana como uma parte da natureza, sem convulsões demasiado fortes, como objeto de desenvolvimento conforme a leis — essa doutrina foi implantada em nós, e vem agora novamente à luz como onipotente necessidade de conhecimento. Poderíamos abrir mão da arte, com isso, porém, não perderíamos a capacidade, aprendida com ela: assim como abrimos mão da religião, não, porém, das intensificações e elevações de ânimo que adquirimos por meio dela. Assim como a arte plástica e a música são o padrão de medida do reino de sentimentos efetivamente adquiridos e a ele acrescentados, assim, em seguida a um desaparecimento da arte, a intensidade e a profusão das alegrias da vida, implantadas por ela, exigiriam sempre ainda satisfação. O homem científico é o desenvolvimento ulterior do homem artístico.

223. CREPÚSCULO DA ARTE

Do mesmo modo como na velhice recordamo-nos da juventude e celebramos festivais da memória, assim também a humanidade logo se coloca para com a arte na relação de uma comovedora recordação das alegrias da juventude. Talvez porque nunca antes, no passado, a arte tenha sido apreendida tão profundamente e cheia de alma como agora, quando a magia da morte parece envolvê-la. Pense-se naquelas cidades gregas do sul da Itália, que num dia do ano ainda celebravam suas festas gregas, com ânimo compungido e lágrimas, porque cada vez mais a barbárie estrangeira triunfara sobre seus costumes herdados: jamais se fruiu tão bem o elemento helênico, em nenhum outro lugar se sorveu esse dourado néctar com tal volúpia do que entre esses moribundos helenos. Logo consideraremos o artista como um magnífico destroço, prestaremos honra a ele, como não a conferimos facilmente a nossos iguais, como a um estrangeiro maravilhoso, de cuja força e beleza pende a felicidade de tempos passados. O melhor de nós é talvez herdado de sentimentos de tempos pretéritos, aos quais agora quase não podemos mais chegar por caminhos diretos; o sol já se pôs, mas em virtude dele arde e brilha o céu de nossa vida, mesmo que já não o vejamos mais.

246. OS CICLOPES DA CULTURA

Quem vê aquelas bacias sulcadas nas quais sedimentaram-se geleiras quase não considera possível que chegue um tempo em que, no mesmo local, estende-se um vale com relvado e floresta. Assim é também na história da humanidade: as forças mais selvagens abrem caminho, primeiramente de modo destrutivo, mas a despeito disso sua ação foi necessária para que com ela, mais tarde, uma eticidade levantasse ali sua morada. As energias terríveis — aquilo que se denomina o mal — são os ciclópicos arquitetos e construtores de caminho da humanidade.

272. ANÉIS ETÁRIOS DA CULTURA INDIVIDUAL

A fortaleza e a fraqueza da produtividade espiritual dependem muito menos do talento herdado do que da congênita medida de força de tensionamento. A maioria dos jovens eruditos de trinta anos retrocedem a essa juvenil mudança solar de suas vidas e, a partir daí, não têm prazer em novas mudanças espirituais. Por causa disso, logo é então novamente necessária, para o bem de uma cultura sempre crescente, uma nova geração que, no entanto, tal como a outra, não leva longe: pois para recuperar a cultura do pai, o filho tem quase que esgotar a energia herdada que o próprio pai possuía naquela altura da vida, quando gerou seu filho; com o pequeno excedente, este segue adiante (pois, uma vez que o caminho é trilhado aqui pela segunda vez, vai-se para a frente um pouco mais rápido; o filho não gasta tanta força para aprender o mesmo que o pai sabia). Homens com muita força de tensionamento, como Goethe, por exemplo, percorrem uma tal medida que mal podem fazê-lo quatro gerações subsequentes; por causa disso, porém, eles avançam demasiadamente rápido, de maneira que os outros homens só os alcançam nos próximos séculos, talvez nem sequer inteiramente, pois a coesão da cultura, a consequência de seu desenvolvimento, foi enfraquecida pelas frequentes interrupções. — As fases habituais da cultura espiritual, que foram conquistadas no decorrer da história, os homens as recuperam sempre mais rapidamente. Atualmente, eles começam a ingressar na cultura como crianças religiosamente animadas, e talvez no décimo ano de vida conseguem chegar à suprema vivacidade desses sentimentos, transitando então para formas mais abrandadas (panteísmo), enquanto se aproximam da ciência; ultrapassam Deus, imortalidade e quejandos, mas sucumbem à magia da filosofia metafísica. Finalmente, também esta torna-se-lhes indigna de crença; a arte parece, ao contrário, prometer sempre mais, de modo que a metafísica, ao longo de um tempo, remanesce e ainda continua a viver como que numa transfiguração em arte, ou como transfiguradora disposição artística de ânimo. Mas o senso científico torna-se sempre mais imperioso e conduz o homem para a ciência da natureza e para a historiografia, nomeadamente, para os rigorosos métodos de conhecimento, enquanto a arte decai para uma significação sempre mais branda e despretensiosa. Tudo isso costuma suceder agora no interior dos primeiros trinta anos de um homem. É a recapitulação de uma tarefa, na qual a humanidade talvez tenha trabalhado sobre si mesma por trinta mil anos.

292. AVANTE

E com isso, avante no trilho da sabedoria! Com bom passo, boa confiança! Assim como tu és, assim tu serves a ti mesmo como fonte de experiência! Lança fora o descontentamento com tua essência, perdoa para ti mesmo teu próprio eu, pois, em todo caso, tu tens em ti mesmo uma escada com cem degraus, com a qual podes alçar-te para o conhecimento. A época em que tu te sentes lançado com tua essência sofredora, proclama-te bem-aventurado em virtude dessa tua felicidade: ela te conclama a ainda tomar parte nas experiências de que terão talvez que carecer os homens de tempos posteriores. Não desprezes o ter sido religioso; investiga completamente como ainda tens um genuíno acesso à arte.

Justamente com auxílio dessas experiências, não consegues refazer, com mais plena compreensão, terríveis trechos de caminho da humanidade anterior? Não cresceram justamente sobre esse solo, que hoje por vezes tanto te desagrada, o solo do pensamento impuro, muitos dos mais magníficos frutos da cultura mais antiga? É necessário ter amado a religião e a arte como mães e nutrizes — senão não se pode tornar-se sábio. Mas é necessário olhar para além delas, poder crescer desprendendo-se delas; permanecendo em seu sortilégio, deixamos de compreende-las. De igual modo, é necessário familiarizar-se com a historiografia e com o jogo cuidadoso com os pratos da balança: "de um lado — de outro lado". Caminha para trás, repisando as pegadas pelas quais a humanidade fez seu longo e penoso percurso pelo deserto do passado: assim, ficas instruído da maneira mais certa para onde toda a humanidade posterior não pode ou não está autorizada a ir de novo. E, querendo com toda força espreitar antecipadamente como será atado ainda o nó do futuro, tua própria vida recebe o valor de um instrumento e meio do conhecimento. Tens em tuas mãos conseguir que todas as tuas vivências ingressem sem resíduo em tua meta: as tentativas, os extravios, erros, ilusões, paixões, teu amor e tua esperança. A meta é que tu te tornes uma necessária cadeia dos anéis da cultura e, a partir dessa necessidade, inferir a necessidade na marcha da cultura universal. Quando teu olhar tiver se tornado suficientemente forte para ver o fundo na escura fonte de tua essência e de teu conhecimento, então também talvez tornem-se visíveis para ti, no espelho daquele fundo, as distantes constelações de astros de culturas futuras.

Acreditas tu que uma tal vida, com uma tal meta, seria demasiadamente penosa, demasiadamente despojada de todas as coisas agradáveis? Então ainda não aprendeste que nenhum mel é mais doce do que o do conhecimento, e que as nuvens de aflição que pairam acima têm ainda que servir-te de úberes dos quais extrairás o leite para teu refrigério. Chegada a velhice, só então notas propriamente como deste ouvidos à voz da natureza, aquela natureza que domina o mundo todo por meio do prazer: a mesma vida que tem seu ápice na velhice tem também seu ápice na sabedoria, naquele suave brilho de sol de uma alegria espiritual constante; ambas, velhice e sabedoria, tu as encontras na mesma montanha da vida — assim o quis a natureza. É chegado então o tempo, e não há razão para irar-se porque se aproxima a névoa da morte. Que seja para a luz — teu último movimento, um júbilo do conhecimento — teu derradeiro som.

7. Humano, demasiado humano, livro II*

---
* *Sämtliche Werke. Kritische Studienausgabe* (KSA). G. Colli e M. Montinari (orgs.). Berlim/Nova York/Munique: Walter de Gruyter/DTV, 1980, vol. II.

1. AOS FRUSTRADOS DA FILOSOFIA

Se vocês, até então, acreditaram no supremo valor da vida, e agora se veem frustrados — é preciso, então, abandoná-lo agora pelo ínfimo preço?

5. UM PECADO HEREDITÁRIO DOS FILÓSOFOS

Em todos os tempos, os filósofos se apropriaram das proposições dos provadores de homens (moralistas) e as *estragaram*, ao tomá-las incondicionalmente, e querer demonstrar como necessário o que fora pensado por aqueles apenas como um indício aproximado, ou até como verdade de uma década, própria de um país ou cidade — enquanto justamente por meio disso acreditavam elevar-se sobre os moralistas. Assim, como fundamento das célebres doutrinas de Schopenhauer a respeito do primado da vontade sobre o intelecto, da imutabilidade do caráter, da negatividade do prazer — todas as quais, tal como ele as concebe, são erros —, encontraremos verdades populares, estabelecidas pelos moralistas. Já a palavra "Vontade", que Schopenhauer, em grande proveito próprio, na medida em que era moralista, transformou em designação comum de muitos estados humanos e introduziu numa lacuna da linguagem — e assim ficou livre para falar da "Vontade" como Pascal tinha falado dela —; já a "Vontade" de Schopenhauer converteu-se, nas mãos de seu criador, em infortúnio para a ciência: pois essa Vontade torna-se uma metáfora poética, quando se afirma que todas as coisas na natureza teriam uma Vontade; finalmente ela foi abusivamente empregada como falsa reificação, para fins de utilização em toda sorte de despautério místico — e todos os filósofos da moda repetem-no e parecem saber muito exatamente que todas as coisas têm *uma* Vontade; sim, elas seriam essa *única* Vontade (o que, de acordo com a descrição que é feita dessa Vontade-Toda-Una, significa tanto quanto se quiséssemos, em absoluto, ter por Deus o *estúpido diabo*).

8. "LEI DA NATUREZA" — UMA EXPRESSÃO DA SUPERSTIÇÃO

Se assim falais, de modo tão arrebatado, da legalidade na natureza, então devereis admitir também ou que todas as coisas naturais seguem suas leis a partir de uma livre obediência, de uma sujeição a si mesmas — e nesse caso, vocês, portanto, admiram a moralidade da natureza —; ou então arrebata--vos a representação de um criador mecânico, que constituiu o relógio mais plenamente artístico, com seres vivos como ornamento. — A necessidade na natureza torna-se mais humana por meio da expressão "conformidade a leis", e uma última caverna de refúgio do sonho mitológico.

223. PARA ONDE TEMOS QUE VIAJAR

De há muito não basta a auto-observação imediata para conhecer-se a si mesmo: necessitamos história, pois o passado continua a fluir em nós em mil ondas; nós mesmos nada mais somos do que aquilo que sentimos, em cada instante, desse continuar a fluir. Também até mesmo aqui, se queremos descer ao rio de nossa essência aparentemente mais própria e pessoal, vale a sentença de Heráclito: não descemos duas vezes ao mesmo rio. — Se, com efeito, essa é uma sabedoria que, pouco a pouco, tornou-se reiterada; no entanto, apesar disso, permaneceu, do mesmo modo, fortalecida e veraz, tal como sempre foi; do mesmo modo como aquela outra, de acordo com a qual, para se compreender a história, te-ríamos que procurar os remanescentes vivos das épocas históricas — que teríamos que viajar, como o patriarca Heródoto viajou, para nações —, essas são, decerto, apenas antigos *degraus de cultura* tornados fixos, sobre os quais podemos nos *colocar* —, para os assim chamados povos selvagens e semisselvagens, nomeadamente na direção de onde o homem despiu o vestido da Europa, ou onde ainda não o vestiu. No entanto, há ainda uma arte mais *refinada* e um propósito em viajar ainda mais sutil, que nem sempre torna necessário deslocar o pé sobre milhares de milhas, de lugar para lugar. É muito provável que os últimos três séculos continuem a viver ainda *em nossa vizinhança*, com todas as suas colorações e refrações culturais: eles só querem ser *descobertos*. Em algumas famílias, sim, em alguns indivíduos, as camadas permanecem ainda belas e visíveis umas sobre as outras; em outros lugares, pode haver depósitos nas rochas mais difíceis de compreender. Por certo, em regiões mais remotas, em vales montanhosos menos conhecidos, em comunidades mais circunscritas, uma amostra venerável de sensibilidade muito mais antiga pôde ser conservada, deve e pode ser aqui mais facilmente rastreada; enquanto que é improvável fazer tais descobertas em Berlim, por exemplo, onde o ser humano vem ao mundo escovado e escaldado. Aquele que, depois de longo exercício nessa arte do viajar, tornou-se um Argos de cem olhos, esse finalmente acompanhará sua *Íon* — eu penso, seu *ego* —, descobrirá novamente, por toda parte, afinal, no Egito e na Grécia, em Bizâncio e Roma, na França e Alemanha, no tempo dos povos nômades ou sedentários, na Renascença ou na Reforma, na pátria ou no estrangeiro — sim, no mar, na floresta, nas plantações e montanhas, as aventuras desse *ego* que devém e se transforma. — Dessa maneira, o conhecimento de si-mesmo torna-se um conhecimento do todo, em relação a tudo o que passou; assim como, de acordo com uma outra cadeia de considerações, aqui apenas a ser indicada, autodeterminação e autoeducação, nos espíritos mais livres e que mais longe enxergam, poderiam tornar-se, alguma vez, determinação do todo, em vista de toda a humanidade futura.

8. O andarilho e sua sombra*

---

* *Sämtliche Werke. Kritische Studienausgabe* (KSA). G. Colli e M. Montinari (orgs.). Berlim/Nova York/Munique: Walter de Gruyter/DTV, 1980, vol. II.

A sombra: Uma vez que não te ouço há tempo, gostaria de dar-te uma oportunidade.

O andarilho: Ouço falar: — onde? E quem! Para mim, é quase como se ouvisse a mim mesmo falar, apenas que com uma voz mais fraca do que a minha.

A sombra (depois de algum tempo): Não te alegra ter oportunidade de falar?

O andarilho: Por Deus, e por todas as coisas nas quais não creio: minha sombra fala; eu ouço, mas não acredito nisso.

A sombra: Aceitemo-lo, e não pensemos mais sobre isso, em uma hora tudo terá passado.

O andarilho: Bem assim pensava eu, quando vi, numa floresta perto de Pisa, primeiramente um e depois cinco camelos.

A sombra: É bom que sejamos, de igual maneira, indulgentes conosco, quando uma vez se cala nossa razão: assim não nos tornaremos irritados também na conversação, não torcendo o polegar um do outro, caso uma vez a palavra nos soe ininteligível. Quando não se sabe responder direito, já basta então dizer alguma coisa: essa é a mais módica condição sob a qual converso com alguém. Numa conversação mais longa, mesmo o mais sábio torna-se alguma vez tolo, e três vezes palerma.

O andarilho: Tua suficiência não é lisonjeira para aquele a quem a confessas.

A sombra: Devo, então, lisonjear?

O andarilho: Eu pensava que a sombra do homem seria sua vaidade; esta, porém, jamais perguntaria: "Devo eu lisonjear?"

A sombra: A sombra do homem, tanto quanto a conheço, também não pergunta, como já o fiz duas vezes, se ela está autorizada a falar: ela fala sempre.

O andarilho: Só agora noto como fui deselegante contigo, minha amada sombra: ainda não disse qualquer palavra sobre quanto me alegra ouvir-te, e não apenas ver-te. Tu saberás: eu amo a sombra, assim como amo a luz. Para que haja beleza do semblante, clareza do discurso, bondade e firmeza do caráter, é necessária a sombra, como a luz. Elas não são adversárias: pelo contrário, elas se mantêm de mãos dadas, e se a luz desaparece, então a sombra encolhe, seguindo-a.

A sombra: E eu odeio o mesmo que odeias, e nota; eu amo os homens, porque eles são discípulos da luz, e me alegra o iluminar-se que brilha nos olhos deles quando conhecem e descobrem, os incansáveis conhecedores e descobridores. Aquela sombra que todas as coisas mostram, quando o brilho do sol do conhecimento cai sobre elas, aquela sobra também sou eu.

O andarilho: Creio compreender-te, mesmo que tenhas te expressado como algo ensombrecido. Mas estavas certa: bons amigos dão um ao outro aqui e ali uma palavra obscura como sinal de concordância, que, para todo terceiro, deve ser um enigma. E nós somos bons amigos. Por isso, basta de prefácio! Algumas centenas de perguntas fazem pressão em meu peito, e o tempo é talvez curto, no qual podes responder a elas. Vejamos sobre o que, com toda pressa e disposição de paz, concordamos um com outro.

A sombra: Mas as sombras são mais tímidas do que os homens: tu não darás parte a ninguém, de como conversamos um com o outro?

O andarilho: Como nós conversamos um com o outro? O céu me proteja de conversas por escrito, longamente entretecidas! Se Platão tivesse tido menos prazer em tecer teias, seus leitores teriam maior prazer em Platão. Uma conversação que efetivamente deleita, se transformada em escrita e lida, é um quadro com perspectivas totalmente falsas: tudo é demasiado longo ou demasiado curto. — Todavia, estaria eu talvez autorizado a comunicar aquilo sobre o que concordamos?

A sombra: Estou satisfeita com isso: pois todos reconhecerão nisso somente teus pontos de vista: ninguém pensará na sombra.

O andarilho: Talvez tu te enganes, amiga! Até agora, percebeu-se, de acordo com meu modo de ver, mais a sombra do que eu.

A sombra: Mais a sombra do que a luz? Isso é possível?

O andarilho: Seja séria, tola querida! Já minha primeira pergunta exige seriedade.

33. ELEMENTOS DA VINGANÇA

A palavra "vingança" é pronunciada tão rapidamente que parece quase como se ela não pudesse conter absolutamente nada mais do que uma raiz conceitual e afetiva. E assim, sempre nos esforçamos novamente para encontrá-la; assim como nossos economistas políticos ainda não se cansaram de farejar na palavra "valor" semelhante unidade, e procurar pela originária raiz conceitual do valor. Como se todas as palavras não fossem bolsas nas quais ora isso, ora aquilo, logo outras coisas mais fossem colocadas todas juntas! Assim também "vingança" é ora isso, ora aquilo, logo algo muito composto. Assim comportamo-nos também em relação a pessoas que nos causam dano, à imediata sensação do próprio dano; se quisermos nomear esse ato um ato de vingança, isso pode ser; mas que se pondere apenas que aqui foi só a autoconservação que colocou em movimento sua engrenagem racional, e que, no fundo, não se pensa aqui no causador do dano, mas apenas em si mesmo; agimos assim, sem querer causar dano novamente, mas apenas para escapar ao dano ainda com corpo e vida. — Precisa-se de tempo quando, com seus pensamentos, alguém se transfere de si mesmo para o adversário, e pergunta de que modo ele pode ser atingido da maneira mais sensível.

Isso acontece na segunda espécie de vingança: seu pensamento é uma ponderação sobre a capacidade do outro de ser ferido e de sentir dor; o que se quer é causar dor. Em contrapartida, assegurar-se contra a continuação da lesão entra aqui tão pouco no círculo de visão de quem toma vingança que, quase regularmente, este dá causa à própria lesão ulterior, e a enfrenta por antecipação, frequentemente com muito sangue frio. Se, na primeira espécie de vingança, era o medo do segundo golpe que tornava o contragolpe tão forte quanto possível; na segunda há quase completa indiferença contra aquilo que o adversário fará; a força do contragolpe é determinada apenas pelo que ele nos fez. — O que fez ele, então? E o que nos aproveita, se ele sofre, depois de termos sofrido por intermédio dele? Trata-se de uma reparação: enquanto que o ato de vingança da primeira espécie serve apenas à autoconservação. Talvez tenhamos perdido, por causa do adversário, posse, posição, amigos, filhos, — tais perdas não são resgatadas por meio da vingança, a reparação se refere apenas a uma perda colateral, em todas as perdas mencionadas. A vingança da reparação não protege contra a lesão ulterior, ela não repara a lesão sofrida, — exceto num único caso. Se nossa honra sofreu por causa do adversário, então a vingança pode repará-la. Em todo caso, porém, ela sofreu uma lesão, se alguém propositadamente nos causou um sofrimento: pois com isso o adversário prova que não nos teme. Por meio da vingança, demonstramos que nós também não o tememos: nisso reside o equilíbrio, a reparação. (O propósito de mostrar a total ausência de temor vai tão longe, em algumas pessoas, que para elas a periculosidade da vingança [perda da saúde ou da vida, ou qualquer outra perda] vale como uma condição imprescindível daquela vingança. Por isso elas tomam o caminho do duelo, mesmo que os tribunais ofereçam-lhe o braço para obter satisfação para a ofensa também dessa maneira; não aceitam, porém, a reparação inócua de sua honra como suficiente, porque ela não pode provar sua falta de medo.) — Na primeira espécie de vingança mencionada, é justamente o medo que consuma o contragolpe: aqui, ao contrário, é a ausência do medo que, como foi dito, quer se provar por meio do contragolpe. — Nada parece portanto ser mais diferente do que a motivação interior de ambas as maneiras de agir, que são designadas com uma palavra: "vingança"; e, apesar disso, acontece com muita frequência que aquele que toma vingança não tenha claro para si o que propriamente o determinou ao ato; talvez que, por medo e para conservar-se, tenha consumado o contragolpe; retrospectivamente, porém, quando teve tempo para refletir sobre o ponto de vista da honra, convenceu-se a si próprio de ter-se vingado em virtude de sua honra — esse motivo é, em todo caso, mais nobre do que o outro. Nesse processo, é essencial também se ele vê sua honra lesada aos olhos dos outros (do mundo), ou apenas aos olhos do ofensor: no último caso, preferirá a vingança secreta, no primeiro, porém, a pública. Conforme se pense, dentro da alma do autor e dos espectadores, forte ou fraco, sua vingança será mais amarga ou mais suave: se falta-lhe inteiramente essa espécie de fantasia, ele não pensará então em vingança; pois então o sentimento de "honra" não está presente nele, e não pode, portanto, ser lesado. Do mesmo modo, não pensará em vingança, se ele despreza o autor e os espectadores do ato: porque, como desprezados, eles não lhe podem conferir honra alguma e, de acordo com isso, também não lhe podem tomar qualquer honra. Finalmente, ele renunciará à vingança no caso não usual de que ele ame o autor da lesão: assim, ele decerto perde em honra aos olhos deste, e torna-se por isso talvez menos digno de amor de sua parte. Mas também renunciar a todo amor retributivo é um sacrifício que o amor está preparado para realizar, quando é necessário não causar dor ao ser amado: isso seria causar mais dor a si próprio do que causa dor aquele sacrifício. — Portanto: cada um se vingará, a não ser que seja desprovido de honra, ou cheio de desprezo ou de amor pelo ofensor ou por aquele que causa dano. Também quando recorre aos tribunais, quer-se a vingança como pessoa privada: ao lado disso, porém ainda como precavido homem da sociedade, que pensa de maneira alargada, quer a vingança da sociedade contra alguém que não a honra. Assim, por meio da pena judicial, é reparada tanto a honra privada como também a honra da sociedade: isto é, — pena é vingança. — Sem dúvida, existe ainda nela também aquele outro elemento, primeiramente descrito, na medida em que, por meio dela, a sociedade provê sua autoconservação, e, como defesa emergencial, executa um contragolpe. A pena quer prevenir a lesão ulterior, ele quer assustar. Mas, desse modo, estão efetivamente ligados na pena dois elementos muito diferentes, e isso talvez possa atuar, em grande medida, para manter aquela mencionada confusão de conceitos, em virtude da qual o indivíduo que quer vingar-se habitualmente não sabe aquilo que propriamente quer.

61. FATALISMO TURCO

O fatalismo turco contém o erro fundamental de contrapor um ao outro, como duas coisas separadas, o homem e o *fato* [*Fatum*]: o homem, diz ele, poderia resistir ao fato, tentar frustrá-lo, mas este finalmente obtém sempre a vitória; razão pela qual o mais razoável seria resignar-se, ou viver a bel-prazer. Em verdade, todo homem é, ele próprio, uma parte do fato; quando, da maneira acima mencionada, ele pensa resistir ao fato, com isso realiza-se então justamente também o fato; o combate é imaginação, mas também aquela resignação é, de igual modo, fato; todas essas imaginações estão inseridas no fato. — A angústia que muitos têm perante a doutrina da não liberdade da vontade é a angústia perante o fatalismo turco: eles pensam que o homem tornar-se-ia fraco, resignado, de mãos atadas perante o futuro, porque não seria capaz de alterá-lo em nada; ou então, que soltaria as rédeas a todos os seus caprichos, porque também por esse meio não poderia tornar pior para si o que está previamente determinado. As loucuras dos homens fazem parte do fato, tanto quanto suas sabedorias; também aquela angústia perante a crença no fato é fato. Tu mesmo, pobre angustiado, és a incoercível Moira, que reina até sobre os deuses, em tudo o que ocorre; tu és a bênção e a maldição, e em todo caso és a cadeia na qual permanece atado até o mais forte de todos; em ti está predeterminado o futuro do mundo humano, de nada te adianta, sentir horror de ti mesmo.

350. A DIVISA DOURADA

O homem foi colocado em muitas cadeias, para que com isso desaprendesse a comportar-se como um animal: e, efetivamente, ele tornou-se mais suave, mais espiritual, mais alegre, mais reflexivo do que todos os animais. Só que então ele ainda sofre, por ter carregado por tanto tempo suas cadeias, que por tanto tempo tenha-lhe faltado ar puro e livre movimento: — essas cadeias são, porém, eu o repito sempre e sempre de novo, aqueles pesados erros, repletos de sentido, das representações morais, religiosas, metafísicas. Só quando também as cadeias de enfermidade forem superadas, a grande meta será inteiramente alcançada: a separação do homem em relação aos animais. — Por ora, estamos em meio a nosso trabalho de depor as cadeias, e nisso temos necessidade de supremo cuidado. Unicamente ao homem enobrecido pode ser dada a liberdade do espírito; para ele somente se aproximam a facilitação da vida e a cura de suas feridas; primeiramente ele pode dizer que vive por causa da alegria e de nenhuma outra meta; e em toda outra boca seria perigosa sua divisa: paz em torno de mim, e boa vontade em todas as coisas próximas. —

Nessa divisa para indivíduos singulares, ele cogita numa palavra antiga, grande e tocante, que vale para todos, e que permaneceu sobre a humanidade inteira como uma divisa e um signo premonitório, no qual deve sucumbir todo aquele que com ela adorna demasiado prematuramente seu estandarte, — na qual o Cristianismo sucumbiu. Pelo que parece, ainda não é o tempo para que a todos os homens possa acontecer o mesmo que àqueles pastores, que viram iluminado sobre si o céu e ouviram aquela palavra: "Paz na Terra e aos homens de boa vontade uns para com os outros." — É sempre ainda o tempo dos indivíduos singulares.

CONCLUSÃO

A sombra: De tudo que trouxeste, nada me agradou mais do que uma promessa: vós quereis tornar-vos de novo bons vizinhos das coisas próximas. Isso virá também virá em nosso benefício, de nós, pobres sombras. Pois, confessa-o apenas, até agora, vós nos tendes caluniado com demasiado prazer.

O andarilho: Caluniado? Mas por que não vos defendestes? Bem tivestes nossos ouvidos em vossa proximidade.

A sombra: A nós nos parece justamente como se estivéssemos muito próximos de vós, para que nos fosse permitido falar de nós mesmas.

O andarilho: Delicado! Muito delicado! Ah, vós, as sombras, são "homens melhores" do que nós, isso eu percebo.

A sombra: E, todavia, vós nos chamais "importunas" — a nós, que pelo menos de uma coisa entendemos bem: calar e esperar — nenhum inglês entende disso melhor do que nós. É verdade: somos encontradas com muita, muita frequência, na companhia dos homens; não, porém, como sua criadagem. E quando o homem aborrece a luz, nós evitamos o homem, tão longe vai, por certo, a nossa liberdade.

O andarilho: Ah, a luz aborrece o homem ainda muito mais frequentemente, e então vós também o abandonais.

A sombra: Eu frequentemente te abandonei com sofrimento: para mim, que sou cobiçosa de saber, muito no homem permaneceu escuro, porque eu nem sempre posso estar em redor dele. Ao preço do completo conhecimento do homem, também gostaria bem de ser teu escravo.

O andarilho: Sabes, então, se com isso não te mudarias imperceptivelmente de escrava em senhora? Ou quiçá permanecesses escrava, mas, como desprezadora do teu senhor, levasses uma vida de rebaixamento, de nojo? Estejamos ambos satisfeitos com a liberdade, assim como ela permaneceu para ti — para ti e para mim! Pois o semblante de um não livre tornar-me-ia biliosas minhas maiores alegrias; o melhor seria repugnante para mim, se alguém tivesse que dividi-lo comigo; — não quero saber de nenhum escravo ao redor de mim. Por isso não gosto também do cão preguiçoso, parasita errático, que só como servo dos homens tornou-se "canino", do qual os homens ainda costumam gabar-se de que é fiel ao dono e que o acompanha como sua —

A sombra: Como sua sombra, assim dizem eles. Talvez hoje eu te siga também já por tempo demasiado? Foi o mais longo dia, mas chegamos a um final, tem paciência ainda por um pouco de tempo. A grama está úmida, regela-me.

O andarilho: Oh, já é tempo de separar-se? E ainda tive, por fim, de causar-te dor; eu o vejo, tu te tornaste mais escura com isso.

A sombra: Eu enrubesci, na cor em que o consigo fazê-lo. A mim me ocorreu que com frequência coloquei-me a teus pés como um cão, e que tu então —

O andarilho: E não poderia eu, com toda velocidade, ainda fazer alguma coisa por amor de ti? Não tens nenhum desejo?

A sombra: Nenhum, além do desejo que tinha o "cão" filosófico perante Alexandre o grande: afasta-te um pouco do sono, torna-se frio para mim.

O andarilho: O que devo fazer?

A sombra: Entra debaixo desses pinheiros e olha em volta das montanhas; o sol declina.

O andarilho: Onde estás? Onde estás?

9. Aurora*

---
* *Sämtliche Werke. Kritische Studienausgabe* (KSA). G. Colli e M. Montinari (orgs.). Berlim/Nova York/Munique: Walter de Gruyter/DTV, 1980, vol. III.

9. CONCEITO DE ETICIDADE DO COSTUME

Em relação ao modo de vida de milênios inteiros da humanidade, nós, homens modernos, vivemos de maneira não ética: o poder do costume está surpreendentemente enfraquecido, e o sentimento da eticidade tão refinado, tão elevado às alturas que bem pode ser igualmente designado como volatilizado. Por isso, para nós, nascidos mais tarde, torna-se difícil a compreensão fundamental do surgimento da moral, e quando, apesar disso, a alcançamos, ela permanece-nos colada na língua, sem querer desprender-se daí, porque ela soa grosseira! Ou porque parece detratar a eticidade! Assim, por exemplo, já a proposição: a eticidade não é nada além (nomeadamente, portanto, nada mais!) do que obediência aos costumes, quaisquer que possam ser. Costumes são, porém, a maneira tradicional de agir e valorar.

Em coisas nas quais nenhuma tradição comanda, não há qualquer eticidade: e quanto menos a vida é determinada pela tradição, tanto menor se torna o círculo da eticidade. O homem livre é não ético, porque em tudo quer depender de si mesmo, e não de uma tradição: em todos os estados originários da humanidade, "malvado" significa tanto quanto "individual", "livre", "arbitrário", "não costumeiro", "imprevisto", "incalculável". Mensurando-se sempre segundo a medida de tais estados: se uma ação é praticada não porque a tradição a ordena, mas por outros motivos (por exemplo, por causa do benefício individual), sim, em virtude dos motivos que outrora fundaram a tradição, então ela é sentida como não ética, mesmo por seu autor; pois ela não foi praticada por

obediência à tradição. O que é a tradição? Uma autoridade superior a que se obedece, não porque ela nos ordena o que é útil, mas porque ela ordena. — Por meio do que se diferencia esse sentimento perante a tradição do sentimento de temor? É o temor perante um intelecto superior, que ali ordena, perante uma incompreensível potência indeterminada, perante alguma coisa mais que pessoal, — há superstição nesse temor. —
Originariamente, pertenciam ao âmbito da eticidade toda educação e todo cuidado com a saúde, a honra, a arte de curar, o trabalho do campo, a guerra, o falar e o calar, o trato com os outros e com os deuses: ela exigia que preceitos fossem observados sem pensar em si como indivíduo. Originariamente, tudo era costume, e quem quisesse elevar-se acima dele, tinha de tornar-se legislador e médico, ou uma espécie de semideus: isto é, teria que criar costumes, — uma coisa temível, um perigo mortal? — Quem é o mais ético? Em primeiro lugar, aquele que mais frequentemente cumpre a lei; portanto, como o brâmane, carrega por toda parte a consciência da lei, e em toda menor fração do tempo, de modo a ser permanentemente engenhoso em ocasiões de cumpri-la. Em seguida, aquele que a cumpre, mesmo nos casos mais difíceis. O mais ético de todos é aquele que mais sacrifica aos costumes: quais são, porém, os maiores sacrifícios? Em resposta a essa pergunta, desdobram-se muitas morais diferentes: mas a mais importante diferença permanece certamente aquela que separa a moralidade de cumprimento mais frequente da moralidade de cumprimento mais difícil. Não nos enganemos sobre o motivo daquela moral, que exige o mais difícil cumprimento do costume como signo de eticidade! A autossuperação não é exigida em virtude das consequências úteis que traz para o indivíduo, mas para que o costume, a tradição, apareça como dominante, a despeito de todo contragosto e toda vantagem: o indivíduo singular deve sacrificar-se, — assim o exige a eticidade do costume. — Aqueles moralistas que, em contrapartida, como seguidores das pegadas socráticas, colocam no coração do indivíduo a moral do autodomínio e da continência como seu mais próprio proveito, como sua personalíssima conclusão para a felicidade, constituem uma exceção — e, se parece-nos ser de outro modo, isso ocorre porque fomos educados sob os efeitos deles: todos eles seguem por uma nova via,

com suprema desaprovação de todos os representantes da eticidade do costume — eles separam-se da comunidade, como não éticos, e são, no sentido mais profundo, malvados. Do mesmo modo, para um virtuoso romano de velha cepa, todo cristão aparece como malvado, que "pensa primeiramente em sua própria bem-aventurança". — Por toda parte onde há uma comunidade, e consequentemente uma eticidade do costume, domina também o pensamento de que o castigo para a lesão ao costume recai antes de tudo sobre a comunidade: aquele castigo sobrenatural, cuja exteriorização e limites é tão difícil de compreender, e que é perscrutado com tão supersticiosa ansiedade.

A comunidade pode impor ao indivíduo que a lesão acarretada por seu ato seja reparada ao indivíduo ou à comunidade; ela pode também exercer contra o indivíduo uma espécie de vingança porque, como efeito de seu ato, as nuvens divinas e a tempestade se acumularam sobre a comunidade — no entanto, ela sente sobretudo a culpa do indivíduo como sua própria culpa, e suporta a punição daquele como sua própria punição —: "os costumes tornaram-se frouxos, assim lamenta a alma de cada um, se tais feitos são possíveis." Toda ação individual, todo modo de pensar individual desperta calafrio; não se pode calcular de modo algum, o que precisamente os espíritos mais raros, mais seletos, mais originários, tiveram que sofrer em todo o transcurso da história, eles, que sempre foram sentidos como os malvados e perigosos, que sentiram-se eles próprios assim. Sob o domínio da eticidade do costume toda espécie de originalidade adquiriu má consciência; por causa disso, até esse momento, o céu dos melhores foi mais ensombrecido do que ele teria que ser.

16. PRIMEIRA PROPOSIÇÃO DA CIVILIZAÇÃO

Entre povos rudes, existe uma espécie de costumes, cujo propósito, em geral, parece ser o próprio costume: determinações penosas e no fundo supérfluas (como, por exemplo, entre os Kamtschandalen, nunca raspar com a faca a neve dos sapatos, nunca cortar um repolho com a faca, nunca colocar um ferro no fogo — e é ceifado pela morte quem viola esses preceitos!), que porém mantêm continuamente na consciência a permanente proximidade do costume, a coerção incessante para praticar os costumes: para fortalecimento da grande proposição com a qual tem princípio a civilização: qualquer costume é melhor do que costume nenhum.

68. O PRIMEIRO CRISTÃO

O mundo todo sempre acredita ainda na escritura do "Espírito Santo", ou se encontra sob o efeito dessa crença: quando se abre a Bíblia, isso acontece para que sejamos "edificados", para se encontrar um indicativo de consolo em sua própria pequena e grande penúria pessoal —, em resumo, nós lemos a nós mesmos para dentro e para fora da Bíblia. Que nela se encontra escrita também a história de uma das almas mais orgulhosas e atrevidas, e de uma cabeça não menos supersticiosa do que astuta, a história do apóstolo Paulo, — quem sabe disso, com exclusão de alguns eruditos? Porém, sem essa história notável, sem as convulsões e os ímpetos de tal cabeça, de tal alma, não haveria qualquer cristicidade; mal teríamos sabido de uma pequena seita judaica, cujo mestre morreu na cruz. Com efeito: tivéssemos nós compreendido justo essa história no tempo certo, se não tivéssemos lido os escritos de Paulo como revelações do "Espírito Santo", e sim efetivamente o tivéssemos lido com um honesto e livre espírito próprio, e sem pensar, ao fazê-lo, em toda nossa carência pessoal — por um milênio e meio não houve tal leitor —, então já de há muito o Cristianismo teria passado: tanto desnudam essas páginas do Pascal judaico a origem do Cristianismo, como as páginas do francês Pascal desnudam seu destino e aquilo em que ele irá a pique. Que a nau do Cristianismo tenha lançado fora de bordo uma boa parte da carga judaica, que tenha ido para os pagãos e possa ter ido, — isso depende da história desse único homem, um homem muito martirizado, muito digno de compadecimento, muito desagradável, e desagradável para si mesmo. Ele sofria de uma ideia fixa, ou mais claramente: de uma pergunta fixa, sempre presente, que nunca se aquietava: o que se passa com a lei judaica? A saber, com o cumprimento dessa lei? Em sua juventude, ele tinha querido, ele mesmo, prestar-lhe satisfação, ardentemente insaciável daquela suprema distinção que os judeus puderam pensar, — esse povo que a fantasia da sublimidade ética impeliu mais alto do que qualquer outro povo, o qual somente teve êxito na criação de um Deus santo, ao lado do pensamento do pecado como um atentado a essa santidade. Paulo tornou-se, ao mesmo tempo, o fanático defensor e o guardião da honra desse Deus e de sua lei, e continuamente em luta e à espreita dos transgressores e duvidosos dela, duro e malvado contra eles e inclinado para as penas mais extremas. E então, ele experimentou em si mesmo que — inflamado, sensível, melancólico, malvado no ódio, como ele era — ele próprio não podia cumprir a lei, sim, o que lhe parecia singular: que sua extravagante ânsia de domínio o estimulava a transgredi-la, e que ele tinha de ceder a esse aguilhão. É efetivamente a "carnalidade" que o torna, sempre de novo, transgressor? E não pelo contrário, como ele o suspeitou depois, a própria lei que tem de se demonstrar continuamente como incumprível, e que atrai irresistivelmente para a transgressão? Mas, outrora, ele ainda não tinha essa escapatória. Muita coisa lhe jazia na consciência — ele indicava para hostilidade, assassínio, magia, idolatria, lascívia, embriaguez e prazer em coisas extravagantes — e quanto mais ele também procurava de novo arejar sua consciência moral, e ainda mais sua ânsia de domínio, por meio do extremo fanatismo da veneração e defesa da lei, vinham instantes em que ele dizia para si: "Tudo é em vão! O suplício da lei descumprida não pode ser superado." Lutero pode ter sentido de forma semelhante, quando quis tornar-se, em seu mosteiro, o homem perfeito do ideal espiritual: e semelhantemente a Lutero, que um dia começou a odiar o ideal espiritual, e o papa, e os santos, e toda a clericalidade com um verdadeiro ódio mortal, ainda que tão pouco confessado para si mesmo, — semelhantemente ocorreu com Paulo. A lei era a cruz na qual ele se sentia lançado: e como ela a odiava! Como ele a arrastava! Como ele procurava em torno de si encontrar meios de aniquilá-la, — para não mais cumpri-la em sua pessoa! E finalmente iluminou-se para ele o pensamento redentor, como que com uma visão, como não poderia se passar de outro modo com ele epilético: para ele, o encolerizado zeloso da lei, que em seu interior estava mortalmente cansado dela, apareceu aquele Cristo numa estrada solitária, o brilho de luz de Deus sobre seu rosto, e Paulo ouviu as palavras: "Por que me persegues?" Mas o essencial que aconteceu ali é isso: iluminou-se-lhe de uma vez a cabeça; "é irracional, disse ele a si mesmo, perseguir justamente esse Cristo! Aqui, sim, está a saída, aqui e em nenhuma outra parte tenho e mantenho eu, sim, o aniquilador da lei!" O enfermo da martirizada soberba sentiu-se de um só golpe restaurado de novo, a dúvida moral foi como que varrida para longe, pois a moral foi varrida para longe, aniquilada, — a saber, cumprida, ali na cruz! Até então aquela morte infamante tinha-se valido como argumento principal contra a "condição de Messias", de que falavam os adeptos da nova doutrina: como, porém, se ela foi necessária para derrogar a lei! — As formidáveis consequências dessa intuição [*Einfall*], dessa solução do enigma dançavam em círculo diante de seu olhar, ele tornou-se, de uma vez, o mais feliz dos homens, — o destino dos judeus, não, de todos os homens pareceu-lhe ligado a essa intuição, a esse segundo de uma súbita iluminação; ele tem o pensamento dos pensamentos, a chave das chaves, a luz das luzes; em torno dele gira daqui para diante a história! Pois, de agora em diante, ele é o mestre da aniquilação da lei! Morrer para o mal — isso significa morrer também para a lei; estar na carne — isso significa, estar também na lei! Tornado um com Cristo — isso significa, tornado também com ele o aniquilador da lei; morto com ele — isso significa, morto também para a lei! Ainda que fosse possível pecar, então, todavia, não mais contra a lei, "eu estou fora dela". "Se eu quisesse agora aceitar novamente a lei e me submeter a ela, então eu tornaria Cristo coauxiliador do pecado"; pois a lei aí estava, para que o pecado fosse cometido, ela impelia os pecadores sempre adiante, como o faz à doença um suco ácido; Deus nunca teria podido decidir a morte de Cristo, se, em geral, sem essa morte, um cumprimento da lei tivesse sido possível; agora não somente toda culpa foi abolida, mas a culpa foi em si mesma aniquilada; agora a lei está morta, agora está morta a carnalidade, na qual habita a lei — ou pelo menos está em permanente morrer, como que se decompondo. Ainda um curto tempo em meio a essa decomposição! — esse é o destino do cristão, antes que ele, tornado um com Cristo, ressuscite com Cristo, tome parte na divina magnificência com Cristo e se torne "Filho de Deus", como Cristo. — Com isso a embriaguez de Paulo atinge seu ápice, e do mesmo modo o atrevimento de sua alma, — com o pensamento do tornar-se um, toda vergonha, toda submissão, todo limite é retirado dela, e manifesta-se a indômita vontade da ânsia de domínio como um antecipatório deleitar-se nas divinas magnificências.

— Esse é o primeiro cristão, o inventor da cristicidade! Até então havia apenas alguns sectários judeus. —

575. NÓS ARGONAUTAS DO ESPÍRITO!

Todos esses ousados pássaros que voam para o distante, para o mais distante, — é certo! Em algum lugar não poderão mais ir além, e se aninharão sobre um mastro um ermo penhasco — e, no entanto, tão gratos por esse devastado abrigo! Mas quem estaria autorizado a inferir daí que à frente deles não haveria mais formidáveis trilhas livres, que eles voaram tão longe quanto se poderia voar! Todos os nossos grandes mestres e precursores detiveram-se, finalmente, e não é com o gesto mais nobre e animador que o cansaço se detém: assim se passará também comigo e contigo! O que importa, porém, eu e tu! Outros pássaros voarão mais longe! Essa nossa compreensão e crença voa com eles em competição, para diante e para cima, ela se eleva diretamente nas alturas, sobre a nossa cabeça e sobre a impotência dela, e, a partir de lá, olha na distância, e antevê os bandos de pássaros mais potentes do que o somos nós, e ansiarão por aquilo pelo que nós anelávamos, e onde tudo é ainda mar, mar, mar! — E para onde, então, queremos nós? Queremos nós, então, para além do oceano? Para onde nos arrebata essa poderosa volúpia; o que vale para nós mais do que qualquer prazer? Por que, no entanto, justamente nessa direção, para lá, onde até agora declinaram todos os sóis da humanidade? Algum dia, talvez, narrar-se-á de nós a saga de que também nós, rumando para o leste, esperávamos alcançar as Índias, — mas que era nosso fado naufragar na eternidade? Ou, meus irmãos? Ou? —

10. A gaia ciência*

---

* *Sämtliche Werke. Kritische Studienausgabe* (KSA). G. Colli e M. Montinari (orgs.). Berlim/ Nova York/Munique: Walter de Gruyter/DTV, 1980, vol. III.

107. NOSSA ÚLTIMA GRATIDÃO PARA COM A ARTE

Se não tivéssemos bem-dito a arte e inventado essa espécie de culto do não verdadeiro, então não poderíamos suportar a intelecção da universal inverdade e mendacidade, que agora nos é dada pela ciência — o discernimento do delírio e do erro como uma condição da existência cognoscente e sensível. — A honestidade teria como acompanhantes o asco e o suicídio. Agora, porém, nossa honestidade tem uma contrapotência que nos ajuda a evitar tais consequências: a arte, como boa vontade de aparência. Não impedimos sempre aos nossos olhos o arredondar, o dar um fecho poético; e então não é mais a eterna imperfeição que arrastamos pela corrente do vir-a-ser — então achamos que carregamos uma *deusa*, e ficamos orgulhosos e infantis na execução desse serviço. Como fenômeno estético, a existência sempre ainda nos é *suportável*, e por meio da arte nos são dados olho e mão, e sobretudo boa consciência, para poder fazer de nós mesmos um tal fenômeno. Por algum tempo, temos que descansar de nós mesmos, olhando para nós mesmos, para a frente e para baixo e, a partir de uma distância artística, rindo de nós, ou chorando por nós; precisamos descobrir o *herói* e de igual modo o *tolo* que jaz em nossa paixão de conhecimento; de vez em quando, temos de nos alegrar com nossa loucura, para poder permanecer alegres com nossa sabedoria! E justamente porque, no último fundamento, somos homens graves e sérios, e mais peso do que homens, nada nos faz tanto bem como a carapuça de pícaro: precisamos dela perante nós mesmos — precisamos de toda arte soberba, flutuante, dançante, zombeteira, infantil e bem-aventurada, para não perder aquela liberdade sobre as coisas, que nosso ideal exige de nós. Para nós, seria um retrocesso recair por inteiro na moral, justamente com nossa suscetível honestidade, e, em virtude das ultrasseveras exigências nos fazemos justamente aí, tornarmo-nos, nós mesmos, ainda virtuosos prodígios e espantalhos. Devemos *poder* nos manter também *acima* da moral: e não somente ficar de pé, angustiadamente hirtos como quem a cada instante teme escorregar e cair, mas também pairar e brincar acima dela! Para tanto, como poderíamos prescindir da arte e do tolo? E vós, enquanto de algum modo ainda tiverdes vergonha de vós mesmos, não fazeis ainda parte dos nossos!

124. NO HORIZONTE DO INFINITO

Abandonamos a terra e embarcamos no navio! Destruímos as pontes atrás de nós, — mais ainda, destruímos a terra atrás de nós! Agora, pois, barquinho! Tem cuidado! Ao teu lado jaz o oceano, é verdade que ele nem sempre brama, e por vezes se estende como sede e ouro e sonhos de bondade. Mas chegam as horas em que tu reconhecerás que ele é infinito, e que nada é mais terrível do que a infinitude. Ai do pobre pássaro, que sentiu-se livre, e agora se choca contra as paredes dessa gaiola! Ai de ti, se te assalta a nostalgia da terra, como se lá tivesse havido mais liberdade, — e não há mais "terra" nenhuma!

125. O HOMEM LOUCO

Não ouvistes contar daquele homem louco, que em claro meio-dia acendeu uma lanterna, correu para o mercado e incessantemente gritava: "Eu procuro Deus! Eu procuro Deus!" — Dado que lá estavam reunidos, porém, muitos daqueles que não acreditavam em Deus, agitou-se uma grande gargalhada. Então, perdeu-se ele? — dizia um. Ele se atrapalhou ao caminhar, como uma criança? — dizia o outro. Ou mantém-se escondido? Tem ele medo de nós? Embarcou ele num navio? Emigrou? — assim gritavam e riam eles, em confusão. O homem logo saltou para o meio deles, e transpassou-os com seu olhar. "Para onde foi Deus?", gritou ele, "eu quero dizê-lo a vós! Nós o matamos, — vós e eu! Nós todos somos seus assassinos! Mas como fizemos isso? Como conseguimos tragar inteiramente o mar? Quem nos deu a esponja para apagar o horizonte inteiro? O que fizemos nós, quando desprendemos a Terra de seu sol? Para onde ela se move agora? Para onde nos movemos nós? Longe de todos os sóis? Não nos precipitamos continuamente? E para trás, para o lado, para a frente, para todos os lados? Existe ainda um acima e um abaixo? Não erramos nós por um nada infinito? Não nos bafeja o espaço vazio? Não se tornou mais frio? Não se prolonga sempre mais a noite, e mais noite? As lanternas não têm de ser acesas ao meio-dia? Nada ouvimos do barulho dos coveiros, que sepultam Deus? Não sentimos o cheiro da decomposição divina? — também deuses se decompõem! Deus está morto? Deus permanece morto! E nós o matamos! Como nos consolamos nós, os assassinos de todos os assassinos? O mais santo e poderoso que o mundo possuía até agora sangrou sob nossos punhais, — quem lava de nós esse sangue? Com que água poderíamos nos purificar? Com que ritos expiatórios, que jogos divinos teremos de inventar? A grandeza desse feito, não é demasiado grande para nós? Não teríamos de nos tornar, nós mesmos, deuses, para somente parecer dignos desse feito? Nunca houve um feito maior, — e sempre aquele que tiver nascido depois de nós pertence, em virtude desse feito, a uma história superior ao que foi toda história até agora!" — Aqui calou-se o homem louco e olhou de novo seus ouvintes: também eles silenciavam e olhavam com estranhamento para ele. Por fim, arrojou ele a lanterna ao solo, de modo que ela partiu-se em pedaços e se apagou. "Eu venho cedo demais", disse ele então, "eu ainda não estou no tempo certo. Esse acontecimento formidável ainda está a caminho e caminha, — ele ainda não alcançou os ouvidos dos homens. Raio e trovão precisam de tempo, a luz dos astros precisa de tempo, feitos precisam de tempo, mesmo depois de realizados, para ser vistos e ouvidos. Esse feito está ainda mais longe deles do que os astros mais distantes, — e todavia, eles o realizaram!" — Conta-se ainda que o homem louco teria ingressado, no mesmo dia, em diversas igrejas e nelas teria entoado o seu *Requiem aeternam deo*. Conduzido para fora, e instado a falar, ele teria sempre respondido só isso: "O que são ainda, então, essas igrejas, senão as tumbas e mausoléus de Deus?" —

341. O MAIOR DOS PESOS

Como seria se um dia, ou uma noite, um demônio se arrastasse até a tua mais isolada solidão e te dissesse: "Esta vida, como a vives agora e a viveste, tu terás de vivê-la uma vez ainda, e inumeráveis vezes ainda: e nada de novo haverá nela, porém cada dor e cada prazer, e cada pensamento e suspiro, e tudo de indizivelmente pequeno e grande de tua vida tem de retornar para ti, e tudo na mesma série e sequência — e assim também essa aranha e essa luz da lua entre as árvores, e assim também esse instante e eu mesmo. A eterna ampulheta da existência será sempre revirada de novo — e tu com ela, grãozinho de poeira!" — Não te prostrarias, e rangerias os dentes, e amaldiçoarias o demônio, que assim falou? Ou tu já vivenciaste uma vez um instante prodigioso, no qual lhe responderias: "Tu és um Deus, e jamais ouvi algo mais divino!" Se aquele pensamento alcançasse poder sobre ti, tal como tu és, ele te transformaria e te esmagaria, talvez; essa pergunta, em face da totalidade e de cada coisa: "Queres isso ainda uma vez e ainda inúmeras vezes?" estaria posta como o maior dos pesos sobre o teu agir! Ou como terias de te tornar bom para contigo mesmo e para com a vida, para nada mais exigir do que essa derradeira, eterna confirmação e chancela?

346. NOSSO PONTO DE INTERROGAÇÃO

Mas vocês não entendem isso? De fato, a gente tem de se esforçar para nos entender. Nós buscamos palavras, talvez busquemos também ouvidos. Quem somos nós, todavia? Se quiséssemos simplesmente nos designar, com uma expressão mais antiga, sem-Deus ou incréu ou também imoralista, acreditamos que com isso não teríamos nos designado nem remotamente: nós somos todos os três, num estágio demasiado tardio, para que se compreenda, para que *vocês* pudessem compreender, meus curiosos senhores, em que estado de ânimo alguém assim se acha com isso. Não! não mais com a amargura e a paixão daquele que se desprendeu, daquele que, a partir de sua descrença, ainda tem de arranjar para si uma crença, uma finalidade, mesmo um martírio! Nós nos tornamos calejados no *insight*, e nele tornamo-nos frios e duros, segundo o qual nada que sucede no mundo é divino, sim, nem sequer racional, misericordioso e justo pelos padrões humanos: sabemos que o mundo que vivemos é indivino, imoral, "inumano" [*"unmenschlich"*] — por demasiado tempo, nós o interpretamos falsa e mentirosamente, mas conforme o desejo e a vontade de nossa veneração, quer dizer, de acordo com uma *necessidade*. Pois o homem é um animal venerador! Mas também um animal desconfiado: e que o mundo *não* valha o que acreditávamos é aproximadamente o mais seguro de que a nossa desconfiança enfim se apropriou. Quanto mais desconfiança, tanto mais filosofia. Nós bem que nos guardamos de dizer que o mundo é de valor *menor*: hoje nos parece mesmo algo que faz rir, se o homem queira pretender inventar valores que deveriam *exceder* o valor do mundo efetivo — pois precisamente disso acabamos de regressar, como de um extravagante delírio da vaidade e da desrazão humanas, que por muito tempo não foi reconhecido como tal. Ele teve sua última expressão no pessimismo moderno, e uma mais antiga e mais forte na doutrina do Buda: mas também o Cristianismo o contém, de modo mais duvidoso e ambíguo, decerto, mas nem por isso menos sedutor. Toda a atitude "homem *contra* mundo", o homem como princípio "negador do mundo", homem como medida de valor das coisas, como juiz-do-mundo, que afinal põe a existência mesma em sua balança e que a considera demasiado leve — a prodigiosa falta de gosto desta atitude nos veio como tal à consciência, e nos repugna —, já rimos, ao encontrar "homem *e* mundo" colocados um ao lado do outro, separados tão-só pela sublime presunção da palavrinha "e"! Como, porém? Não temos, precisamente com isso, enquanto aqueles que riem, dado um passo adiante no desprezo pelo homem? E portanto também no pessimismo, no desprezo pela existência cognoscível para *nós?* Não caímos, exatamente com isso, na suspeita de uma oposição, uma oposição entre o mundo no qual até hoje estávamos em casa com nossas venerações — em virtude das quais, talvez, *suportávamos* viver — e um outro mundo que *somos nós mesmos*: numa inexorável, fundamental, profundíssima suspeita sobre nós mesmos, que nos toma cada vez mais e de forma cada vez pior, a nós, europeus, e facilmente poderia colocar as gerações vindouras ante essa terrível alternativa: "Ou suprimir suas venerações ou — *a si mesmos?*" Esta última seria o niilismo; mas aquela não seria também — niilismo? Este é o *nosso* ponto de interrogação.

347. OS CRENTES E SUA NECESSIDADE DE CRENÇA

Quanto de *fé* alguém necessita para crescer, o quanto de "firme", que não quer ver sacudido, pois nele se *mantém* — este é um medidor do grau de medida de sua força (ou, dito mais claramente, de sua fraqueza). Tal como me parece, a maioria das pessoas, na velha Europa de hoje, ainda tem necessidade do Cristianismo: razão pela qual também ele ainda sempre encontra crença. Pois assim é o homem: um artigo de fé poderia lhe ser refutado de mil maneiras — suposto que carecesse dele, sempre voltaria a tomá-lo por "verdadeiro" —, em conformidade com a célebre "prova de força" de que fala a Bíblia. Alguns ainda carecem de metafísica; mas também a impetuosa *exigência de certeza* que hoje se descarrega em larga medida de modo científico-positivista, a exigência de *querer* ter algo firme (enquanto, no calor desta exigência, toma-se a fundamentação da certeza de modo mais leviano e permissivo): também isso é ainda a exigência de apoio, de suporte, em suma, o *instinto de fraqueza* que, é verdade, não cria religiões, metafísicas, convicções de toda espécie — mas as conserva. De fato, de todos esses sistemas positivistas desprendem-se os vapores de um certo ensombrecimento pessimista, algo de cansaço, fatalismo, frustração, temor de nova frustração — ou porém mostram raiva mantida, mau humor, anarquismo indignado, e o que mais há de sintomas ou máscaras do sentimento de fraqueza. Mesmo a veemência com que nossos mais inteligentes contemporâneos se perdem em míseros cantos e apertos, na patriotice por exemplo (é assim que denomino o que na França é chamado de *chauvinisme* e na Alemanha, "alemão"), ou em estreitas profissões de fé estética, a modo do naturalismo parisiense (que da natureza traz à frente e desnuda somente a parte que produz ao mesmo tempo náusea e espanto — hoje gostam de chamar esta parte *la verité vrai* —), ou no niilismo segundo o modelo de São Petersburgo (quer dizer, na *crença na descrença*, até chegar ao martírio por isso), sempre mostra, primeiramente, a *carência* de fé, de apoio, espinha dorsal, amparo [...] A fé sempre é mais desejada, mais urgentemente necessitada lá, onde falta a vontade: pois a vontade é, como afeto de comando, a decisiva insígnia do autodomínio e da força. Quer dizer, quanto menos alguém sabe comandar, tanto mais urgentemente deseja alguém que comande, que comande severamente — um deus, um príncipe, um estamento, um médico, um confessor, um dogma, uma consciência moral de partido. De onde se concluiria, talvez, que as duas religiões mundiais, o Budismo e o Cristianismo, poderiam ter tido o fundamento de sua proveniência, principalmente de sua súbita propagação, num enorme *adoecimento da vontade*. E assim foi na verdade: ambas as religiões encontraram a exigência de um "tu deves", alçada até o absurdo pelo adoecimento da vontade e indo até o desespero; ambas foram mestras do fanatismo em tempos de afrouxamento da vontade, e com isso proporcionaram a muitos um apoio, uma nova possibilidade de querer, um deleite no querer. Pois o fanatismo é, com efeito, a única "fortaleza de vontade" que também os fracos e inseguros podem ser levados a ter, como uma espécie de hipnotização de todo o sistema sensório-intelectual, em prol da sobreabundante nutrição (hipertrofia) de um único ponto de vista e sentimento, que passa a predominar — o cristão o denomina sua *fé*. Quando um ser humano chega à convicção fundamental de que *tem* de ser comandado, ele torna-se "crente"; inversamente, seria pensável um prazer e força na autodeterminação, uma *liberdade* da vontade, na qual um espírito se despede de toda crença, todo desejo de certeza, treinado que é em se equilibrar sobre tênues cordas e possibilidades e em dançar até mesmo à beira de abismos. Um tal espírito seria o *espírito livre* por excelência.

§ 370. O QUE É ROMANTISMO?

A gente se lembra talvez, pelo menos entre meus amigos, que no começo me lancei sobre esse mundo moderno com alguns grossos erros e supervalorizações, e em todo caso como *esperançoso*. Eu compreendi — quem sabe em face de que experiências pessoais? — o pessimismo filosófico do século XIX como se fosse sintoma de uma mais elevada força de pensamento, de mais ousada coragem, de mais vitoriosa *plenitude* de vida, do que a que fora própria do século XVIII, a era de Hume, Kant, Condillac e os sensualistas: de modo tal que o conhecimento trágico pareceu-me como o *luxo* próprio de nossa cultura, sua mais preciosa, mais nobre, mais perigosa espécie de esbanjamento, mais ainda assim como seu luxo *permitido*, em razão de sua opulência. Do mesmo modo, interpretei acomodaticiamente a música alemã como expressão de uma potência dionisíaca da alma alemã: nela acreditei ouvir o terremoto com que uma força originária, desde há muito represada, finalmente se desafoga — indiferente a que comece a estremecer tudo o mais que chamamos de cultura. Vê-se que mal entendi então, tanto no pessimismo filosófico como na música alemã, o que constitui seu caráter próprio — o seu *romantismo*. O que é romantismo? Toda arte, toda filosofia pode ser vista como remédio e meio de ajuda a serviço da vida que cresce e que luta: elas pressupõem sempre sofrimento e sofredores. Mas existem dois tipos de sofredores, uma vez aqueles que sofrem de *abundância de vida*, que querem uma arte dionisíaca e também uma visão e compreensão trágica da vida — e depois os que sofrem de *empobrecimento de vida*, que buscam repouso, silêncio, mar liso, redenção de si mediante a arte e o conhecimento, ou então a embriaguez, o entorpecimento, a convulsão, a loucura. À dupla carência desses últimos corresponde todo o romantismo nas artes e conhecimentos, a eles corresponderam (correspondem) tanto Schopenhauer como Richard Wagner, para mencionar os dois mais célebres e expressivos românticos que foram então *mal entendidos* por mim — de resto, *não* em prejuízo deles, como pode me ser concedido com toda equidade. O mais rico em plenitude de vida, o deus e homem dionisíaco, pode permitir-se não só a visão do terrível e questionável, mas até mesmo o feito terrível e todo luxo de destruição, decomposição, negação; nele o mau, o sem sentido e o feio parecem como que permitidos, em virtude de um excedente de forças geradoras, frutificadoras, que é capaz de transformar todo deserto em exuberante pomar. Inversamente, o mais sofredor, o paupérrimo em vida careceria ao máximo de brandura, paz e bondade, no pensar e no agir; se possível, de um deus que seria propriamente um deus para doentes, um "salvador"; assim como igualmente da lógica, da compreensibilidade conceitual da existência — pois a lógica tranquiliza, dá confiança —, em suma, de uma certa estreiteza calorosa, que afasta o medo, e um encerrar-se em horizontes otimistas. De forma que aprendi gradualmente a entender Epicuro, o oposto de um pessimista dionisíaco, assim como o "cristão", que de fato é somente uma espécie de epicurista e, como este, essencialmente um romântico — o meu olhar tornou-se cada vez mais agudo para aquela dificílima e insidiosíssima forma de *inferência regressiva*, na qual é cometida a maioria dos erros — a inferência que vai da obra ao autor, do ato ao agente, do ideal àquele que dele *carece*, de todo modo de pensar e valorar à *carência* que por trás dele comanda. Em vista de todos os valores estéticos, sirvo-me agora desta diferenciação principal: pergunto, em cada caso singular, "foi a fome ou a abundância que aqui se fez criadora"? De início, uma outra diferenciação parece recomendar-se mais — ela salta, de longe, bem mais à vista —, a saber, atentar se a causa da criação é o anseio de fixar, de eternizar, de *ser*, ou o anseio de *destruição*, de mudança, do novo, de futuro, de *vir-a-ser*. Mas os dois tipos de anseio, considerados mais profundamente, ainda se revelam ambíguos, a saber, interpretáveis conforme o esquema anterior, que me parece justificadamente preferível. O anseio por *destruição*, mudança, devir, pode ser expressão da energia abundante, grávida de futuro (meu *terminus* para isto é, como se sabe, a palavra "*dionisíaco*"), mas também pode ser o ódio do malogrado, do carente, do malsucedido, que destrói, *tem de* destruir, porque o subsistente, mesmo todo subsistir, todo o ser, o revolta e o irrita — para compreender esse afeto, olhem-se de perto os nossos anarquistas. A vontade de *eternizar* requer igualmente uma interpretação dupla: ela pode vir da gratidão e do amor: — uma arte com esta origem será sempre uma arte da apoteose, ditirâmbica talvez, com Rubens; venturosamente zombeteira com Hafiz, clara e bondosa, com Goethe, espalhando uma homérica aparência de luz e glória sobre todas as coisas. Mas ela pode ser também a tirânica vontade de um grave sofredor, de um lutador, um torturado, que gostaria de imprimir ao que há de mais pessoal, singular e estreito, à autêntica idiossincrasia do seu sofrer, o selo da obrigatória lei e coação, e como que se vinga de todas as coisas, ao imprimir, impor, gravar a fogo nelas a *sua* imagem, a imagem de *sua* tortura. Este último é o *pessimismo romântico* em sua forma mais expressiva, seja como filosofia da vontade schopenhaueriana, seja como música wagneriana: — o pessimismo romântico, o último *grande* acontecimento no destino de nossa cultura. (Que ainda *possa* haver um pessimismo bastante diferente, clássico — esta suspeita e visão pertence a mim, como inseparavelmente minha, meu *proprium et ipssissimum*: só que meus ouvidos resistem à palavra "*clássico*", ela tornou-se gasta demais, demasiado redonda e irreconhecível. Eu o chamo aquele pessimismo do futuro — pois ele vem! Eu o vejo vir! — o pessimismo *dionisíaco*.)

11. Assim falou Zaratustra*

---
* *Sämtliche Werke. Kritische Studienausgabe* (KSA). G. Colli e M. Montinari (orgs.). Berlim/Nova York/Munique: Walter de Gruyter/DTV, 1980, vol. IV.

I. OS DISCURSOS DE ZARATUSTRA

Dos desprezadores do corpo

Aos desprezadores do corpo, quero dizer minha palavra. Para mim, eles não devem modificar seu aprendizado e modificar sua doutrina, mas apenas dizer adeus ao próprio corpo — e, portanto, calar-se.

"Eu sou corpo e alma" — assim fala a criança. E por que não se deveria falar como falam as crianças?

Mas aquele que está desperto, aquele que sabe, diz: eu sou total e unicamente corpo, e nada além disso; e a alma é apenas uma palavra para algo no corpo.

O corpo é uma grande razão, uma multiplicidade com um único sentido, uma guerra e uma paz, um rebanho e um pastor. Instrumento de teu corpo é também tua pequena razão, meu irmão, que tu denominas "espírito", uma pequena ferramenta e brinquedo de tua grande razão.

"Eu", dizes tu, e estás orgulhoso dessa palavra. Mas aquilo que é maior, em que não queres crer, — teu corpo e sua grande razão: isso não diz Eu, mas faz Eu.

O que pensa o sentido, o que o espírito conhece, isso nunca tem em si mesmo seu fim. Mas sentido e espírito gostariam de te convencer de que eles são o fim de todas as coisas: tão vaidosos são eles.

Ferramentas e brinquedos são sentido e espírito: por detrás deles jaz ainda o Si-Próprio. O Si-Próprio busca com os olhos dos sentidos, ele escuta também com os ouvidos do espírito.

O Si-Próprio sempre escuta e procura: ele compara, constrange, conquista, destrói. Ele domina, e é também dominador do Eu.

Por detrás de teus pensamentos e sentimentos, meu irmão, perfila-se um poderoso comandante, um sábio desconhecido — ele se chama Si-Próprio. Em teu corpo habita ele, ele é o teu corpo.

Há mais razão em teu corpo do que em tua melhor sabedoria. E quem sabe, pois, para que teu corpo tem necessidade justamente de tua melhor sabedoria?

Teu Si-Próprio ri de teu Eu e de suas orgulhosas cabriolas. "O que são para mim esses saltos e voos do pensamento? Diz ele para si. Um desvio para minhas finalidades. Eu sou as andadeiras do Eu e aquele que nele insufla seus conceitos."

O Si-Próprio diz ao Eu: "Sente dor aqui!" E ali sente ele dor, e cogita em como não mais sofrer — e para isso justamente ele deve pensar.

O Si-Próprio diz ao Eu: "Sente prazer aqui!" Ali ele se alegra, e cogita em como ainda alegrar-se — e justamente para isso deve ele pensar.

Quero dizer uma palavra aos desprezadores do corpo. Que vós desprezais, isso constitui vosso prezar. O que é que criou o prezar e o desprezar, e valor e vontade?

O Si-Próprio criador criou para si o prezar e o desprezar, ele criou para si o prazer e a dor. O corpo criador criou para si o espírito como mão de sua vontade.

Ainda em vossa loucura e em vosso desprezo, vós, desprezadores do corpo, vós servis a vosso Si-Próprio. Eu vos digo: vosso Si-Próprio mesmo quer morrer, e volta as costas para a vida.

Ele não consegue mais aquilo que ele quer com mais amor: criar além de si mesmo. Isso ele o quer com mais amor: esse é todo seu anelo.

Mas, para ele, é tarde demais para tanto: — assim, o vosso Si-Próprio quer perecer, oh desprezadores do corpo.

O seu Si-Próprio quer perecer, e por isso vocês se tornaram desprezadores do corpo! Pois vós não conseguis mais criar para além de vós mesmos.

E por isso vós ireis contra a vida e contra a terra. Há uma inveja inconsciente no olhar de soslaio de vosso desprezo.

Não sigo por vosso caminho, desprezadores do corpo! Vós não sois pontes para o Além-do-Homem! —
Assim falou Zaratustra.

II. ASSIM FALOU ZARATUSTRA

Da redenção

Um dia em que Zaratustra atravessava a grande ponte, rodearam-no os estropiados e os mendigos, e um corcunda falou-lhe assim:
"Olha, Zaratustra! Também o povo aprende de ti, e adquire fé em tua doutrina: mas para que creiam inteiramente em ti, para tanto precisas ainda de uma coisa — primeiro tens ainda que convencer-nos a nós, os corcundas! Tens aqui, então, uma formosa coleção e, verdadeiramente, uma oportunidade que se pode agarrar por mais de um cabelo! Podes curar cegos, e fazer andar paralíticos; e àquele que carrega demasiado sobre as costas, bem poderias também aliviá-lo um pouco: — isso, penso eu, seria a maneira correta de fazer os corcundas crerem em Zaratustra!"
Zaratustra, porém, assim replicou àquele que falara: "Se a um corcunda se lhe retira a corcova, toma-se-lhe o espírito — assim ensina o povo. E se ao cego dão-se-lhe olhos, verá demasiadas coisas más sobre a Terra: de tal modo que ele amaldiçoará aquele que o curou. Aquele, porém, que faz andar o paralítico, faz a este o maior dos danos: pois apenas possa correr, seus vícios o arrastam consigo — assim ensina o povo sobre corcundas. E por que não deveria Zaratustra também aprender com o povo, se o povo aprende com Zaratustra?
Desde que estou entre os homens, para mim o que há de menos é ver: 'A esse falta um olho, àquele uma orelha, ao terceiro a perna, e há outros que perderam a língua, ou o nariz, ou a cabeça.'
Vejo e tenho visto coisas piores, e algumas há tão horríveis que não gostaria de falar de todas, e de outras não sequer desejaria calar: a saber, homens aos quais lhes falta tudo, exceto uma coisa que têm em demasia — homens que não são mais do que um grande olho, ou um

grande focinho, ou um grande estômago, ou alguma outra coisa grande — estropiados pelo avesso, eu os denomino.

E quando eu regressava de minha solidão, e pela primeira vez atravessei essa ponte, nessa ocasião não confiei em meus olhos, olhava, e olhava outra vez, e disse finalmente: 'Isso é uma orelha! Uma só orelha, tão grande como um homem!' Olhei melhor, e, efetivamente, debaixo da orelha movia-se então algo que era pequeno, mísero e débil até o ponto de causar pena. E, verdadeiramente, a monstruosa orelha assentava-se sobre uma pequena vareta delgada — e a vareta era um homem! Quem olhasse com uma lente, podia reconhecer ainda um pequeno rostinho invejoso; e também que na vareta se balançava uma almazinha inchada. E o povo me dizia que a grande orelha era não apenas um homem, mas um grande homem, um gênio. Mas jamais acreditei no povo quando este falou de grandes homens — e mantive minha crença de que era um estropiado pelo avesso, que tinha muito pouco de tudo, e demasiado de uma só coisa."

Quando Zaratustra tinha dito isso ao corcunda e para aqueles dos quais este era advogado e porta-voz, voltou-se profundamente aborrecido para seus discípulos e disse:

"Em verdade, meus amigos, eu caminho entre os homens como entre fragmentos e membros de homens!

Para meus olhos, o que há de mais terrível é encontrar o homem destroçado e espalhado como sobre um campo de batalha e de matança.

E que meus olhos fujam do agora para outrora — eles encontram sempre o mesmo: fragmentos e membros e espantosos acasos — mas não homens!

O agora e o outrora sobre a terra — ai!, meus amigos, são para *mim* o que há de mais insuportável; e eu não saberia viver, se não fosse ainda um vidente daquilo que tem de vir.

Um vidente, alguém que quer, um criador, ele mesmo um futuro e uma ponte para o futuro — e, aí, inclusive, como que um estropiado junto a essa ponte: tudo isso é Zaratustra.

E também vós vos tereis perguntado com frequência: 'quem é, para nós, Zaratustra? Como devemos chamá-lo?' E, assim como eu, tende-vos dado perguntas como respostas.

É ele alguém que promete, ou alguém que cumpre? Um conquistador? Ou um herdeiro? Um outono? Ou um arado? Um médico? Ou um convalescente?

É ele um poeta? Ou um homem veraz? Um libertador? Ou um domador? Um bom? Ou um malvado?[1]

Caminho entre os homens como entre fragmentos do futuro: daquele futuro que eu contemplo.

E todo meu poetar [*dichten*] e cismar [*trachten*] é que eu reúna e mantenha junto o que é fragmento e enigma e espantoso acaso.[2]

E como suportaria eu ser homem, se o homem não fosse também um poeta, um solucionador de enigmas, e um redentor do acaso?

Redimir o que passou e recriar todo 'foi' num 'assim eu o quis!' — só isso seria para mim redenção.

Vontade — assim se chama o libertador e o portador da alegria: assim eu vos ensinei, meus amigos? E agora aprendei também isso: a própria vontade ainda é um prisioneiro.

O querer liberta: mas como se chama o que ainda mantém em cadeias também o libertador?

'Foi': assim se chama o ranger de dentes e a mais solitária tribulação da vontade. Impotente contra aquilo que está feito, a vontade é, com relação a tudo o que passou, um espectador malvado.

A vontade não pode querer para trás: que ela não possa quebrar o tempo e a voracidade [*Begierde*] do tempo —, essa é a mais solitária tribulação da vontade.

O querer liberta: do que cogita o próprio querer para ser libertado de sua tribulação e zombar de seu carrasco?

Ah, um néscio se torna todo prisioneiro? Nesciamente redime-se também a vontade cativa.

Que o tempo não escoa para trás, essa é sua raiva secreta: 'aquilo que foi' — assim se chama a pedra, que ela não pode rolar.

E assim ela rola pedras por raiva e indisposição, e vinga-se em tudo que, como ela, não sente raiva e indisposição.

Assim, a vontade, o libertador, tornou-se alguém que causa dor: e em tudo o que podes sofrer, ele tira vingança, de que ele não pode querer para trás.

Isso, sim, só isso é a própria *vingança*: a aversão da vontade contra o tempo e o seu 'foi'.

Verdadeiramente, uma grande estupidez habita em nossa vontade; e que a estupidez tenha aprendido a ter espírito, tornou-se maldição para todo humano!

O espírito da vingança: meus amigos, isso foi até agora, entre os homens, aquilo sobre o que melhor se refletiu; e onde havia sofrimento, aí devia sempre haver castigo.

'Castigo', assim se chama a si mesma, com efeito, a vingança: com uma palavra mentirosa, ela finge hipocritamente para si uma boa consciência.

E porque naquele que quer, há nele próprio também sofrimento, uma vez que ele não pode querer para trás, — assim o próprio querer e toda vida deviam ser castigo!

E então rolaram nuvens e nuvens sobre o espírito: até que finalmente a demência pregasse: 'tudo passa, por isso tudo é digno de perecer!'[3]

'E isso é a própria justiça, aquela lei do tempo, que ele tem de devorar seus próprios filhos': assim pregou a demência.

'As coisas são ordenadas eticamente segundo direito e castigo: Oh! Onde está a redenção do rio das coisas e da 'Existência-Castigo'?' Assim pregou a demência.

'Pode haver redenção, quando existe um direito eterno? Ah! Irremovível é a pedra 'foi': eternos têm de ser também todos os castigos!' Assim pregou a demência.

'Nenhuma ação pode ser aniquilada: como poderia ela ser anulada por meio do castigo? O que há de eterno na 'Existência-Castigo' é isso: que a existência também tenha eternamente de ser de novo ação e culpa!

'A não ser que a vontade finalmente se redimisse a si própria e o querer se convertesse em não querer' —: mas vós conheceis, meus irmãos, essa canção de fábula da demência!

Eu vos apartei de todas essas canções de fábula, quando vos ensinei: 'A vontade é um criador.'

Todo 'foi' é um fragmento, um enigma, um espantoso acaso — até que a vontade criadora acrescente: 'mas assim eu o quis!'

— Até que a vontade criadora acrescente: 'Mas assim eu o quero! Assim hei de querê-lo!'

Mas alguma vez já falou ela assim? E quando isso aconteceu? A vontade já se desatrelou de sua própria demência?

A vontade já se converteu para si mesma em redentor e portador de alegria? Ela já desaprendeu o espírito da vingança e todo ranger de dentes?

E quem a ensinou a reconciliação com o tempo, e algo ainda mais elevado que toda conciliação?

A vontade, que é vontade de poder, tem de querer algo mais elevado que toda conciliação, — todavia, como lhe ocorre isso? Quem ensina a ela inclusive ainda o querer para trás?"

— Porém, nesse ponto de seu discurso, aconteceu que Zaratustra subitamente se deteve, e assemelhava-se de todo com alguém que estivesse aterrorizado até o extremo. Com olhos apavorados, ele olhou seus discípulos; seus olhos perfuravam como com flechas seus pensamentos e os bastidores desses pensamentos. Mas, pouco tempo depois, voltou já a rir novamente, e disse apaziguadamente:

"É difícil viver com os homens, porque calar-se é muito difícil. Em particular para um tagarela." —

Assim falou Zaratustra. Mas o corcunda tinha ouvido a conversação, e tinha coberto seu rosto ao fazê-lo; quando, porém, ele ouviu rir Zaratustra, elevou os olhos com curiosidade e disse lentamente:

"Mas por que Zaratustra nos fala de maneira distinta do que a seus discípulos?"

Zaratustra respondeu: "O que há nisso para admirar-se? Com corcundas, pode-se já falar corcundês!"

"Bom", disse o corcunda, "e com alunos pode-se já tagarelar em linguagem de escola."

Mas por que Zaratustra fala a seus alunos — de maneira diferente do que a si mesmo? —

III. ASSIM FALOU ZARATUSTRA

Da visão e do enigma

1.

Quando se espalhou entre os marinheiros que Zaratustra se encontrava no barco, — pois juntamente com ele embarcou um homem que vinha das Ilhas Bem-Aventuradas — surgiu então uma grande curiosidade e expectativa. Mas Zaratustra calou-se por dois dias, e esteve frio e surdo de tristeza, de modo que respondia nem a olhares nem a perguntas. Porém na tarde do segundo dia, ele abriu de novo seus ouvidos, ainda que se mantivesse calado, pois havia muita coisa singular e perigosa para escutar naquele navio, que vinha de muito longe, e queria ainda ir para muito longe. Zaratustra, porém, era um amigo daqueles que fazem longas viagens e gostam de viver sem perigo. E, vede! Finalmente, ao ouvir, desprendeu-se-lhe a própria língua, e quebrou-se o gelo de seu coração: — aí, então, começou ele a falar:

A vós, intrépidos buscadores e tentadores, e quem alguma vez tenha embarcado com astuciosas velas por terríveis oceanos, — a vós, ébrios de enigmas, que se alegram na luz dúbia, cuja alma é atraída com flautas para todo abismo de extravagância: pois vós não quereis seguir tateando um fio com mãos timoratas e, lá onde podeis adivinhar, aí vós detestais inferir — somente para vós eu narro o enigma que eu vi — o enigma do mais solitário. —

Recentemente, caminhava eu sombrio pela luz cadavérica do crepúsculo — sombrio e duro — com lábios cerrados. Não somente um sol tinha se posto para mim.

Uma picada que se elevava relutantemente por despenhadeiros, maligna, solitária, à qual não pertencia mais nem erva nem arbusto: uma picada de montanha rangia sob a obstinação de meu pé.

Mudo, abrindo passo sobre o ranger escarnecedor dos seixos, esmagando as pedras, que o faziam escorregar: assim meu pé se forçava a subir.

Para cima: — apesar do espírito que me puxava para baixo, que me puxava para o abismo, o espírito de gravidade, meu demônio e inimigo figadal.

Para cima: — apesar de que ele se assentasse sobre mim, meio anão meio marmota; aleijão; tolhendo o movimento; destilando chumbo em meu ouvido, plúmbeas gotas de pensamento em meu cérebro.

"Oh, Zaratustra, grunhia ele escarnecedoramente, sílaba por sílaba, tu pedra da sabedoria! Tu te lançaste para o alto, mas toda pedra lançada tem de — cair!

Oh, Zaratustra, tu pedra da sabedoria, tu pedra de atiradeira! Destruidor de astros! Tu te lançaste muito alto, — mas toda pedra lançada — tem de cair!

Condenado a ti mesmo e à tua própria lapidação: oh Zaratustra, longe lançaste tua pedra, — mas sobre ti ela cairá!"

Em seguida, calou-se o anão e isso durou muito. Seu silêncio, porém, pesava sobre mim; e estar a dois, desse modo, é estar verdadeiramente mais solitário do que estar sozinho!

Eu subia, e subia, eu sonhava, eu pensava, — mas tudo me pressionava. Eu era semelhante a um doente, ao qual torna cansado seu martírio ruim, e a quem de novo desperta do sono um sonho ruim. —

Mas existe algo em mim, que eu chamo coragem: até agora, isso golpeou de morte, para mim, todo desencorajamento. Essa coragem me fez, finalmente, deter-me e exclamar "Anão! Tu! Ou eu!" —

A coragem, com efeito, é o melhor matador, — coragem que ataca: pois em todo ataque há rufar de tambores.

O homem, porém, é o animal mais corajoso: com isso, ele superou todo animal. Com rufar de tambores, ele superou ainda toda dor, a dor do homem, porém, é a dor mais profunda.

A coragem golpeia de morte também a tontura à beira dos abismos: e onde o homem não esteve à beira de abismos! Olhar, não é, isso mesmo, — olhar abismos!

Coragem é o melhor matador: ela golpeia de morte também a compaixão. A compaixão é, porém, o mais profundo abismo: tão fundo quanto o homem enxerga na vida, tão fundo ele enxerga também no sofrimento.

Coragem, porém, é o melhor matador, coragem que ataca: ela golpeia de morte também a morte, pois ela exclama: "Era isso a vida? Pois bem! Uma vez mais!"

Em tal sentença há, porém, muito rufar de tambores. Quem tem ouvidos, que ouça. —

2.

"Alto lá, anão!" Exclamei eu. "Tu ou Eu! Eu, porém, sou o mais forte de nós dois — tu não conheces meu pensamento abissal! Este — tu não o poderias suportar!" —

Aconteceu então aquilo que me tornou mais leve: pois o anão, o curioso, saltou dos meus ombros! E acocorou-se na minha frente, sobre uma pedra. Mas justamente ali, onde tínhamos parado, havia um portal.

"Vê esse portal, anão!" Falei em continuação: ele tem duas faces. Dois caminhos se encontram aqui: ninguém ainda os percorreu até o fim.

Essa longa ruela para trás: ela dura uma eternidade! E aquela longa ruela à frente — esta é outra eternidade.

Eles se contradizem, esses caminhos; eles se chocam diretamente cabeça contra cabeça: — é nesse portal que eles se encontram. O nome desse portal está escrito acima: 'Instante'.

Mas quem seguisse adiante por um deles — e sempre para diante, e sempre mais longe: acreditas, anão, que esses caminhos se contradizem eternamente?" —

"Tudo o que é reto mente", murmurou desdenhosamente o anão. "Toda verdade é curva, o próprio tempo é um círculo."

"Tu, espírito de gravidade!", falei eu irado. "Não torne as coisas demasiado fáceis para ti! Ou eu te deixo acocorado, onde tu te acocoras, aleijado, — e eu te carreguei para cima!

"Vê esse instante," prossegui eu! "Desse portal-instante corre uma longa, eterna ruela para trás: atrás de nós jaz uma eternidade.

De todas as coisas, aquilo que pode andar, já não tem de ter uma vez percorrido essa ruela? Aquilo que pode ocorrer, entre todas as coisas, já não tem de ter ocorrido uma vez, ter sido feito, ter passado adiante?

E se tudo já adveio: o que consideras tu, anão, a respeito desse instante? Este portal, já não tem ele também — de ter sido?

E não estão as coisas em tal medida encadeadas, que esse instante arrasta atrás de si todas as coisas vindouras? Portanto — ainda a si mesmo?

Pois, entre todas as coisas, o que pode andar: também nessa longa ruela adiante — isso tem de andar ainda uma vez! —

E essa lenta aranha, que rasteja ao luar, e esse luar mesmo, e eu e tu no portal, sussurrando, sussurrando sobre coisas eternas — nós todos já não temos de ter sido? — e tornar a vir e caminhar naquela outra ruela à frente, diante de nós, nessa longa terrível ruela — não temos nós de retornar eternamente?" —

Assim falei eu, e sempre mais baixo: pois eu tinha medo de meus próprios pensamentos e do que estava por detrás de meus pensamentos.

Aí, subitamente, ouvi um cão uivar.

Terei alguma vez ouvido um cão uivar assim? Meu pensamento correu para trás. Sim! Quando eu era criança, na mais remota infância:

— então eu ouvi um cão ladrar uivar. E o vi também, eriçado, com a cabeça para cima, tremendo, na mais silenciosa meia-noite, quando também os cães acreditam em fantasmas:

— de tal modo que eu me compadeci. Justamente então passava a lua cheia, mortalmente silenciosa, sobre a casa, justamente ela se deteve, uma brasa redonda, — silenciosa sobre o telhado plano, como sobre propriedade alheia: —

Com isso assustou-se o cão outrora: pois os cães acreditam em ladrões e fantasmas. E quando eu de novo ouvi uivar assim, então eu me compadeci novamente.

Para onde tinha ido agora o anão? E o portal? E a aranha? E todo sussurrar? Teria eu sonhado, então? Estava eu desperto? Subitamente, eu me encontrava entre selvagens penhascos, sozinho, deserto, no mais desertificado luar.

Mas ali jazia um homem? O cão, saltando, eriçado, uivando, — agora ele me via chegar — então ele uivou novamente, gritou: — já ouvi eu uma vez um cão gritar assim por socorro?

E, verdadeiramente, o que eu vi, jamais eu tinha visto algo do gênero. Eu vi um jovem pastor, dobrando-se, sufocando, em espasmos, com a face distorcida, pois uma pesada e negra serpente pendia de sua boca. Já vira eu tanto nojo e tão pálido horror num rosto? Tinha ele dormido? Então a serpente arrastou-se para sua garganta, e mordeu-a firmemente.

Minha mão puxou a serpente, e puxou: — debalde! Ela não arrancou a serpente da garganta. Então algo em mim gritou: "Morde! Morde! Arranca a cabeça! Morde!" — assim gritava de dentro de mim meu ódio, meu horror, meu nojo, meu compadecimento, todo o meu bom e o meu ruim gritavam, saindo de mim num único grito. —

Vós, intrépidos a meu redor! Vós buscadores, tentadores, e quem de vós, com astuciosas velas, já navegou em insondados oceanos! Vós, os que se alegrais em enigmas!

Decifrai, pois, para mim o enigma, que eu então vi, interpretai-me, pois, a visão do mais solitário!

Pois foi uma visão e uma previsão — o que vi então numa parábola? E quem é aquele que um dia ainda tem de vir?

Quem é o pastor, em cuja garganta se introduziu a serpente? Quem é o homem para cuja garganta se arrastará tudo o que há de pesado, o que há de mais pesado?

— O pastor, porém, mordeu, como o aconselhava meu grito; ele deu uma boa mordida! Ele cuspiu bem longe a cabeça da serpente — e ele se levantou. —

— Não mais como pastor, não mais homem, — um transformado, um ser cercado de luz, que ria! Ninguém alguma vez riu sobre a Terra, como ele ria!

Oh meus irmãos, eu ouvi um riso, que não era nenhum riso humano, — e agora consome-me uma sede, uma nostalgia que jamais se sacia.

Minha nostalgia desse riso me consome: oh, como suporto ainda viver! E como suportaria eu morrer agora! —

Assim falou Zaratustra.

IV. ASSIM FALOU ZARATUSTRA

A sombra

Mal, porém, afastara-se o mendigo voluntário, e Zaratustra encontrava-se novamente sozinho, ouviu ele atrás de si uma nova voz, que chamava: "Para, Zaratustra! Espera! Sim, sou eu, oh Zaratustra, eu sou tua sombra!" Mas Zaratustra não esperou, pois um súbito molestar-se tomou conta dele, por causa de muita intromissão e ocorrência a suas montanhas. "Para onde foi minha solidão?", falou ele.

"Em verdade, isso se torna demasiado para mim; essas montanhas formigam, meu reino não é mais desse mundo, eu preciso de novas montanhas.

Minha sombra me chama? O que me importa minha sombra! Possa ela seguir atrás de mim! Eu — eu fujo dela."

Assim falou Zaratustra com seu coração e foi-se dali. Mas aquela que estava atrás dele, seguiu-o: de tal modo que, logo após, havia três viandantes um atrás do outro, a saber, na frente o mendigo, então Zaratustra e, como terceiro e atrás de todos, sua sombra. Não caminharam assim por muito tempo, então Zaratustra refletiu sobre sua sandice e, com um sacudir de ombros, arrojou de si todo mal-estar e enjoo.

"Como!" Falou ele, já não nos aconteceram, de há muito, entre nós, velhos eremitas e santos, as coisas mais engraçadas?

Verdadeiramente, minha sandice cresceu alto nas montanhas! Pois eu ouço seis velhas pernas de louco matraquear uma em seguida da outra!

Mas, homessa, pode Zaratustra temer uma sombra?

Parece-me também, no final das contas, que ela tem pernas mais longas do que eu."

Assim falou Zaratustra, rindo com olhos e vísceras, estacou e, rapidamente, deu uma volta sobre si — e vede, ao fazê-lo quase arrojou ao solo seu acompanhante e a sombra: tão colado ela o acompanhava junto aos calcanhares, e tão fraca também era ela. A saber, quando ele a examinou com os olhos, ela se assustou como diante de um súbito fantasma: tão tênue, magro, oco e sobrevivido se afigurava esse acompanhante.

"Quem és tu?", perguntou Zaratustra severamente. "O que fazes aqui? E em razão do que te chamas minha sombra? Tu não me agradas."

"Perdoa-me", respondeu a sombra, "que eu seja isso; e se eu não te agrado, pois bem, oh Zaratustra? Nisso eu te louvo, e ao teu bom gosto.

Um andarilho, sou eu, que já caminhou muito atrás de teus calcanhares: sempre a caminho, mas sem meta, também sem lar: de tal modo que, verdadeiramente, pouco me faltou para ser o judeu eterno, exceto que eu não sou eterno, e também não sou judeu.

Como? Tenho eu de permanecer para sempre a caminho? Revirado por todo vento, instável, impelido para a frente? Oh Terra, tu foste para mim demasiado esférica!

Já me assentei sobre toda superfície, como poeira cansada, dormi sobre espelhos e placas de janela: tudo toma de mim, nada dá, eu me torno delgada, — quase como uma sombra.

A ti, oh Zaratustra, eu voejei e me arrastei atrás de ti o mais longamente e, se já me ocultei de ti, assim fui, por certo, tua melhor sombra: onde quer que apenas te assentaste, assentei-me eu também.

Contigo, percorri os mundos mais remotos, mais frios, igual a um fantasma, que caminha voluntariamente sobre telhados de inverno e sobre neve.

Contigo, anseio por todo proibido, tudo o que é de mais ruim, de mais remoto:

E se alguma coisa em mim é virtude, então é isso: que eu não tive medo de nenhuma proibição.

Contigo destrocei o que meu coração de há muito venerava, arranquei e revirei todos as pedras de fronteira e imagens, corri atrás dos mais perigosos desejos, — verdadeiramente, já passei alguma vez adiante de todo e qualquer crime.

Contigo desaprendi a crença em palavras e valores e grandes nomes. Se o diabo se despela, não cai fora assim também o seu nome? Que, a saber, é também pele. O próprio diabo é talvez — pele.

'Nada é verdadeiro, tudo é permitido': assim eu falei comigo mesmo. Precipitei-me nas águas mais frias, de cabeça e coração. Ah, quão frequentemente nelas me quedei, nu como camarão vermelho!

Ah, para onde foi tudo o que é para mim bem, e toda vergonha, e toda fé nos bens! Ah para onde foi aquela inocência mendaz, que eu outrora possuía, a inocência dos bons e de suas nobres mentiras!

Demasiado em verdade, segui rente ao pé da verdade: então ela me surgiu diante da cabeça. Por vezes, eu julgava mentir, e vede! Lá primeiramente eu encontrei — a verdade.

Muita coisa esclareceu-se para mim: então nada mais me importa. Nada mais vive, que eu ame, — como deveria eu ainda amar a mim mesmo?

'Viver como eu tenho prazer em fazê-lo, ou não viver de modo algum': assim eu o quero, assim o quer também aquele que é o mais santo. Ai, porém! Como tenho eu ainda — prazer?

Tenho eu — ainda uma meta? Um porto para o qual corre meu veleiro? Um bom vento? Ah, só quem sabe para onde ele viaja, sabe também qual vento é bom, e é o seu vento viageiro.

O que ainda permanece atrás de mim? Um coração cansado e atrevido: uma vontade volúvel, um bater de asas; uma medula partida.

Esse procurar pelo meu lar: oh Zaratustra, tu bem o sabes, esse procurar foi minha adição ao lar, ela me consumiu.

'Onde está — *meu* lar?' Eu perguntava por isso, e procuro, e procurava, isso eu não encontrei. 'Oh eterno por-toda-parte, oh eterno em-parte-alguma, oh eterno debalde!'."

Assim falou a sombra e o rosto de Zaratustra alongou-se com suas palavras: "Tu é minha sombra!", disse ele finalmente, com tristeza.

Teu perigo não é pequeno, tu espírito livre e andarilho! Tu tiveste um dia ruim: cuida para que não te advenha uma tarde ainda pior!

Para tais nômades, como tu, por fim, mesmo um cárcere parece sagrado. Já viste alguma vez, como dormem criminosos encarcerados? Eles dormem calmamente, eles gozam sua nova segurança.

Tem cuidado, para que, no fim, ainda não te aprenda uma estreita crença, um duro, severo delírio! Pois que, com efeito, a ti te seduz e tenta doravante tudo o que é estreito e firme.

Tu perdeste tua meta: ai de ti, como esgotarás o sofrimento dessa perda, como te desolarás e consolarás dela? Com ela — tu perdeste também o caminho.

Tu, pobre errante, tu inebriado, tu borboleta cansada! Queres ter essa tarde uma pousada e um lar? Então suba até minha caverna!

Para lá leva o caminho para minha caverna. E agora quero rapidamente deixar-te de novo. Isso já se coloca sobre mim como uma sombra.

Quero caminhar sozinho, para que de novo torne-se claro em torno de mim. Para isso, eu tenho ainda que me firmar alegremente sobre as pernas. Pois que, pela noite, haverá dança e minha casa!" —

Assim falou Zaratustra.

12. Para além de bem e mal*

---

* *Sämtliche Werke. Kritische Studienausgabe* (KSA). G. Colli e M. Montinari (orgs.). Berlim/Nova York/Munique: Walter de Gruyter/DTV, 1980, vol. V.

§ 1.

A vontade de verdade, que ainda nos conduzirá a algumas ousadias, aquela célebre veracidade da qual os filósofos falaram até agora com veneração: que perguntas já nos colocou diante de nós essa vontade de verdade! Que perguntas encantadoras, maldosas! Isso já é uma longa história — e, todavia, não parece justamente que ela mal tenha começado?

Que admira, pois, se finalmente nos tornemos desconfiados, percamos a cabeça, e impacientes nos voltemos? Que, de nossa parte, também aprendamos com essa esfinge a perguntar? Quem é, propriamente, que aqui nos coloca questões? O que, em nós, quer propriamente "a verdade"? — Com efeito, nos detivemos por muito tempo perante a pergunta pela causa dessa vontade — até que nós, por fim, nos detivemos diante de uma pergunta ainda mais fundamental. Perguntamo-nos pelo valor dessa vontade. Suposto que queiramos a verdade: por que não, de preferência, a inverdade? E a incerteza? Mesmo a ignorância? — O problema do valor da verdade colocou-se diante de nós — ou fomos nós que nos colocamos diante do problema? Quem de nós é aqui Édipo? Quem a esfinge? Como parece, é um ponto de encontro de perguntas e sinais de interrogação — e dever-se-ia acreditar que, a nós, quer-nos parecer como se o problema até agora ainda não tivesse sido colocado, — como se ele tivesse sido visto por nós pela primeira vez, avistado, ousado. Pois nisso há uma ousadia, e talvez não exista nenhuma outra maior.

§ 12.

No que concerne ao atomismo materialista: ele pertence ao que há de melhor refutado; e talvez não haja mais hoje na Europa, entre os eruditos, ninguém tão inculto a ponto de ainda conferir seriamente a ele uma outra significação além do confortável uso manual e doméstico (a saber, como meio de abreviação e expressão) — graças, antes de tudo, àquele polonês Boscovich, que, juntamente com o polonês Copérnico, foi o maior e mais triunfante adversário da aparência visível [*Augenschein*]. Pois enquanto Copérnico nos persuadiu a crer, contra todos os sentidos, que a Terra *não* estava fixa, Boscovich ensinou a abjurar a crença na última coisa da Terra que "estava fixa", a crença no estofo material ["*Stoffe*"], na "matéria", no resto de matéria e partícula atômica: este foi o maior triunfo sobre os sentidos que até hoje foi conquistado na Terra. — Temos, porém, que ir ainda mais adiante, e declarar guerra também à "carência atomística", que tem ainda uma perigosa sobrevivência em domínios onde ninguém suspeita, como aquela mais célebre "carência metafísica" — uma impiedosa guerra de faca: temos que pôr fim primeiramente àquele outro e mais nefasto atomismo, que o Cristianismo ensinou da melhor forma e por mais longo tempo, o *atomismo anímico*. Com esta palavra, seja-nos permitido designar aquela crença, que toma a alma como algo indestrutível, eterno, indivisível, como uma mônada, como um átomo: *esta* crença deve ser banida da ciência! Dito entre nós, com isso não é necessário, em absoluto, desfazer-se "da alma" e renunciar a uma das mais antigas e veneráveis hipóteses: como costuma ocorrer com a inabilidade dos naturalistas, que quase que tocando "na alma", e também a perdem. Mas mantém-se aberto o caminho para novas compreensões e reinamentos da hipótese-da-alma: e conceitos como "alma mortal" e "alma como pluralidade de sujeitos" e "alma como estrutura social [*Gesellschaftsbau*] de impulsos e afetos" querem daqui por diante ter direito de cidadania na ciência. O *novo* psicólogo, ao pôr fim à superstição que até agora crescia em torno da representação-da-alma com uma exuberância quase tropical, ele como que empurrou a si mesmo para um novo deserto e uma nova desconfiança — pode ser que para os psicólogos mais antigos tudo fosse mais cômodo e divertido —: mas, por fim, precisamente com isso ele se sabe condenado a *inventar* — e, quem sabe? talvez a *encontrar*. —

§ 22.

Que isto me seja perdoado, como a um velho filólogo, que não pode abrir mão da maldade de colocar o dedo sobre más artes de interpretação: mas aquela "legalidade da natureza", das quais vós, os físicos, falais com tanto orgulho, como se — subsiste apenas graças à vossa interpretação e má filologia, — ela não fosse fato [*Thatbestand*] algum, nenhum "texto", porém muito mais apenas um arranjo ingenuamente humanitário e uma torção de sentido, com a qual vós correspondeis à saciedade ao instinto democrático da alma moderna! "Por toda parte igualdade perante a lei — nisso a natureza nada tem de diferente nem de melhor do que nós": um gentil pensamento oculto [*Hintergedanke*] no qual jaz disfarçada ainda uma vez a plebeia hostilidade contra tudo o que é privilegiado e autárquico [*Selbstherrlich*], e igualmente um segundo e mais refinado ateísmo. "*Ni dieu, ni maître*" — assim o quereis também vós: e por isso "viva a lei natural"! — não é verdade? Mas, como foi dito, isto é interpretação, não texto; e poderia vir alguém que, com o propósito contrário e a contrária arte de interpretação, a partir da mesma natureza e em vista das mesmas aparições [*Erscheinungen*], soubesse ler justamente a tirânica, desprovida de consideração e inexorável imposição de exigências de poder — um intérprete que colocasse diante de vossos olhos a ausência de exceção e incondicionalidade em toda "vontade de poder" em tal medida que quase toda palavra, e mesmo a palavra "tirania", apareceria por fim como inutilizável ou já como metáfora enfraquecedora e atenuante — como algo demasiado humano —; e que, no entanto, acabaria por afirmar deste mundo o mesmo que vós afirmais; a saber, que ele tem um curso "necessário" e "calculável", mas *não* porque nele dominam leis, mas porque *faltam* em absoluto leis, e todo poder, em todo instante, extrai sua última consequência. Suposto que também isto é interpretação — e vós seríeis suficientemente zelosos para objetar isto? — pois bem, tanto melhor. —

§ 36.

Suposto que nenhuma outra coisa seja "dada" como real que não o nosso mundo de desejos e paixões, que não podemos subir ou baixar para nenhuma outra "realidade" senão justamente para a realidade de nossos impulsos — pois pensar é apenas uma relação desses impulsos entre si —: não é permitido, então, fazer a tentativa, e perguntar a pergunta se este dado não é o *bastante* para compreender, a partir de seu igual, também o assim chamado mundo mecânico (ou "material")? A saber, não como engano, como uma "aparência" ["*Schein*"], uma "representação" (no sentido berkleyiano e schopenhaueriano), mas como algo com o mesmo grau de realidade que têm os nossos afetos, — como uma forma primitiva do mundo dos afetos, no qual ainda jaz encerrado em poderosa unidade tudo o que se ramifica e configura no processo orgânico (também, como é justo, se atenua e debilita —) como uma espécie de vida pulsional, na qual o todo das funções orgânicas, como a autorregulação, a assimilação, a nutrição, a excreção, o metabolismo, estão ainda sinteticamente ligadas umas nas outras, — como uma *forma prévia* da vida? — Por fim, não é apenas permitido fazer esta tentativa: ela é ordenada pela consciência moral [*Gewissen*] do *método*. Não admitir outras espécies de causalidade enquanto não tenha sido levada a seu limite extremo (— até ao absurdo, seja permitido dizer) a tentativa de bastar-se com uma única: esta é uma moral do método, da qual hoje não nos é permitido nos subtrair; — isto se segue "de sua definição", como diria um matemático. A pergunta é, finalmente, se reconhecemos efetivamente a vontade como *efetuante* [*wirkend*], se acreditamos na causalidade da vontade: se fazemos isso — e no fundo nossa crença *nisso* é precisamente nossa crença na própria causalidade — então nós *temos de* fazer a tentativa de estabelecer hipoteticamente a causalidade-da-vontade como a única. "Vontade" só pode, naturalmente, exercer efeito [*wirken*] sobre "vontade" — e não sobre "matéria" ["*Stoffe*"], (não sobre "nervos", por exemplo): basta, tem-se que ousar a seguinte hipótese: se por toda parte onde "efeitos" são reconhecidos, vontade não produz efeito sobre vontade — se todo acontecimento mecânico, na medida em que uma força nele atua, não é precisamente força-de-vontade, efeito-de-vontade. — Suposto, por fim, que chegássemos a explicar toda a nossa vida de impulsos como configuração e ramificação de uma forma fundamental da vontade — a saber, da vontade de poder, como estabelece *minha* sentença [*Satz*] —; suposto que se pudesse reconduzir todas as funções orgânicas a esta vontade de poder, e nela se encontrasse também a solução do problema da geração e da nutrição — é um só problema —, ter-se-ia então com isso proporcionado o direito de determinar inequivocamente *toda* força atuante como: *vontade de poder.* O mundo visto a partir de dentro, o mundo determinado e designado em face de seu "caráter inteligível" — seria precisamente "vontade de poder" e nada além disso. —

§ 186.

O sentimento moral é hoje na Europa tão apurado, tardio, múltiplo, irritável, refinado quanto a "ciência moral" que a ele pertence é ainda jovem, principiante, embotada e grosseira: — um contraste atraente, que por vezes toma corpo e torna-se visível na própria pessoa do moralista. Já a palavra "ciência da moral" é, em relação àquilo que com ela é significado, demasiado presunçosa e contrária ao bom gosto: que costuma ser uma preferência por palavras mais modestas. Com todo rigor, a gente deveria se confessar o que desde há muito ainda faz falta aqui, e aquilo a que só provisoriamente tem direito: a saber, reunião de materiais, apreensão conceitual e coordenação de um imenso domínio de delicados sentimentos de valor e diferenças de valor que vivem, crescem, geram e perecem — e, talvez tentativas de tornar perceptíveis [*anschaulich*] as formas frequentes e que mais se repetem nesta viva cristalização, — como preparação para uma doutrina tipológica da moral. É bem verdade que até agora não se foi suficientemente modesto. Os filósofos sem exceção, na medida em que se ocuparam da moral como ciência, exigiram de si, com uma retesada seriedade, que faz rir, algo muito mais elevado, mais pretensioso, mais solene: eles queriam a fundamentação da moral —, e todo filósofo acreditou até agora tê-la fundamentado; a moral mesma, porém, valia como um dado. Quão distante de seu orgulho grosseiro se encontrava a tarefa, aparentemente insignificante e relegada ao pó do mofo: aquela de uma simples descrição, ainda que para ela poderiam não ser sutis o bastante os mais refinados sentidos e mãos! Justamente porque os filósofos da moral conheciam grosseiramente os *"facta"* morais, por meio de extratos arbitrários ou como abreviação casual, por exemplo, como a moralidade de seu meio ambiente, de sua região, de seu estamento, de sua igreja, do espírito do tempo em que vivem, do seu clima e rincão — justamente porque eles eram mal instruídos quanto povos, tempos, passados, e eram mesmo pouco cobiçosos de saber, eles de modo nenhum encararam os autênticos problemas da moral — que, enquanto tais, todos eles só emergem na comparação de muitas morais. Até agora, em toda "ciência da moral" faltou ainda, por mais que isso pareça estranho, o próprio problema da moral: faltou a suspeita de que haveria aqui algo problemático. Aquilo que os filósofos chamaram "fundamento da moral" e aquilo que exigiam de si não era, visto sob a luz correta, mais que uma forma erudita da boa-fé na moral dominante, um novo meio de exprimir esta moral, portanto um fato no interior de uma moralidade determinada, sim, até mesmo, em último fundamento, uma espécie de negação de que a moral pudesse ser apreendida como problema: — e em todo caso o contrário de uma prova, de um desmembramento, de uma vivissecção, colocação em dúvida desta fé. Ouçamos, por exemplo, com que inocência quase digna de veneração ainda Schopenhauer coloca sua tarefa, e tiremos nossas conclusões sobre a cientificidade de uma "ciência" cujos últimos mestres ainda falam como as crianças e as moçoilas: "o princípio", diz ele (*Os dois problemas fundamentais da ética*, p. 137) — "o princípio, diz ele, sobre cujo conteúdo todas as éticas estiveram propriamente de acordo é: *neminem laede, immo omnes, quantum potes juva*". Esta é a autêntica proposição que todos os doutrinadores da moral se esforçam em demonstrar [...] "o autêntico fundamento da ética, que, como a pedra filosofal, procura-se há séculos." — A dificuldade em demonstrar essa tese pode, com efeito, ser grande — como é sabido, também Schopenhauer não foi bem-sucedido nisso —; e quem quer que tenha alguma vez sentido profundamente quão absurdamente falsa e contrária ao gosto é uma tal proposição, num mundo cuja essência é vontade de poder — este pode deixar-se recordar que Schopenhauer, ainda que fosse pessimista, propriamente — tocava flauta [...] todos os dias, depois do jantar, leia-se sobre isso o seu biógrafo. E perguntando-se de passagem: um pessimista, um negador de Deus e do mundo, que se detém diante da moral — da moral do *laede neminem* — e toca flauta: como? Ele seria, propriamente, — um pessimista?

§ 202.

Digamos de imediato, ainda uma vez, o que já dissemos cem vezes: pois hoje os ouvidos não têm boa vontade para tais verdades — para nossas verdades. Nós já o sabemos suficientemente como soa ofensivo se alguém computa o homem, em geral, sem rodeios e sem parábolas, entre os animais; porém, a nós é imputado quase como culpa que empreguemos continuadamente, justamente em relação aos homens das "ideias modernas", as expressões "rebanho", "instintos de rebanho" e semelhantes. O que adianta! Nós não podemos fazer de outra maneira: pois justamente aqui se encontra nosso novo discernimento. Nós achamos que a Europa tornou-se unânime em todos os principais juízos morais, inclusive ainda nos países onde domina a influência da Europa: sabe-se, visivelmente, na Europa, o que Sócrates considerava não saber, e aquela velha e célebre serpente prometeu uma vez ensinar, — "sabe-se" hoje o que é o Bem e o Mal. Agora, pois, tem de soar duro, e ser ruim de ouvir, se nós sempre de novo insistimos: aquilo que aqui acredita saber, aquilo que aqui glorifica a si mesmo com seus louvores e censuras, aquilo que se aprova a si mesmo, é o instinto do animal de rebanho homem: que, como tal, irrompeu, chegou à preponderância, à predominância sobre outros instintos, e chega sempre mais, na medida da crescente aproximação e do assemelhamento fisiológicos, de que aquele instinto é sintoma. Moral é hoje na Europa moral de animal de rebanho: — portanto, como entendemos as coisas, só uma espécie de moral ao lado da qual, antes da qual, depois da qual, muitas outras morais, sobretudo morais superiores, são possíveis, ou deveriam sê-lo. Contra uma tal "possibilidade", contra um tal "deveriam", porém, defende-se essa moral com todas as forças: ela diz tenaz e inflexivelmente: "eu sou a própria moral, e nada além disso é moral!" — sim, com auxílio de uma religião que se colocou à disposição dos mais sublimes desejos de animal de rebanho e os adulou, chegou-se até mesmo a encontrar nas instituições políticas e sociais uma expressão sempre mais visível dessa moral: o movimento democrático é herança do cristão.

Que o seu ritmo, porém, é ainda muito lento e sonolento para os doentes e dependentes do mencionado instinto, testemunho disso é o uivo que se torna cada vez mais furioso, o ranger de dentes sempre mais desabrido dos cães anarquistas que perambulam pelas vielas da cultura europeia: aparentemente em oposição aos pacífico-laboriosos democratas e ideólogos da revolução, ainda mais em relação aos canhestros filosofastros e entusiastas de irmandades, que se denominam socialistas e querem a "sociedade livre", em verdade, porém, unidos com eles todos na fundamental e instintiva hostilidade contra qualquer outra forma de sociedade que não a do rebanho autônomo (até chegar à recusa dos próprios conceitos de "senhor" e "servo" — *ni dieu ni maître* reza uma fórmula socialista! —), unidos na obstinada resistência contra toda pretensão especial, todo direito especial e privilégio (isto é, em derradeiro fundo, contra todo direito: pois que, se todos são iguais, ninguém precisa mais de "direitos" —); unidos na desconfiança contra a justiça punitiva (como se ela fosse uma violentação dos mais fracos, uma injustiça para com as consequências necessárias de todas as sociedades anteriores —); mas unidos do mesmo modo na religião da compaixão, no sentimento em comum, basta que seja sentido, vivido, sofrido (desde abaixo, para com o animal, até lá acima, com "Deus" — a extravagância de uma "compaixão com Deus" pertence a uma época democrática —); todos unidos no grito e na impaciência da compaixão, no ódio mortal contra o sofrimento em geral, na quase feminina incapacidade de poder permanecer espectador no sofrimento, poder deixar sofrer; unidos no involuntário ensombrecimento e enternecimento sob cujo sortilégio a Europa parece ameaçada por um novo Budismo; unidos na crença na moral da compaixão comum, como se ela fosse a moral em si, como o ápice, a alcançada culminância do homem, a única esperança de futuro, o meio de consagração do presente, a maior remissão de toda culpa de outrora: — unidos, todos eles, na crença na comunidade como a redentora, no rebanho, portanto em "si" [...]

§ 224.

O Sentido Histórico (ou a capacidade de adivinhar rapidamente a hierarquia de estimativas de valor segundo as quais um povo, uma sociedade, um homem viveu, o "instinto divinatório" para as relações entre essas estimativas de valor, para a relação entre a autoridade dos valores e a autoridade das forças atuantes): esse sentido histórico, sobre o qual nós europeus sustentamos pretensão, como à nossa peculiaridade, adveio a nós em companhia da encantadora e louca *semibarbárie*, na qual a Europa foi precipitada pela mistura democrática dos estamentos e raças — só o século dezenove conhece esse sentido como seu sexto sentido. O passado de toda forma e maneira de viver, de culturas, que antes postavam-se a duras penas umas ao lado das outras, umas sobre as outras, desemboca em nós, "almas modernas", desde então, graças àquela mistura; nossos instintos retrocedem por toda parte, nós mesmos somos uma espécie de caos —: por fim, "o espírito", como se diz, enxerga nisso seu proveito. Por meio de nossa semibarbárie no corpo e nos desejos, temos um acesso secreto a toda parte, como um século aristocrático não possuía, sobretudo os acessos aos labirintos das culturas imperfeitas, e a toda semibarbárie que alguma vez tenha existido sobre a Terra; e na medida em que a parte mais considerável da cultura humana até agora foi justamente semibarbárie, o "sentido histórico" significa quase o sentido e o instinto para tudo, o gosto e a língua para tudo: com o que ele de imediato se demonstra como um sentido *não aristocrático*. Por exemplo, nós nos deleitamos de novo com Homero: talvez seja nossa vantagem mais feliz que nós sabemos saborear Homero, de quem os homens de uma cultura aristocrática (mais ou menos como os franceses do século dezessete, como Saint-Évremond, que nele censura o *esprit vaste*, e mesmo ainda seu acorde final, Voltaire) não sabem e não sabiam se apropriar, — do qual eles mal se permitiam desfrutar. O Sim e Não muito determinados de seu paladar, seu asco facilmente preparado, sua hesitante reserva em relação a tudo o que é estranho, seu temor perante a falta de gosto, mesmo perante a sôfrega curiosidade, e em geral aquela má vontade de toda cultura aristocrática e autossuficiente de se confessar um novo desejo, uma insatisfação no que lhe é próprio, uma admiração do estranho: tudo isso a coloca e dispõe desfavoravelmente mesmo contra as melhores coisas do mundo, que não sua propriedade, ou não *poderiam* tornar-se sua presa, — e nenhum sentido é menos compreensível para tais homens do que justamente o sentido histórico e sua submissa curiosidade plebeia. Não de outra maneira ocorre com Shakespeare, essa surpreendente síntese do gosto hispânico-mourisco-saxão, sobre o qual um velho ateniense do círculo de amizade de Ésquilo teria quase morrido de rir, ou teria se irritado: mas nós — aceitamos justamente esse selvagem colorido, essa confusão do delicadíssimo, grosseiríssimo e do que há de mais artístico com uma secreta confiança e cordialidade, nós o gozamos justamente como o refinamento da arte a nós reservado, e nisso nos deixamos incomodar tão pouco com os repulsivos vapores e com a proximidade da plebe inglesa, em que vivem a arte e o gosto de Shakespeare, como, por exemplo, sobre a Chiaja de Nápoles: onde, com todos os nossos sentidos, seguimos nosso caminho, encantados e de boa vontade, a despeito de estarem no ar as muitas cloacas do quarteirão plebeu. Nós, homens do "sentido histórico", nós temos, como tais, nossas virtudes, isso não se disputa, — nós somos despretensiosos, desprendidos de nós mesmos, modestos, corajosos, cheios de autossuperação, cheios de devotamento, muito gratos, muito pacientes, muito compreensivos: — com tudo isso, somos talvez não muito "cheios de gosto". Por fim, confessemo-lo para nós mesmos: o que para nós homens do "sentido histórico" é o mais difícil de apreender, de sentir, de saborear, de amar, o que no fundo nos deixa precavidos e quase hostis, é justamente o perfeito e o amadurecido por último em toda cultura e arte, o propriamente aristocrático em obras e homens, seu instante de mar liso e alciônica autossatisfação, o dourado e frio que mostram todas as coisas que se aperfeiçoaram. Talvez se encontre nossa grande virtude do sentido histórico em uma oposição necessária com o *bom* gosto, pelo menos com o melhor gosto, e só precária, hesitantemente, só com coerção consigamos configurar retrospectivamente em nós justamente os pequenos, curtos e sublimes casos felizes e as transfigurações da vida humana, tal como resplandecem uma vez aqui e acolá; aqueles instantes e milagres, onde uma grande força voluntariamente se deteve diante do desmedido e do ilimitado —, onde gozou-se um excedente de sutil prazer na súbita contenção e petrificação, no firme colocar-se de pé e no *fixar-se* sobre um chão que ainda treme. A *medida* nos é estranha, confessemo-lo; nossa comichão é justamente a comichão do infinito, do imensurável. Como o cavaleiro sobre o corcel, que resfolega com ímpeto para a frente, deixamos cair as rédeas perante o infinito, nós homens modernos, nós semibárbaros — e só lá estamos em *nossa* bem-aventurança, — lá onde mais estamos *em perigo*.

§ 260.

Em minha peregrinação pelas muitas, refinadas e grosseiras morais que até agora dominaram sobre a Terra, ou que ainda dominam, encontrei certos traços que regularmente retornam um com o outro, e estão entrelaçados um no outro: até que, por fim, se revelaram dois tipos fundamentais, e uma diferença fundamental se destacou daí. Existe moral de senhores e moral de escravos; — acrescento imediatamente que, em todas as culturas superiores mais mescladas, surgem também no proscênio tentativas de mediação entre as duas morais, ainda com mais frequência a confusão das mesmas e o recíproco mal-entendido, sim, por vezes, seu duro lado a lado — até no mesmo homem, no interior da mesma alma. As diferenciações morais de valor surgiram ou sob uma espécie dominante, que se tornou consciente com satisfação de sua diferença em relação à dominada, — ou entre os dominados, os escravos e dependentes de todo grau. No primeiro caso, quando são os dominantes que determinam o conceito "bom", são os estados de alma elevados e orgulhosos que são sentidos como o elemento distintivo e determinante da hierarquia. O homem aristocrático separa de si os seres nos quais ganha expressão o contrário desses estados elevados e orgulhosos: ele os despreza. Seja notado imediatamente que, nessa primeira espécie de moral, a oposição "bom" e "ruim" significa tanto quanto "aristocrático" e "desprezível": — a oposição "bom" e "malvado" é de outra origem. Desprezado torna-se o covarde, o timorato, o mesquinho, o que pensa na estreita utilidade, assim como o desconfiado, com seu olhar cativo, o que se humilha, a espécie canina de homem, que se deixa maltratar, o bajulador mendigo, sobretudo o mentiroso: — é uma crença fundamental de todos os aristocratas que o povo comum é mentiroso. "Nós, os verazes" — assim se denominavam os nobres na antiga Grécia. É patente que, por toda parte, as designações morais de valor foram aplicadas primeiramente aos homens, e só mais tarde e de modo derivado a ações: razão pela qual constitui um erro grave quando historiadores da moral tomam como começo perguntas como "por que foi louvada a ação compassiva?" A espécie aristocrática de homem sente-se como determinante de valores; ela não tem necessidade de fazer-se aprovar, ela julga: "aquilo que é nocivo para mim, isso é nocivo em si", ela sabe de si mesma como aquela que primeiramente confere honra às coisas, ela é criadora de valores. Tudo o que conhece nela mesma, ela honra: tal moral é autoglorificação. No primeiro plano está o sentimento de plenitude, de poder, que quer transbordar, a felicidade da tensão elevada, a consciência da riqueza, que gostaria de presentear e distribuir: — também o homem aristocrático ajuda o infeliz, mas não ou quase não por compaixão. Porém mais a partir de um ímpeto, que é gerado pelo excedente de poder. O homem aristocrático honra em si mesmo o poderoso, também aquele que tem poder sobre si mesmo, que sabe falar e calar-se, que com prazer é severo e duro consigo mesmo, e tem veneração por tudo que é severo e duro. "Um coração duro colocou-me no peito Wotan", diz-se numa antiga saga escandinava: é dessa maneira que, com direito, faz-se poesia a partir da alma de um orgulhoso viking. Uma tal espécie de homem é justamente orgulhosa de não ser feita para a compaixão: razão pela qual o herói da saga acrescenta, a modo de advertência: "quem desde jovem não tem um coração duro, seu coração jamais se tornará duro." Aristocratas e corajosos, que pensam assim, estão o mais longe possível daquela moral que vê justamente na compaixão, ou no agir para outrem, ou no *désinteressement*, o signo do moral; a crença em si mesmo, a confiança em si mesmo, uma hostilidade fundamental e ironia contra o "desapego de si" pertencem justamente à moral aristocrática, assim como uma leve depreciação e cautela perante os sentimentos compartilhados e o "coração quente". — São os poderosos que sabem honrar, é a arte deles, o seu reino de invenção. A profunda veneração pelo antigo e pela tradição — todo o direito se coloca sobre essa dupla veneração —, a crença e o preconceito em prol dos antepassados e em detrimento dos vindouros são típicos da moral dos poderosos; e quando, contrariamente, os homens das "ideias modernas" acreditam quase instintivamente no "progresso" e "no futuro", e sempre mais lhes falta o respeito pelo antigo, com isso já se mostra suficientemente aqui a proveniência não aristocrática dessas "ideias". Na maioria das vezes, porém, uma moral dos dominantes é estranha e penosa para o gosto contemporâneo pelo rigor de seu princípio fundamental, segundo o qual só se tem obrigações para com seus iguais, que em relação a seres de nível inferior, em relação ao estranho, estamos autorizados a agir a bel-prazer ou "como quer o coração", em todo caso, "além de bem e mal" — aqui podem caber compaixão e coisas semelhantes. A capacidade e o dever para a longa gratidão e a longa vingança — as duas coisas somente entre seus iguais —, a sutileza na retribuição, o refinamento de conceitos na amizade, uma certa necessidade de ter inimigos (como que fossos de separação para os afetos de inveja, ânsia de contenda, soberba, — no fundo para poder ser bom amigo): tudo isso são características típicas da moral aristocrática que, como foi indicado, não é a moral das "ideias modernas", e por causa disso é hoje difícil de ser sentida de novo, também difícil de ser escavada e descoberta. — As coisas se passam de outra maneira com o segundo tipo de moral, a moral de escravos. Suposto que os violentados, opressos, sofredores, cativos, inseguros de si mesmos e cansados moralizem: qual será o correspondente de suas estimativas morais de valor? Provavelmente ganhará expressão uma suspeita pessimista contra a inteira condição humana, talvez uma condenação do homem juntamente com sua condição. O olhar do escravo é mal-disposto em relação às virtudes dos poderosos: ele tem ceticismo e desconfiança, ele tem sutileza na desconfiança contra todo o "bom" que nelas é honrado, — ele gostaria de se convencer de que lá a própria felicidade não seria genuína. Contrariamente são destacadas e banhadas de luz as propriedades que servem para aliviar a existência para os sofredores: aqui são honradas a compaixão, a bondosa mão prestimosa, o coração tépido, a paciência, o denodo, a humildade, a gentileza —, pois essas são as mais úteis propriedades e quase os únicos meios de suportar a pressão da existência. A moral de escravos é essencialmente moral da utilidade. Aqui é o foco para o surgimento daquela célebre oposição "bom" e "malvado": — o poder e a periculosidade são sentidos no interior do malvado, uma certa temibilidade, sutileza e fortaleza, que não deixam vir à tona o desprezo. Segundo a moral dos escravos, o "malvado" desperta, portanto, medo, segundo a moral dos senhores, é justamente o "bom" que desperta e quer despertar o medo, enquanto que o homem "ruim" é sentido como desprezível. A oposição chega ao ápice quando por fim então, de conformidade com a consequência da moral de escravos, um hálito de desprezo envolve também o "bom" dessa moral — ele pode ser leve e benevolente —, porque o bom no interior da maneira de pensar dos escravos tem de ser, em todo caso, o homem não perigoso: ele é de boa índole, fácil de ser enganado, um pouco estúpido talvez, um *bonhomme*. Por toda parte onde a moral de escravo adquire preponderância, a linguagem mostra uma inclinação para aproximar uma da outra as palavras "bom" e "tolo". — Uma derradeira diferença fundamental: a exigência de liberdade, o instinto para a felicidade e as sutilezas do sentimento de liberdade pertencem tão necessariamente à moral e à moralidade de escravos como a arte e a exaltação na veneração, no devotamento, são o sintoma regular de uma aristocrática maneira de pensar e valorar. — Compreende-se, a partir daqui, por que o amor como *passion* — essa é nossa especialidade europeia — tem de ser pura e totalmente de procedência aristocrática: como é sabido, sua invenção pertence aos cavaleiros-poetas provençais, àqueles soberbos e inventivos homens do "*gai saber*", aos quais a Europa deve a si mesma. —

§ 287.

— O que é aristocrático? O que significa para nós ainda hoje a palavra "aristocrático"? Sob esse céu pesado, ameaçador, do domínio da plebe que ora principia, por meio do qual tudo se torna intransparente e plúmbeo, em que se denuncia, em que se reconhece o homem aristocrático? —
Não são as ações que o demonstram, — ações são sempre de múltiplo sentido, sempre insondáveis —; também não são as obras. Entre artistas e eruditos, encontra-se hoje o bastante daqueles que denunciam, por meio de suas obras, como são impelidos por um profundo desejo em direção ao aristocrático; mas justamente essa carência do aristocrático é, desde o fundamento, diferente das carências da própria alma aristocrática, e justamente a mais convincente e perigosa característica de sua ausência. Não são as obras, é a fé que decide aqui, que fixa aqui a hierarquia, para retomar uma antiga fórmula religiosa em nova e mais profunda acepção: alguma certeza fundamental que uma alma aristocrática tem a respeito de si mesma, algo que não se deixa procurar, não se deixa encontrar, e talvez também não se deixe perder. — A alma aristocrática tem veneração por si mesma. —

13. Para a genealogia da moral*

---

* *Sämtliche Werke. Kritische Studienausgabe* (KSA). G. Colli e M. Montinari (orgs.). Berlim/Nova York/Munique: Walter de Gruyter/DTV, 1980, vol. V. As remissões deste capítulo estão apresentadas conforme a redação original de Friedrich Nietzsche.

DISSERTAÇÃO I: "BOM E MAU", "BOM E RUIM"

10.

A rebelião dos escravos na moral começa com isso: que o próprio ressentimento torna-se criador e dá à luz valores: o ressentimento daqueles seres aos quais é vedada a autêntica reação, aquela da ação, que só encontram reparação por meio de uma vingança imaginária. Enquanto toda moral aristocrática brota de um triunfante dizer-sim a si mesma, desde o princípio a moral de escravos diz não a um "exterior", a um "outro" a um "não-si-próprio": e esse não é seu ato criador. Essa inversão do olhar instituidor de valores — essa direção necessária para fora, em vez de para trás, para si mesmo — pertence justamente ao ressentimento: para surgir, a moral de escravos necessita sempre primeiramente de um mundo contraposto, um mundo externo, dito fisiologicamente, de um estímulo externo para, em geral, agir, — sua ação é desde o fundamento reação. O inverso é o caso no modo de valoração aristocrática: esta age e cresce espontaneamente, ela só procura seu oposto para dizer sim a si mesma de maneira ainda mais grata, mais jubilosa, — seu conceito negativo "baixo", "comum", "ruim" é apenas uma pálida figura contrastiva, nascida posteriormente, em relação ao seu conceito fundamental positivo, inteiramente empapado de vida e paixão: "nós os aristocratas, nós, bons, nós, belos, nós, felizes!" Quando a maneira aristocrática de valorar se engana e peca contra a realidade, isso acontece em referência à esfera que *não* lhe é suficientemente conhecida; sim, contra seu efetivo conhecimento ela se coloca fragilmente em defesa: ela desconhece, sob certas circunstâncias, a esfera por ela desprezada, a do homem comum, do baixo povo; por outro lado, considere-se que, em todo caso, o afeto do desprezo, do olhar para baixo, do olhar de superioridade, suposto que falseie a imagem do desprezado, permanecerá, de longe, aquém da falsificação com a qual o ódio contido, a vingança do impotente distorcerão seu adversário — *in effigie* naturalmente. De fato, com o desprezo estão misturados demasiado descuido, demasiado considerar levianamente, demasiado olhar de lado e impaciência, mesmo demasiado sentimento alegre, para que estivesse em condições de transformar seu objeto numa figura propriamente distorcida, num espantalho. Não se deixe de ouvir as nuances quase benevolentes que a nobreza grega, por exemplo, coloca em todas as palavras com as quais ela se destaca do povo inferior; como se misturam e adoçam permanentemente uma espécie de lástima, de consideração, de indulgência, até o limite em que quase todas as palavras que designam o homem comum finalmente permaneceram como expressões para "infeliz", "digno de lástima" (comparem-se *deilos, deilaios, poneros, mochtheros*, as duas últimas designando propriamente o homem comum como trabalhador escravo e animal de carga) — e como, por outro lado, "ruim", "baixo", "infeliz" nunca cessaram, para o ouvido grego, de soar num tom, com uma coloração sonora em que "infeliz" predomina: isso como herança dos antigos modos de avaliação aristocráticos, mais nobres, que não se renega mesmo no desprezar (— seja lembrado aos filólogos em que sentido são empregados *oizyros, anolbos, tlemon, dystuchein, xumphora*). Os "bem-nascidos" sentem-se justamente como os "felizes"; eles não tinham que construir sua felicidade antes por intermédio de um olhar sobre seus inimigos, artificialmente, sob certas circunstâncias, convencer-se, mentir para si mesmos (como costumam fazer todos homens do ressentimento); e, do mesmo modo, como homens inteiros, carregados de força, consequentemente como homens ativos, não sabiam separar a felicidade do agir, — o ser ativo torna-se entre eles uma necessidade, inclusive na felicidade (de onde *eu prattein* extrai sua proveniência) — Tudo muito em oposição à "felicidade" no nível do impotente, opresso, dos purulentos de sentimentos venenosos e hostis, entre os quais ela surge essencialmente como narcótico, entorpecente, repouso, paz, "*Sabbat*", distensão de ânimo e de esticar de membros, em resumo, passivamente. Enquanto o homem aristocrático, com confiança e abertura, vive de si mesmo (gennaios "nobre de nascimento" sublinha a nuance "decente" e também, com efeito, "ingênuo"), o homem do ressentimento não é nem decente nem ingênuo, nem honrado e direito consigo mesmo. Sua alma olha de soslaio, seu espírito ama as grutas, os desvios e as portas dos fundos, tudo aquilo que é escondido se apresenta a ele como o seu mundo, a sua segurança, o seu repouso; ele sabe se calar, não esquecer, esperar, de provisoriamente se rebaixar, humilhar. Uma raça de tais homens do ressentimento será por fim necessariamente mais prudente do que qualquer raça aristocrática, ela honrará a prudência também numa medida inteiramente diversa: a saber, como condição de existência de primeira ordem, enquanto que a prudência, entre os homens aristocráticos, adquire facilmente um fino sabor adicional de luxo e refinamento: — aqui, justamente, ela não é, de longe, tão essencial, como a perfeita segurança funcional dos instintos reguladores inconscientes, ou mesmo uma certa imprudência, mais ou menos como o corajoso lançar-se sobre, seja sobre o perigo ou o inimigo, ou aquela exaltada subitaneidade de ira, amor, veneração, gratidão e vingança, nas quais se reconheceram as almas aristocráticas em todos os tempos. O ressentimento do homem aristocrático, mesmo quando ele irrompe nele, realiza-se e esgota-se, a saber, numa reação imediata, por isso ele não envenena; por outro lado, em inúmeros casos, ele não irrompe de modo algum, nos quais ele é inevitável entre todos os fracos e impotentes. Não poder tomar por muito tempo a sério seus inimigos, seus acasos, seus crimes — isso é o sinal de naturezas fortes e inteiras, nas quais há um excedente de força plástica, restauradora, curativa, também força que faz esquecer (um bom exemplo disso no mundo moderno é Mirabeau, que não tinha memória para insultos e torpezas cometidas contra si, porque ele — os esquecia). Um tal homem justamente sacode de si, de um só golpe, muitos vermes que, em outros, se instalam; só aqui é possível também, suposto que isso seja em geral possível sobre a Terra — o autêntico "amor pelos seus inimigos". Quanta veneração perante seus inimigos tem já um homem aristocrático! — e uma tal veneração já é uma ponte para o amor [...]

Sim, ele exige para si seu inimigo, como uma distinção, ele não tolera qualquer outro inimigo senão aquele no qual nada há a se desprezar, e muito a honrar! Contrariamente, representemo-nos "o inimigo", como o concebe o homem do ressentimento — e aqui justamente está seu feito, sua criação; ele concebeu "o inimigo malvado", "o malvado", e em verdade como conceito fundamental, do qual então, como figura posterior e contraparte ele excogita também um "bom" — ele mesmo! [...]

DISSERTAÇÃO II: "CULPA", "MÁ CONSCIÊNCIA" E APARENTADOS

12.

Aqui ainda uma palavra sobre a origem e a finalidade da pena — dois problemas que deveriam cair inteiramente um fora do outro: infelizmente, de hábito lança-se um dentro do outro. Com efeito, como procedem, nesse caso, os genealogistas da moral de até agora? Ingenuamente, como sempre procederam —: encontram alguma "finalidade" na pena, por exemplo, vingança ou intimidação, colocam então credulamente essa finalidade no princípio, como *causa fiendi* da pena, e — dão por concluído. Porém, para a história do surgimento do direito, a "finalidade no direito" é aquilo que deve ser empregado em derradeira instância: pelo contrário, não existe, para toda espécie de historiografia, nenhuma proposição mais importante do que aquela que foi conquistada com tanto esforço, mas que também deveria ser efetivamente conquistada — a saber, que a origem do surgimento de uma coisa e a utilidade final da mesma, sua efetiva utilização e inclusão num sistema de finalidades encontram-se *toto coelo* uma fora da outra; que algo existente, de algum modo advindo e pronto, é sempre de novo interpretado por uma potência superior a si, em referência a novos pontos de vista; é confiscado novamente, reconfigurado e reinstalado para uma nova utilidade; que todo acontecer no mundo orgânico é um violentar, assenhorear-se; e que, de novo, todo violentar e assenhorear-se é um reinterpretar, um arranjamento, no qual o "sentido", e a "finalidade" de até então têm de ser necessariamente obscurecidos ou inteiramente apagados. Tão bem quanto se tenha compreendido a finalidade de algum órgão (ou também de uma instituição de direito, um costume social, um uso político, uma forma nas artes ou no culto religioso), com isso nada foi compreendido ainda em relação ao seu surgimento: tão desconfortável e desagradável quanto isso possa soar para ouvidos mais antigos — pois desde a antiguidade acreditou-se ter compreendido, na utilidade de uma coisa, de uma forma, de uma instituição, também a causa de seu surgimento: o olho como feito para ver, a mão como feita para apanhar. Assim também representou-se o castigo como inventado para punir. Porém, todas as finalidades, todas as utilidades são apenas sinais de que uma vontade de poder assenhoreou-se de algo menos poderoso e, a partir de si própria, imprimiu-lhe o sentido de uma função, incluindo aí os efeitos exitosos das reações contrárias. A forma é fluida, porém o "sentido" o é ainda mais [...] Mesmo no interior de cada organismo singular as coisas não se passam de outra maneira: com cada crescimento essencial do todo, desloca-se também o "sentido" dos órgãos singulares, — sob certas circunstâncias sua perempção parcial, a diminuição de seu número (por exemplo, pela aniquilação de membros intermediários) pode ser um sinal de força crescente e perfeição. Eu quis dizer: também o parcial tornar-se inútil, o atrofiar e o degenerar, a perda de sentido e utilidade, em resumo, a morte pertence às condições do efetivo *progressus*: que, como tal, aparece sempre na forma de uma vontade e um caminho para maior potência, e sempre é imposto em detrimento de várias potências menores. A grandeza de um "progresso" mede-se até segundo a massa daquilo que teve de ser sacrificado a ele; a humanidade sacrificada como massa para o prosperar de uma singular e mais forte espécie de homem — isso seria um progresso [...] — Destaco tanto mais esse ponto de vista capital da metodologia historiográfica quanto ele, no fundo, contraria justamente o instinto dominante e o gosto da época, que preferiria se conciliar mesmo com a absoluta casualidade, sim, com o sem-sentido mecanicista de todo acontecer, do que com a teoria de uma vontade de poder exercendo-se em todo acontecer. A idiossincrasia democrática contra tudo o que domina e quer dominar, o moderno misarquismo (para formar uma palavra ruim para uma coisa ruim) transladou-se e disfarçou-se paulatinamente em tal medida para o espiritual, para o espiritualíssimo, que já penetrou, já pôde penetrar nas ciências mais rigorosas, aparentemente mais objetivas; sim, ele me parece ter-se assenhoreado de toda fisiologia e biologia, para dano delas, como por si mesmo se compreende, ao escamotear seu conceito fundamental, o da autêntica atividade.

Em contrapartida, sob a pressão daquela idiossincrasia, coloca-se em primeiro plano a "adaptação", isto é, uma atividade de segunda ordem, uma mera reatividade; sim, definiu-se a vida como uma adaptação interna às circunstâncias externas sempre mais finalisticamente orientada (Herbert Spencer). Porém, com isso, desconheceu-se a essência da vida, sua vontade de poder; com isso, passou-se por alto o principal privilégio que têm as forças espontâneas, agressivas, sobrepujantes, que interpretam de novo, que instalam de novo, as forças configuradoras, só depois de cuja atuação segue-se a "adaptação": com isso, no próprio organismo é negado papel dominante dos supremos funcionários, nos quais a vontade de vida aparece ativa e doadora de forma. Recorde-se o que Huxley censurou a Spencer, — seu "niilismo administrativo": mas trata-se de ainda mais do que de "administrar" [...]

DISSERTAÇÃO III: O QUE SIGNIFICAM IDEAIS ASCÉTICOS

24.

— Examinemos, agora, em contraparte, aqueles casos mais raros, dos quais falei, os últimos idealistas que existem hoje entre os filósofos e eruditos: teremos neles, talvez, os buscados adversários do ideal ascético, seus contraidealistas? De fato, eles acreditam-se tais, esses "incréus" (pois isso eles o são, todos); essa parece ser sua última porção de crença: ser adversários daquele ideal, tão sérios são eles nesse ponto, tão apaixonados tornam-se precisamente aí a palavra deles, os gestos deles: — já só por causa disso é preciso que seja verdadeiro aquilo em que acreditam? [...] Nós, "os que conhecemos", somos justamente desconfiados contra essa espécie de crentes; nossa desconfiança nos exercitou gradativamente a inferir de modo inverso àquele como se inferiu até agora: a saber, por toda parte onde a força de uma crença aparece muito em primeiro plano, concluir por uma certa fraqueza da força probante, pela improbabilidade mesmo daquilo em que se acredita. Também nós não negamos que a fé "torna bem-aventurado": justamente por causa disso negamos que a fé prove alguma coisa, — uma crença forte, que torna bem-aventurado, é uma suspeita contra aquilo em que se acredita, ela não fundamenta a 'verdade', ela fundamenta uma certa probabilidade — do engano. Como ficam as coisas, então, nesse caso? Esses negadores e dissidentes de hoje, esses incondicionais numa só coisa, na exigência de asseio intelectual, esses espíritos duros, severos, sóbrios, heroicos, que constituem a honra de nosso tempo, todos esses pálidos ateístas, anticristos, imoralistas, niilistas, esses céticos, eféticos, inquietos do espírito (esse último eles o são, em algum sentido, no todo e cada um em particular), esses últimos idealistas do conhecimento, nos quais somente mora hoje e corporificou-se a consciência moral intelectual —, eles se creem, de fato, tão desprendidos quanto possível do ideal ascético, esses "espíritos livres, muito livres": e, no entanto, que eu lhes revele aquilo que eles mesmos não podem ver — pois eles se encontram demasiado próximos de si mesmos — esse ideal é precisamente também o ideal deles, eles mesmos o exibem hoje, e talvez ninguém mais, eles mesmos são o seu mais espiritualizado rebento, seu mais avançado pelotão de guerreiros e porta-vozes, sua mais capciosa, delicada, abrangente forma de sedução: — se em alguma coisa eu sou um decifrador de enigmas, então eu quero sê-lo com essa sentença! [...] Esses, nem de longe são ainda espíritos livres: pois eles ainda acreditam na verdade [...] Quando os cruzados cristãos no Oriente se depararam com aquelas invencíveis ordens de assassinos, aquelas ordens de espíritos livres *par excellence* [por excelência], cujos graus mais baixos viviam numa obediência não alcançada por nenhuma ordem monástica, eles receberam então, por algum caminho, também uma indicação a respeito daquele símbolo e sua palavra-senha, que estava reservada, como seu segredo, apenas aos graus supremos: "nada é verdadeiro, tudo é permitido" [...] Pois bem, isso era liberdade de espírito, com isso fora retirada a crença na própria verdade [...] Alguma vez um espírito livre europeu cristão já se perdeu nessa sentença e em suas labirínticas consequências? Conhece ele, por experiência, o Minotauro dessa caverna? [...] Duvido disso, mais ainda, eu sei que não é assim: — Nada é justamente mais estranho a esses incondicionais numa só coisa, esses assim chamados "espíritos livres" do que liberdade e desprendimento naquele sentido, justo em relação a nenhum outro aspecto estão eles mais firmemente atados à crença, justamente na verdade são eles, como ninguém mais, firmes e incondicionais.

Conheço isso tudo de perto, talvez em demasia: aquela veneranda continência de filósofos, à qual obriga tal crença, aquele estoicismo do intelecto, que, por fim, proíbe-se tão severamente o não quanto o sim, aquele querer permanecer estancado perante o factual, perante o *factum brutum*, aquele fatalismo dos *"petit faits"* (*ce petit fatalisme*, como eu o chamo), no qual a ciência francesa busca agora uma espécie de precedência sobre a alemã, aquela renúncia à interpretação em geral (ao violentar, arranjar, abreviar, deixar de fora, rechear, elaborar poeticamente, falsear, e tudo o mais que pertence à essência de todo interpretar) — isso, calculado em ponto grande, expressa tão bem o ascetismo da virtude como qualquer outra negação da sensibilidade (no fundo, é apenas um modos dessa negação). Mas aquilo que a isso compele, aquela incondicional vontade de verdade, isso é a crença no próprio ideal ascético, mesmo que como seu imperativo inconsciente, não nos enganemos a esse respeito, — isso é a crença num valor metafísico, num valor em si da verdade, como ele só naquele ideal é garantido e atestado (ele se firma de pé e cai com aquele ideal). Julgando rigorosamente, não existe absolutamente nenhuma ciência "sem preconceito", o pensamento de tal ciência não é passível de ser pensado até o fim, ele é paralógico: sempre tem de haver primeiro uma filosofia, uma "crença" para que, a partir daí, a ciência ganhe uma direção, um sentido, um limite, um método, um direito à existência. (Quem o entende inversamente, quem se arvora, por exemplo, a colocar a filosofia "sobre rigoroso fundamento científico", para tanto tem primeiramente que colocar não apenas a filosofia, mas também a verdade, de ponta-cabeça: o mais exasperador atentado à decência que pode haver em relação a duas damas tão venerandas!). Sim, não há qualquer dúvida — e com isso deixo a palavra à minha *Gaia ciência*, cf. quinto livro, p. 263 — "o veraz, naquele ousado e último sentido, como o pressupõe a crença na ciência, afirma com isso um outro mundo que não o da vida, da natureza e da história; e na medida em que ele afirma esse 'outro mundo' — como? não tem ele, justo com isso, que negar sua contraparte, esse mundo, nosso mundo? [...] É sempre ainda uma crença metafísica aquela sobre a qual repousa nossa crença na ciência. — Também nós os atuais homens do conhecimento, nós, os Sem-Deus e antimetafísicos, também nós ainda tomamos nosso fogo daquela fogueira que um milênio de antiga crença acendeu, aquela crença cristã, que era também a crença de Platão, de que Deus é a verdade, de que a verdade é divina [...] Como ficaria, porém, se justamente isso se tornasse cada vez mais indigno de crença, se nada mais se demonstrasse como divino, a não ser o erro, a cegueira, a mentira, — se o próprio Deus se demonstrasse como nossa mais longa mentira?" — Nessa passagem, torna-se necessário fazer uma parada, e meditar longamente. A própria ciência necessita doravante de uma justificação (com o que ainda não deve estar dito de uma vez que exista para ela uma tal justificação). Que se examinem, a respeito dessa questão, as filosofias mais antigas e mais novas: em todas elas falta uma consciência a respeito disso, em que medida a própria vontade de verdade carece primeiro de uma justificação, aqui se encontra uma lacuna em toda filosofia — de onde vem isso? Porque o ideal ascético dominou até agora toda filosofia, porque a própria verdade foi estabelecida como ser, como Deus, como instância suprema, porque a verdade, de modo nenhum, podia ser problema. Compreende-se esse "podia"? — A partir do momento em que a crença no Deus do ideal ascético foi negada, há também um novo problema: o problema do valor da verdade. — A vontade de verdade carece de uma crítica — determinemos com isso nossa tarefa própria —, à guisa de experimento, o valor da verdade tem que ser posto uma vez em questão [...] (A quem isso parece dito de modo demasiado breve, seja-lhe recomendado ler aquele aforismo de *A gaia ciência* que porta o título: "Em que medida nós somos devotos ainda", p. 260s., de preferência o livro quinto inteiro da mencionada obra, assim como o prefácio à *Aurora*).

14. O caso Wagner*

---

* *Sämtliche Werke. Kritische Studienausgabe* (KSA). G. Colli e M. Montinari (orgs.). Berlim/Nova York/Munique: Walter de Gruyter/DTV, 1980, vol. VI.

PRÓLOGO

Torno as coisas um pouco mais leves para mim. Não é só pura malvadeza se, nesse escrito, eu louvo Bizet às expensas de Wagner. Entre muitas brincadeiras, adianto uma coisa, com a qual não há que se brincar. Voltar as costas a Wagner foi para mim um destino; gostar de alguma coisa depois disso, uma vitória. Ninguém esteve talvez mais perigosamente intrincado com o wagnerismo, ninguém se defendeu mais duramente contra ele, ninguém se alegrou mais em estar livre dele. Uma longa história! — Quer-se um nome para isso? — Se eu fosse um moralista, quem sabe como eu denominaria isso! Talvez *autossuperação*. — Mas o filósofo não ama os moralistas... Ele também não ama as belas palavras...

O que um filósofo exige de si em primeiro e último lugar? Superar em si próprio o seu tempo, tornar-se "atemporal". Portanto, com o que tem de travar seu mais duro combate? Com aquilo justamente em que é filho de seu tempo. Pois bem! Sou, tão bem como Wagner, filho desse tempo, quer dizer, um *décadent*: só que eu compreendi isso, só que eu me defendi contra isso. O filósofo em mim defendeu-se contra isso.

Aquilo que mais profundamente me ocupou foi, de fato, o problema da *décadence*, — eu tive razões para isso. "Bem" e "Mal" são apenas uma variante desse problema. Se alguém já teve um olho para os sinais do declínio, então compreende também a moral, — compreende o que se esconde por baixo de seus mais sagrados nomes e fórmulas de valor: a vida *empobrecida*, a vontade do fim, o grande cansaço. A moral *nega* a vida... Para uma tarefa como essa, foi-me necessária uma autodisciplina: — tomar partido *contra* tudo o que é doente em mim, inclusive Wagner, inclusive Schopenhauer, inclusive todo a moderno "humanitarismo" ["*Menschlichkeit*"]. — Um profundo estranhamento, esfriamento, sobriedade contra todo temporal, tempestivo: e como supremo desejo, o olho de *Zaratustra*, um olho que abarca o inteiro fato homem, a partir de uma prodigiosa distância, — que a vê *abaixo* de si... Para uma tal meta — que sacrifício não lhe seria proporcionado? Que "autossuperação"! Que "autorrenegação"!

Minha maior vivência foi uma *convalescença*. Wagner pertence apenas às minhas doenças.

Não que eu desejasse ser ingrato a essa doença. Se, com esse escrito, mantenho a assertiva de que Wagner é *nocivo*, então quero manter também para quem, a despeito disso, ele é indispensável, — para o filósofo. Em outra parte, pode-se talvez passar sem Wagner: ao filósofo, porém, não é facultado prescindir de Wagner. Ele tem de ser a má consciência de seu tempo — para tanto, ele tem de ter o melhor saber desse tempo. Mas onde encontraria ele, para o labirinto da alma moderna, um condutor mais iniciado do que Wagner, um conhecedor da alma mais convincente? Por meio de Wagner a modernidade fala sua mais *íntima* linguagem: ela não oculta seu Bem, nem seu Mal, ela perdeu todo pudor. E inversamente: tem-se concluído quase um balanço do *valor* do moderno quando se tem clareza sobre Bem e Mal em Wagner. — Eu compreendo perfeitamente se um músico diz hoje "eu odeio Wagner, mas eu não suporto mais nenhuma outra música". Porém, eu compreenderia também um filósofo que esclarecesse: "Wagner *resume* a modernidade. Não tem jeito, primeiro é preciso ser wagneriano"...

7.

Basta! Basta! Sob meus traços joviais, ter-se-á reconhecido bastante claramente, temo eu, a sinistra efetividade — o quadro de um declínio da arte, de um declínio também do artista. O último, um declínio do caráter, talvez viesse provisoriamente à expressão na seguinte fórmula: o músico torna-se agora ator, sua arte se desenvolve sempre mais como um talento para *mentir*. Terei uma oportunidade (num capítulo de minha obra capital, que porta o título "Para a fisiologia da arte") de mostrar mais de perto como essa transformação global da arte em arte de ator, é certamente, de igual modo, uma expressão de degenerescência fisiológica (mais precisamente, uma forma de histeria), como toda singular corrupção e enfermidade da arte inaugurada por Wagner: por exemplo, a inquietação de sua ótica força a mudar em todo instante o seu lugar. Não se entende nada de Wagner desde que se veja nele um jogo da natureza, um arbítrio e humor, uma casualidade. Ele não foi nenhum gênio "lacunar", "malsucedido" "contraditório", como muito se diz. Wagner foi algo *perfeito*, um típico *décadent*, no qual falta toda "vontade livre", no qual todo traço tem necessidade. Se alguma coisa é interessante em Wagner, então é a lógica com a qual um mal-entendido fisiológico faz conclusão por conclusão, passo por passo como prática e procedimento, como inovação nos princípios, como crise do gosto.

Detenho-me dessa vez apenas na questão do *estilo*. — Com o que se caracteriza toda *décadence literária*? Com isso: que a vida não habita mais no todo. A palavra torna-se soberana e salta para fora da frase, a frase transborda e obscurece o sentido da página, a página ganha vida às custas do todo — o todo não é mais todo algum. Mas isso é a parábola para todo estilo da *décadence*: a cada vez, anarquia dos átomos, desagregação da vontade, "liberdade do indivíduo", dito moralmente, — alargado em teoria política — "direitos *iguais* para todos". A vida, a *igual* vivacidade, a vibração e exuberância da vida comprimida nas menores formações, o resto *pobre* em vida. Por toda parte contração,

esforço, torpor *ou* hostilidade e caos: ambos saltando mais aos olhos quanto mais nos elevamos para formas superiores de organização. O todo não vive mais, em absoluto: ele é um agregado, calculado, artificial, um artefato. —
Em Wagner, no início encontra-se a alucinação: não de sons, mas de gestos. Para estes, ele busca então a semiótica sonora. Se queremos admirá-lo, examinemo-lo em ação aqui: como ele separa, como ele conquista pequenas unidades, como ele as anima, impele para fora, torna-as visíveis. Mas nisso se esgota sua força: o resto não presta para nada. Quão mendaz, quão deslocada, quão leiga é sua arte de "desenvolver", sua tentativa de pelo menos fazer imbricar um no outro aquilo que não cresceu um do outro. Nisso suas maneiras lembram os *frères* Goncourt, que também quanto ao mais são aproximáveis do estilo de Wagner: tem-se uma espécie de misericórdia com tanto estado de necessidade. Que Wagner tenha disfarçado num princípio a inaptidão para a configuração orgânica, que ele tenha estatuído um "estilo dramático" onde nós estatuímos sua mera incapacidade para o estilo em geral, isso corresponde a um ousado hábito que acompanhou Wagner durante toda a vida: ele institui um princípio onde falta-lhe uma capacidade (muito diferente nisso, diga-se de passagem, do velho Kant, que amava *outra* ousadia: a saber, por toda parte onde lhe faltava um princípio, instituir para tanto uma "faculdade" no homem [...]). Dito novamente: Wagner é admirável, amável apenas na invenção do ínfimo, na elaboração poética do detalhe, — tem-se todo direito de seu lado ao proclamá-lo aqui como um mestre de primeira ordem, como nosso maior *miniaturista* da música, que num pequeno espaço comprime uma infinitude de sentido e doçura. Sua riqueza em cores, em meio-sombreado, em segredos, luz mortiça, mal-acostumada de tal modo que, depois dele, todo outro músico parece-nos demasiadamente robusto. — Caso se queira dar-me crédito, então não se extrai o mais elevado conceito de Wagner daquilo que dele hoje agrada. Isso é inventado para o convencimento de massas, diante disso os que são dos nossos retrocedem como perante um afresco demasiadamente atrevido. O que importa a nós a provocativa brutalidade da abertura do *Tannhäuser*?

Ou do ciclo das Valquírias? Tudo o que se tornou popular da música de Wagner, também fora do teatro, é de gosto duvidoso e corrompe o gosto. A marcha de *Tannhäuser* parece-me suspeita de pieguice; a abertura para o *Holandês voador* é um barulho para nada; o prelúdio de *Lohengrin* fornece o primeiro exemplo, apenas demasiado capcioso, apenas demasiado bem-cunhado, de como também com a música se hipnotiza (— não aprecio toda música cuja ambição não vai além de convencer os nervos). Mas, deixando de lado o Wagner hipnotizador e pintor de afresco, existe ainda um Wagner que coloca ao lado pequenas preciosidades: nosso maior melancólico da música, cheio de olhares, ternuras e palavras de consolo, que ninguém lhe antecipou, o mestre nos sons de uma nostálgica e sonolenta felicidade. [...] Um léxico das mais íntimas palavras de Wagner, autênticas coisas curtas de cinco até quinze toques, autêntica música, que *ninguém conhece*. [...] Wagner tinha a virtude dos *décadents*, a compaixão —

15. Crepúsculo dos ídolos*

---

* *Sämtliche Werke. Kritische Studienausgabe* (KSA). G. Colli e M. Montinari (orgs.). Berlim/Nova York/Munique: Walter de Gruyter/DTV, 1980, vol. VI.

O PROBLEMA DE SÓCRATES

§ 2.

Pela primeira vez revelou-se a mim essa irreverência de que os grandes sábios são *tipos decadentes* justamente num caso em que a ela se contrapõe o mais fortemente o preconceito erudito e não erudito: eu reconheci Sócrates e Platão como sintomas de declínio, como instrumentos da dissolução grega, como pseudogregos, como antigregos (*O nascimento da tragédia*, 1872). Aquele *consensus sapientium* [consenso dos sábios] — isso eu compreendi sempre melhor — é o que menos prova que eles tinham razão naquilo em que eles concordavam: ele prova, antes pelo contrário, que eles mesmos, esses sapientíssimos, concordam *fisiologicamente* em algum lugar, para, de maneira semelhante, postar-se negativamente em relação à vida — *ter de* se postar. Juízos, juízos de valor sobre a vida, pró ou contra, em derradeira instância jamais podem ser verdadeiros: eles só têm valor como sintomas, só como sintomas entram em consideração, — em si mesmos, tais juízos são tolices. Certamente, há que se estender a mão em direção a isso e fazer a tentativa de apreender essa surpreendente finesse, *que o valor da vida não pode ser avaliado*. Não por um vivente, porque este é partido, sim, até mesmo objeto do litígio, e não juiz; não por um morto, por outra razão. — Dessa forma, ver no *valor* da vida um problema, permanece, por parte de um filósofo, até uma censura contra ele, um ponto de interrogação em sua sabedoria, uma não sabedoria. — Como? E todos esses grandes sábios — eles seriam apenas *décadents*, nem sequer teriam sido sábios? — Mas retorno ao problema de Sócrates.

A RAZÃO NA FILOSOFIA

§ 6.

Ficar-se-á grato a mim, se eu compactar um discernimento tão essencial, tão novo, em quatro teses: com isso, eu facilito a compreensão, eu desafio com isso a contradição.

Primeira proposição: As razões com base nas quais "esse" mundo foi designado como aparente fundamentam, antes pelo contrário, sua realidade, — uma *outra* espécie de realidade é absolutamente indemonstrável.

Segunda proposição: As características que foram dadas ao "verdadeiro ser" das coisas são as caraterísticas do não ser, do *nada*, — construiu-se o "verdadeiro mundo" a partir da contradição ao mundo efetivo: de fato, um mundo aparente, na medida em que ele é um mero engano *ótico-moral*.

Terceira proposição: Fabular a respeito de um "outro" mundo além desse não tem absolutamente nenhum sentido, pressuposto que não seja poderoso em nós um instinto de detração, rebaixamento, suspeição da vida: no último caso, *vingamo-nos* da vida com a fantasmagoria de uma "outra" vida, uma vida "melhor".

Quarta proposição: Dividir o mundo num "verdadeiro" e num "aparente" seja à maneira do Cristianismo, seja à maneira de Kant (no fim de tudo, um cristão *ardiloso*) é apenas uma sugestão da *décadence* — um sintoma de vida *declinante*. [...] Que o artista tenha a aparência em mais elevada conta do que a realidade, não constitui uma objeção contra essa proposição. Pois "a aparência" significa aqui a realidade *uma vez mais*, só que numa seleção, num reforço, numa correção. [...] O artista trágico não é *nenhum* pessimista, — ele justamente diz sim, mesmo para tudo o que é questionável e terrível, ele é *dionisíaco*. [...]

OS QUATRO GRANDES ERROS

§ 8.

O que somente pode ser *nossa* doutrina? — Que ninguém *dá* ao homem suas propriedades, nem Deus, nem a sociedade, nem seus pais e antepassados, nem *ele mesmo* (— o sem-sentido dessa representação aqui recusada por último foi ensinado como "liberdade inteligível" por Kant, talvez já também por Platão). *Ninguém* é responsável por isso: que ele existe, que ele foi criado assim ou de outro modo, que ele se encontre nessas circunstâncias, nesse ambiente. A fatalidade de seu ser não pode ser destacada da fatalidade de tudo aquilo que foi e será. Ele *não* é a consequência de uma finalidade própria, de uma vontade, de uma meta, com ele *não* é feita uma tentativa de alcançar um "ideal de homem", ou um "ideal de felicidade", ou um "ideal de moralidade", — é absurdo querer *rolar* seu ser em direção a alguma finalidade. Nós inventamos o conceito de "finalidade": na realidade, *falta* a finalidade... É-se necessário, é-se um pedaço de fatalidade, pertence-se ao todo, *é-se* no todo, — nada existe que pudesse julgar, medir, comparar, condenar nosso ser, pois isso significaria julgar, medir, comparar, condenar o todo... *Mas nada existe além do todo!* — Que ninguém mais é tornado responsável, que não é lícito remeter a forma de ser a nenhuma causa prima, que o mundo não é uma unidade, nem como *sensorium* nem como "espírito", *só isso é a maior libertação* — só com isso é resgatada a inocência do vir-a-ser [...] O conceito "Deus" foi até agora a maior objeção contra a existência... Nós negamos Deus, nós negamos a responsabilidade em Deus: só *com isso* redimimos o mundo! —

INCURSÕES DE UM EXTEMPORÂNEO

§ 48.

Progresso em meu sentido — Também eu falo de "retorno à natureza", embora isso não seja um caminhar para trás, mas um elevar-se — para cima, na natureza e naturalidade elevada, livre, mesmo terrível, uma tal que joga com grandes tarefas, que pode [*darf*] jogar [...] Para dizê-lo em parábola: Napoleão foi um pedaço de "retorno à natureza", como o entendo eu (por exemplo *in rebus tacticis* [e questões de tática], ainda mais em estratégia, como o sabem os militares). — Mas Rousseau — para onde queria ele propriamente retornar? Rousseau, esse primeiro homem moderno, idealista e *canaille* (canalha) numa única pessoa; que tinha necessidade da "dignidade" moral para suportar seu próprio aspecto; enfermo de desenfreada vaidade e desenfreado autodesprezo. Também esse aborto que se alojou no limiar da modernidade queria o "retorno à natureza", — para onde, perguntado uma vez mais, queria Rousseau retornar? — Odeio Rousseau ainda na revolução: ela é a expressão histórico-universal dessa duplicidade de idealista e *canaille* (canalha). A farsa sangrenta com a qual desenrolou-se essa revolução, sua "imoralidade" importa-me pouco: o que odeio é sua moralidade Rousseauísta — as assim chamadas "verdades" da revolução, com as quais ela sempre ainda produz efeitos e convence para seu lado tudo o que é superficial e medíocre. A doutrina da igualdade! [...] Mas não existe veneno mais venenoso: pois ela parece pregada pela própria justiça, enquanto ela é o fim da justiça. [...] "O igual para os iguais, o desigual para os desiguais — esse seria o verdadeiro discurso da justiça: e, o que se segue daí, jamais tornar igual o desigual." — Que em torno dessa doutrina da igualdade as coisas tenham se passado de modo tão assustador e sangrento, isso deu a essa "ideia moderna" *par excellence* uma espécie de glória e brilho de fogo, de tal maneira que a revolução como espetáculo seduziu até os espíritos mais nobres. Isso não é, afinal, nenhum motivo para respeitá-la mais. Vejo apenas um que a sentiu como ela teria de ser sentida, com asco — Goethe. [...]

§ 49.

Goethe — nenhum acontecimento alemão, mas europeu: uma grandiosa tentativa de superar o século dezoito por meio de um retorno à natureza, por meio de um elevar-se à naturalidade da renascença, uma espécie de autossuperação por parte desse século. Ela tinha em si seus mais fortes instintos: o sentimentalismo, a idolatria da natureza, o anti-historiográfico, o idealístico, o irreal e revolucionário (— este último é só uma forma do irreal). Ele tomou em seu auxílio a historiografia, a ciência da natureza, a antiguidade, assim também Spinoza, sobretudo a atividade prática; ele cercou-se com autênticos horizontes fechados; ele não se desprendeu da vida, ele implantou-se nela; ele não foi hesitante e tomou sobre si, em si, acima de si tanto quanto possível. O que ele queria era totalidade; ele combatia a separação [*Auseinander*] entre razão, sensibilidade, sentimento, vontade (pregada com a mais assustadora escolástica por Kant, o antípoda de Goethe), ele disciplinou-se para a inteireza [*Ganzheit*], ele criou a si mesmo. [...] Em meio a uma era com disposição de ânimo irrealista, Goethe era um realista convicto: em meio a ela, dizia Sim a tudo o que era semelhante a si, — ele não teve vivência maior do que aquele *ens realissimum* (ente realíssimo) denominado Napoleão. Goethe concebeu homem forte, de formação elevada, apto em toda corporalidade, mantendo as rédeas de si próprio, tendo respeito por si mesmo, que pode (dar) ousar conceder-se a inteira extensão e riqueza da naturalidade, que é forte o suficiente para essa liberdade; o homem da tolerância, não por fraqueza, mas por fortaleza, porque sabe empregar ainda em proveito próprio aquilo em que sucumbiria a natureza mediana; o homem para quem nada há de proibido, a não ser a fraqueza, chame-se ela então vício ou virtude. [...] Um tal espírito tornado livre se mantém de pé com um alegre e confiante fatalismo em meio a tudo, na crença de que só o singular é censurável, de que, no todo, tudo se redime e afirma — ele não nega mais. [...] Mas uma tal crença é a mais elevada de todas as crenças possíveis: eu a batizei com o nome de Dionysos. —

16. O anticristo*

---

* *Sämtliche Werke. Kritische Studienausgabe* (KSA). G. Colli e M. Montinari (orgs.). Berlim/Nova York/Munique: Walter de Gruyter/DTV, 1980, vol. VI.

§ 25.

A história de Israel é inestimável como típica história de toda *desnaturalização* dos valores naturais: eu indico cinco fatos sobre ela. Originariamente, sobretudo no tempo do reinado, Israel se colocava para com todas as coisas na *correta* relação, isto é, na relação natural. Seu Javeh era a expressão da consciência de poder, da alegria consigo mesmo, da esperança em si: nele esperavam-se a vitória e a salvação, com ele confiava-se na natureza, que ela dá o que o povo necessitava — sobretudo chuva. Javeh é o deus de Israel e *consequentemente* deus da justiça: a lógica de todo povo que está no poder e tem disso uma boa consciência. No culto solene expressam-se esses dois lados da autoafirmação de um povo: ele é grato pelos grandes destinos, pelos quais ele se elevou, ele é grato em relação ao ciclo dos anos e em relação a toda felicidade na pecuária e na lavoura. — Esse estado de coisas permaneceu ainda por muito tempo um ideal, mesmo quando ele, de uma triste maneira, desapareceu: a anarquia no interior, o assírio no lado de fora. Mas o povo manteve firme, como suprema desejabilidade, aquela visão de um rei, que é um bom soldado e um severo juiz: sobretudo aquele típico profeta (isto é, crítico e satírico do momento) Isaías. — Mas toda esperança permaneceu irrealizada. Dever-se-ia tê-lo deixado andar. O que aconteceu? Seu conceito *foi alterado*, — seu conceito foi *desnaturalizado*: a esse preço, ele foi mantido firme. — Javeh o deus da "justiça", *não mais* uma unidade com Israel, uma expressão do autossentimento do povo: ainda um deus somente sob condições... Seu conceito tornou-se um instrumento nas mãos de sacerdotes agitadores, que doravante interpretavam toda felicidade como recompensa, toda infelicidade como castigo pela desobediência a Deus, como "pecado": a mais mendaz de todas as maneiras de interpretação, aquela de uma suposta "ordenação ética do mundo", com a qual, de uma vez por todas, o conceito natural de "causa" e "efeito" foi virado de ponta-cabeça. Depois que, com recompensa e castigo, foi excluída do mundo a causalidade, precisava-se de uma causalidade *antinatural*: todo o resto de des-natureza segue-se então. Um deus que *exige* — no lugar de um deus que ajuda, que aconselha, que, no fundo, é a palavra para toda feliz inspiração de coragem e de autoconfiança... *A moral*, não mais expressão das condições de vida e crescimento de um povo, não mais seu mais básico instinto de vida, porém tornada abstrata, oposta à vida, — a moral como deterioração, por princípio, da fantasia, como "mau-olhado" para todas as coisas. O *que* é a moral judaica? O *que* é a moral cristã? O acaso privado de sua inocência; o infortúnio poluído com o conceito "pecado"; o sentir-se bem como perigo, como "tentação"; o fisiológico sentir-se mal envenenado com o verme da consciência moral...

§ 29.

O que *a mim* importa no tipo psicológico do redentor. Sim, ele *poderia* estar contido nos Evangelhos, apesar dos Evangelhos, ainda que muito mutilado, ou sobrecarregado com traços estranhos: como o de Francisco de Assis está contido em suas lendas, apesar de suas lendas. *Não* a verdade sobre o que ele fez, o que ele disse, sobre como ele morreu: porém a pergunta *se* o seu tipo é ainda, em geral, representável, se ele foi "traditado"? — A tentativa, que eu conheço, de, a partir dos Evangelhos, retirar pela leitura até a *história* de uma "alma" parece-me a prova de uma repugnante leviandade psicológica. O senhor Renan, esse bufão *in psychologicis*, acrescentou à sua explicação do tipo de Jesus os dois conceitos mais *impróprios* que para tanto podem existir: o conceito de *gênio* e o conceito de *herói* ["*héros*"]. Mas se algo é não evangélico, então é o conceito de herói. Justamente o contrário de todo disputar, de todo sentir-se em combate, tornou-se aqui instinto: a incapacidade para a resistência torna-se moral ("não resistais ao mal" a mais profunda palavra dos evangelhos, a chave para eles, em certo sentido), a bem-aventurança na paz, na branda disposição de ânimo, no não *poder* ser inimigo. O que significa "alegre mensagem"? A verdadeira vida, a vida eterna foi encontrada — ela não é prometida, ela está aí, ela está *em vós*: a vida no amor, no amor sem subtração e exclusão, sem distância. Cada um é filho de Deus — Jesus não toma absolutamente nada apenas para si — como filho de Deus, cada um é igual a todo outro... Fazer de Jesus um *herói*! — E que mal-entendido é já a palavra "gênio"! Todo o nosso conceito cultural de "espírito" não tem qualquer sentido no mundo em que Jesus vive. Dito com o rigor do fisiólogo, uma palavra inteiramente distinta teria antes aqui lugar: a palavra idiota. Conhecemos um estado de excitabilidade doentia do *sentido do tato*, a que então repugna todo contato, todo agarrar um objeto firme. Transponhamos um tal *habitus* fisiológico em sua derradeira lógica — como ódio instintivo contra *toda* realidade, como fuga no "inapreensível", no "incompreensível", como má vontade contra toda fórmula, todo conceito de espaço e tempo, contra tudo o que é firme, costume, instituição, Igreja, como estar em casa num mundo que não é mais tocado por nenhuma espécie de realidade, num mundo meramente "interior", um "verdadeiro" mundo, um mundo "eterno"... "O reino de Deus está *dentro de vós*"...

§ 35.

Esse "alegre mensageiro" morreu como ele viveu, como ele *ensinou* — *não* para "redimir os homens", mas para mostrar como se tem que viver. A *prática* é o que ele legou à humanidade: seu comportamento perante os juízes, perante os carrascos, perante os acusadores e toda espécie de calúnia e escárnio, — seu comportamento na *cruz*. Ele não resiste, ele não defende seu direito, ele não dá qualquer passo que o defenda do extremo, mais ainda, *ele o desafia*... Ele pede, ele sofre, ele ama *com* aqueles, *naqueles* que lhe fazem mal... A palavra ao *ladrão* na cruz contém o Evangelho inteiro. "Este foi verdadeiramente um homem *divino*, um 'filho de Deus'", diz o ladrão. "Se tu sentes isso", responde o redentor, "*então tu estás no paraíso*, então tu também és um filho de Deus"... Não se defender, *não* se encolerizar, *não* fazer responsável... Mas também não resistir ao mal, — *amá*-lo...

§ 39.

— Eu volto atrás — eu conto a *autêntica* história do Cristianismo. — Já a palavra "Cristianismo" é um mal-entendido —, no fundo, houve um único cristão, e este morreu na cruz. O "Evangelho" *morreu* na cruz. Aquilo que, desse instante em diante, chama-se "Evangelho" já era o contrário disso que *ele* viveu: uma "*má-nova*", um *Dysangelium*. É falso até o absurdo quando se vê numa "fé", como por exemplo na fé na redenção pelo Cristo, o signo do cristão: apenas a *prática* cristã, uma vida como a *viveu* aquele que morreu na cruz é cristã... Ainda hoje é possível uma *tal* vida, para *certos* homens até necessária: o Cristianismo autêntico, originário será possível a todo tempo... Não uma fé, mas um fazer, sobretudo um *não* fazer, um *ser* diferente... Estados de consciência, alguma crença, um considerar verdadeiro, por exemplo — todo psicólogo sabe disso — são, sim, inteiramente indiferentes e de quinta categoria em relação ao valor dos instintos: dito mais rigorosamente, o inteiro conceito de causalidade espiritual é falso. Reduzir o ser-cristão, a cristianicidade a um considerar verdadeiro, a uma mera fenomenalidade da consciência significa negar a cristianicidade. *De fato, não houve nenhum cristão*. O "cristão", aquilo que há dois milênios é chamado cristão é apenas um mal-entendido psicológico de si mesmo. Examinando-se com mais precisão, nele dominam, *apesar* de toda "fé", *meramente* os instintos — e *que instintos*! — A "fé" foi em todos os tempos, por exemplo em Lutero, apenas um manto, uma desculpa, uma *cortina*, atrás da qual os instintos jogavam seu jogo —, uma prudente *cegueira* a respeito do domínio de *certos* instintos, — falou-se sempre de "fé", *fez-se* sempre somente instintos... No mundo da representação do cristão nada ocorre que também apenas tangencie a efetividade: inversamente, reconhecemos no ódio instintivo *contra* toda efetividade o elemento propulsor, o único elemento propulsor na raiz do Cristianismo. O que segue daí? Que também *in psychologicis* aqui o erro é radical, isto é, determinante da essência, isto é *substância*. Um *único* conceito fora daqui, uma única realidade em seu lugar — e todo o Cristianismo rola no nada! — Visto a partir de cima, esse mais estranho de todos os fatos [*Tatsache*], uma religião não somente condicionada por erros, porém inventiva *apenas* em erros danosos, *apenas* em erros que envenenam a vida e o coração, e até mesmo religião genial, permanece um *espetáculo para deuses*, — para aquelas divindades que são também filósofos, que encontrei, por exemplo, naquele célebre diálogo em Naxos. No instante em que o *asco* se aparta deles (— *e* de nós), tornam-se eles gratos pelo espetáculo do cristão: o miserável pequeno astro, que se chama Terra, merece talvez, apenas em virtude *desse* caso curioso um olhar divino, uma divina participação... Não subestimemos, pois, o cristão: o cristão, falso *até a inocência*, está muito acima do símio — em vista do cristão, uma certa teoria da proveniência torna-se mera cortesia...

17. Ecce homo*

---
* *Sämtliche Werke. Kritische Studienausgabe* (KSA). G. Colli e M. Montinari (orgs.). Berlim/Nova York/Munique: Walter de Gruyter/DTV, 1980, vol. VI.

POR QUE SOU TÃO SÁBIO

§ 6.

A liberdade com relação ao ressentimento, o esclarecimento a respeito do ressentimento — quem sabe quanto, por fim, eu, também nisso, estou obrigado a agradecer minha longa enfermidade! O problema não precisamente simples: é preciso tê-lo vivenciado a partir da força e a partir da fraqueza. Se algo tem que ser feito valer, em geral, contra o estar doente, contra o ser fraco, então é que neles o autêntico instinto curativo, que é *o instinto para a defesa e para as armas*, torna-se podre no homem. Não se sabe desembaraçar de nada, não se sabe levar nada à conclusão, não se sabe rechaçar nada, — tudo fere. Homem e coisa chegam invasivamente perto, as vivências calam fundo demais, a recordação é uma ferida purulenta. Estar doente *é* uma espécie mesmo de ressentimento. — Contra isso, o doente só tem um único grande remédio — eu o denomino o *fatalismo russo*, aquele fatalismo sem revolta com o qual o soldado russo, a quem o campo de guerra torna duro demais, por fim deita-se na neve. Não acolher mais absolutamente nada, nada mais tomar para si, inserir em si — não reagir mais, em absoluto... A grande razão desse fatalismo, que nem sempre é só medo da morte, como conservador da vida em meio às mais perigosas circunstâncias, é o rebaixamento do metabolismo, torná-lo lento, uma espécie de vontade de hibernação. Alguns passos à frente nessa lógica, e tem-se o faquir, que dorme durante semanas numa cova... Posto que nos consumiríamos rápido demais, se, em geral, reagíssemos, não reagimos mais, em absoluto: essa é a lógica. E nada nos incendeia mais rapidamente do que os afetos de ressentimento. A raiva, a suscetibilidade doentia, a impotência para a vingança, o prazer, a sede de vingança, o misturar venenos em todo sentido — para esgotados, essa é seguramente a mais nociva espécie de reação: um rápido consumo de energia nervosa, uma intensificação patológica de secreções nocivas, por exemplo, bílis no estômago, são determinados por isso. Para o doente, o ressentimento é o proibido *em si* — o *seu* mal: infelizmente também sua propensão mais natural. — Isso compreendeu aquele fisiólogo profundo, Buda. Sua "religião", que se poderia designar melhor como uma *higiene*, para não misturá-la com coisas tão deploráveis quanto o Cristianismo, fazia depender seu efeito da vitória sobre o ressentimento: livrar a alma *disso* — primeiro passo para a convalescença. "Não é pela hostilidade que acaba a hostilidade, pela amizade termina a hostilidade": isso encontra-se no início da doutrina de Buda — assim fala *não* a moral, assim fala a fisiologia. — O ressentimento, nascido da fraqueza, a ninguém é mais prejudicial do que ao próprio fraco, — em outro caso, onde uma natureza rica é o pressuposto, um sentimento *excedente*, um sentimento de manter-se senhor sobre isso, é quase a prova da riqueza. Quem conhece a seriedade com que minha filosofia encetou o combate contra os sentimentos vingativos e reativos até no interior da doutrina da "vontade livre" — o combate contra o Cristianismo é apenas um caso particular disso — entenderá por que trago à luz justamente aqui meu comportamento pessoal, minha *segurança instintiva* na práxis. Em tempos de *décadence*, eu os *proibi* para mim mesmo como nocivos; tão logo a vida tornou-se de novo rica e orgulhosa o suficiente para tanto, eu os proibi para mim mesmo, como estando *abaixo* de mim. Aquele "fatalismo russo", do qual falei, aparecia assim em mim: por anos a fio, eu suportei tenazmente condições quase insuportáveis, localidades, habitações, companhias, uma vez que me tinham sido dadas — isso era melhor do que modificá-las, do que *senti-las* como modificáveis — do que revoltar-se contra elas... Perturbar-me nesse fatalismo, despertar-me violentamente, outrora eu levava isso mortalmente a mal: — em verdade, isso era também, a cada vez, mortalmente perigoso. — Tomar-se a si mesmo como um *fatum*, não querer ser "diferente" — isso é, em tais estados, a *grande razão* mesma.

§ 7.

Outra coisa é a guerra. Sou guerreiro por natureza. Atacar pertence a meus instintos. *Poder* ser inimigo, ser inimigo — isso pressupõe talvez uma natureza forte. Ela tem necessidade de resistências, consequentemente, ela *procura* resistência: o *páthos agressivo* pertence tão necessariamente à fortaleza como à fraqueza o sentimento vingativo e reativo. A mulher, por exemplo, é sedenta de vingança: isso está condicionado em sua fraqueza, tanto quanto sua suscetibilidade pela carência alheia. — A força de quem ataca tem na adversidade, de que ele necessita, uma espécie de *medida*; todo crescimento se revela na busca de um adversário mais forte — ou problema: pois um filósofo que é guerreiro desafia também um problema para duelo. A tarefa *não* é assenhorear-se de resistências em geral, mas daquelas nas quais se tem de investir toda a sua força, a sua elasticidade e a sua maestria nas armas — de adversários *iguais*... igualdade perante o inimigo — primeiro pressuposto para um duelo *honesto*. Onde se despreza, não se pode fazer guerra; onde se comanda, onde se vê algo *abaixo* de si, não se *tem de* fazer guerra. — Apanhar minha práxis guerreira em quatro sentenças. Primeiro: eu só ataco coisas que são vencedoras — sob certas circunstâncias, eu espero até que sejam vencedoras. Segundo: eu só ataco coisas nas quais não encontraria um parceiro, em que eu esteja sozinho — com as quais eu me comprometa sozinho... Jamais dei um passo em público que não me comprometesse: esse é o *meu* critério do justo agir. Terceiro: nunca ataco pessoas — sirvo-me da pessoa só como de uma poderosa lente de aumento, com a qual se possa tornar visível um estado de indigência universal, mas escorregadio, pouco apreensível. Assim ataquei David Strauss, mais precisamente, o *sucesso* de um livro caduco da "formação" ["*Bildung*"] alemã, — com isso, pilhei essa formação em ação... Assim ataquei Wagner, mais precisamente, a falsidade, a mestiçagem de nossa "cultura", que confunde os refinados com os ricos, os tardios com os grandes. Quarto: eu só ataco coisas de onde fica excluída toda diferença pessoal, onde falta todo pano de fundo de experiências ruins. Ao contrário, atacar é, em mim, uma prova de bem-querer, em certas circunstâncias, de gratidão. Eu honro, faço distinção, ao vincular meu nome com o de uma coisa, uma pessoa: pró ou contra, vale o mesmo para mim. Quando faço guerra ao Cristianismo, isso me é facultado porque, desse lado, não vivenciei fatalidades ou inibições, — os cristãos mais sérios sempre foram bem-dispostos para comigo. Eu mesmo, um adversário *de rigueur* do Cristianismo, estou longe de imputar ao indivíduo o que é fatalidade de milênios. —

POR QUE SOU UM DESTINO

§ 3.

Não me foi perguntado, deveria ter-me sido perguntado o que, justamente em minha boca, na boca do primeiro imoralista, o que significa o nome Zaratustra: pois o que constitui a prodigiosa singularidade desse persa na história é justamente o contrário disso. Zaratustra foi quem primeiro viu na luta entre Bem e Mal a autêntica engrenagem no movimento das coisas — a tradução da moral em metafísica, como força, causa, finalidade em si, isso é obra *dele*. Porém, no fundo, essa pergunta já seria a resposta. Zaratustra *criou* esse erro, o erro mais fatal, a moral: consequentemente, ele tem de ser também o primeiro a *reconhecê-lo*. Não apenas porque nisso ele tenha mais e mais prolongada experiência do que qualquer outro pensador — sim, a história inteira é a refutação experimental do princípio da assim chamada "ordenação ética do mundo" —: o mais importante é que Zaratustra é mais veraz do que qualquer outro pensador. Sua doutrina, e só ela, tem a veracidade como suprema virtude — isto é, o contrário da *covardia* do idealista, que se afugenta perante a realidade, Zaratustra tem mais coragem no corpo do que todos os pensadores tomados em conjunto. Falar a verdade e *atirar bem com as flechas*, essa é a virtude persa. — Compreendem-me? [...] A autossuperação da moral por veracidade, a autossuperação do moralista em seu contrário — *em mim* —, isso significa em minha boca o nome Zaratustra.

18. Fragmentos póstumos selecionados*

---

* *Sämtliche Werke. Kritische Studienausgabe* (KSA). G. Colli e M. Montinari (orgs.). Berlim/Nova York/Munique: Walter de Gruyter/DTV, vols. 7-13, 1980.

32[12], junho-julho de 1885.
In: KSA, vol. XI, p. 610s.

E sabeis vós também o que "o mundo" é para mim? Devo eu mostrá-lo a vós em meu espelho? Este mundo: um portento de força, sem começo, sem fim, uma firme, brônzea grandeza de força, que não se torna maior, não se torna menor, que não se consome, mas apenas se transforma, inalteravelmente grande como Todo, uma economia sem dispêndio e perda, mas também sem crescimento, sem ingressos, cercada pelo "Nada" como por sua fronteira, nada de dissipativo, perdulário, nada de infinitamente--estendido, porém, como força determinada, inserida num determinado espaço, e não em um espaço que em algum lugar fosse "vazio", antes porém como força por toda parte, como jogo de forças e ondas de força, ao mesmo tempo um e "muitos", elevando-se aqui e, ao mesmo tempo, diminuindo acolá, um mar de forças em si mesmo em precipitação e refluxo, eternamente se transformando, eternamente tornando atrás, com imensos anos de retorno, com montante e vazante de suas figuras, impelindo adiante desde as mais simples até as mais variegadas, a partir do mais quedo, rígido, frio, para o mais ardente, selvagem, em contradição consigo mesmo, e então de novo regressando da plenitude ao simples, do jogo das contradições de volta para o prazer do uníssono, afirmando a si mesmo ainda nessa igualdade de seus trilhos e anos, abençoando a si mesmo como o que tem de retornar eternamente, como um vir-a-ser que não conhece qualquer estar-farto, qualquer fastio, qualquer fadiga —: este é meu mundo *dionisíaco* do eterno criar-se a si mesmo, do eterno destruir-se a si mesmo, este mundo de segredos da dupla volúpia, este meu além de Bem e Mal, sem meta, se a meta não se encontra na felicidade do círculo, sem vontade, se um anel não tem boa vontade para si mesmo, — quereis um *nome* para este mundo? Uma *solução* para seus enigmas? Uma *luz* também para vós, vós os mais ocultos, os mais fortes, os mais intrépidos, os mais noturnos [*Mitternächtlichsten*]? — *Este mundo é a vontade de poder — e nada além disso!* E também vós mesmos sois esta vontade de poder — e nada além disso!

40[21], agosto-setembro de 1885.
In: KSA, vol. XI, p. 638s.

"Ponto de partida: do *corpo* e da fisiologia; por quê? — Nós obtemos a correta representação da espécie de unidade subjetiva, a saber, como governantes à frente de uma comunidade, não como 'almas', ou 'forças vitais'; do mesmo modo, da dependência desses governantes com relação aos governados e às condições de hierarquia e divisão do trabalho, como viabilização simultânea das singularidades e do todo. Do mesmo modo, [obtemos a correta representação de] como unidades viventes permanentemente surgem e morrem, e de como ao 'sujeito' não pertence eternidade; de que também no obedecer e comandar expressa-se a luta, e de que à vida pertence uma cambiante determinação de fronteiras de poder. Pertence às condições sob as quais pode haver governo certa incerteza na qual o governante deve ser mantido a par dos desempenhos [*Verrichtungen*] e mesmo das perturbações da comunidade. Em resumo, adquirimos também uma apreciação para o não saber, para o ver-por-alto-e-no-todo, para o simplificar e falsear, para o perspectivístico. O mais importante, porém, é que entendemos o dominante e seus subalternos como sendo de *idêntica espécie*, todos sensíveis, volitivos, pensantes — e que por toda parte onde vemos ou adivinhamos movimento no corpo, nós aprendemos a inferir que a isso pertence algo como uma vida complementar, subjetiva e invisível. Movimento é uma simbólica para o olho; ele indica que algo foi sentido, querido, pensado. — O questionamento direto do sujeito sobre o sujeito e toda autorreflexão do espírito tem aqui seus perigos, a saber, que o interpretar-se falsamente poderia ser útil e importante para sua atividade. Por isso, questionamos o corpo e recusamos o testemunho dos sentidos aguçados: nós examinamos, se assim quiserem, se os próprios subordinados não podem entrar em contato conosco."

    11[176], primavera-outono de 1881.
    In: KSA, vol. IX, p. 508.

Trabalho escravo! Trabalho livre! O primeiro trabalho é todo aquele que não é feito por causa de nós mesmos e que, em si, não traz nenhuma satisfação. Há que encontrar ainda muito espírito, para que cada um configure para si mesmo seus trabalhos como *satisfatórios*.

    4[188], novembro de 1882-fevereiro de 1883.
    In: KSA, vol. X, p. 165.

O eu primeiramente no rebanho. Inverso disso: no *Além-do-Homem* o tu de muitos eus de milênios foi tornado um. (portanto, os *indivíduos* agora foram tornados Um [sic]

    7[21], primavera-verão de 1883. In: KSA, vol. X, p. 244s.

Minha exigência: produzir seres que pairem sublimes sobre a inteira espécie "homem": e para essa meta, sacrificar a si e aos "próximos".
    A moral de até agora teve sua fronteira no interior da espécie: todas as morais até agora foram úteis para dar *em primeiro lugar* à espécie durabilidade incondicional: *quando* esta está alcançada, a meta pode ser colocada mais acima.
    Um movimento é incondicional: a nivelação da humanidade, grandes formigueiros etc. (caracterizar Dühring como extraordinariamente pobre e tipicamente *reduzido*, apesar de suas patéticas palavras).
    O *outro* movimento: meu movimento: é, ao contrário, o aguçamento de todos os antagonismos e abismos, eliminação de igualdade, a criação de UltraPoderosos.
    Aquele gera o último homem. *Meu* movimento, o Além-do-Homem.

A meta não é, *de modo algum*, compreender os últimos como os senhores dos primeiros, mas duas espécies devem subsistir uma ao lado da outra — possivelmente separadas: uma delas, como *os deuses epicureus, não se ocupando da outra*.
[...]

27[59], verão-outono de 1884. In: KSA, vol. XI, p. 289.

Ao contrário do animal, o homem cultivou em si uma pletora de pulsões e impulsos *antagônicos*: por força dessa síntese, ele é o senhor da Terra.
— Morais são a expressão de *hierarquias* localmente limitadas nesse mundo plural das pulsões: de tal maneira que o homem não sucumba em suas *contradições*. Portanto, uma pulsão como senhor, sua contrapulsão enfraquecida, refinada, como impulso que fornece o *estímulo* à atividade da pulsão principal.

O homem mais elevado teria a maior multiplicidade das pulsões, e também no vigor relativamente maior que ainda se pode suportar. De fato: onde a planta-homem mostra-se forte, encontramos os instintos que impelem vigorosamente um *contra* o outro, porém contidos (p. ex. Shakespeare).

27[60], verão-outono de 1884. In: KSA, vol. XI, p. 289.

A educação para essas virtudes de dominador, que se tornam senhoras também de sua benevolência e compaixão, as grandes virtudes do criador (comparado com isso, "perdoar seus inimigos" é uma brincadeira) — *trazer à culminância o afeto do criador* — não mais esculpir em mármore! — A posição de exceção e poder desses seres, comparada com a dos nobres de até agora: o César romano com a alma do Cristo.

35[9], maio-junho de 1885. In: KSA, vol. XI, p. 511s.

Esses bons europeus, que nós somos: o que nos distingue dos homens de pátria?
Primeiro: somos ateístas e imoralistas, porém apoiamos, de início, as religiões e morais do instinto de rebanho: a saber, com elas prepara-se

uma espécie de homem, que tem alguma vez que cair em nossas mãos, que tem que *desejar* nossa mão.

Para além de Bem e Mal, porém exigimos a incondicional postura sagrada da moral de rebanho.

Reservamos para nós muitas espécies de filosofia, que é necessário ensinar: sob certas circunstâncias, a pessimista, como martelo; um budismo europeu poderia talvez não ser prescindível.

Nós provavelmente apoiamos o desenvolvimento e amadurecimento da essência democrática [*des demokratischen Wesens*[4]]. Ela configura a fraqueza da vontade: nós vemos no "socialismo" um aguilhão, que em face da confortabilidade ———

Posição em relação aos povos. Nossas preferências: Atentamos para os resultados do cruzamento.

Apartado, abastado, forte: ironia para com a "imprensa" e sua formação [*Bildung*]. Cuidado para que os homens científicos não se tornem literatos. Consideramos com desprezo toda formação que compactua com leitura, ou até escrita de jornais.

Tomamos nossas posições ocasionais (como Goethe, Stendhal), nossas vivências, como cabanas de pouso, como as utiliza e leva consigo um andarilho — nós nos precavemos de nos tornar domiciliados.

Excedemos nossos contemporâneos em uma *disciplina voluntatis* (*disciplina da vontade*). Toda força empregada no *desenvolvimento da força de vontade*, uma arte que nos permite usar máscaras, [uma arte] do compreender *para além* dos afetos (também, por vezes, pensar de maneira "supraeuropeia").

Preparação para nos tornarmos os senhores da Terra: o legislador do futuro. Pelo menos a partir de nossos filhos. Consideração fundamental para com os matrimônios.

35[10], maio-junho de 1885. In: KSA, vol. XI, p. 512.

As mesmas condições que levam avante o desenvolvimento do animal de rebanho impulsionam também o desenvolvimento do animal dirigente [*des Führer-Thiers*].

35[44], maio-junho de 1885. In: KSA, vol. XI, p. 530s.

Superstição sobre o filósofo, confusão com o homem *científico*. Como se os valores se encontrassem nas coisas e apenas tivéssemos que fixá-los. Em que medida eles investigam por sob valores *dados* (seu ódio pela aparência, pelo corpo etc.). Schopenhauer no concernente à moral (escárnio sobre o utilitarismo). Por fim, a confusão chega até a considerar o darwinismo como filosofia: e agora o domínio se encontra com o homem *científico*.

Também os franceses como Taine investigam ou pensam investigar sem ter medidas de valor. A submissão perante os "fatos", uma espécie de culto. Efetivamente, eles *aniquilam* as avaliações subsistentes.

Esclarecimento desse mal-entendido. Aquele que comanda surge raramente, ele interpreta mal a si mesmo. *Quer-se* afastar de si inteiramente a autoridade e transferi-la para as *circunstâncias*. — Na Alemanha, a apreciação do crítico pertence à história da *varonilidade* que desperta. Lessing etc. (Napoleão sobre Goethe) De fato, esse movimento foi novamente anulado pelo romantismo alemão: e a fama da filosofia alemã se relaciona a ele, como se com ele o perigo do ceticismo estivesse eliminado, e a *fé* pudesse ser *provada*. Em Hegel, culminam as duas tendências: no fundo, ele generaliza o fato da crítica alemã e o fato do romantismo alemão — uma espécie de fatalismo dialético, mas em honra do espírito, de fato com submissão do filósofo *sob* a efetividade. *O crítico prepara*: nada mais!

Com Schopenhauer começa a se tornar clara a tarefa do filósofo, que se trata da determinação do *valor*: sempre ainda sob o domínio do eudemonismo (zombaria sobre Hartmann) o ideal do pessimismo.

35[45], maio-junho de 1885. In: KSA, vol. XI, p. 531s.

O filósofo como legislador, como experimentador de novas possibilidades, seus meios. Ele *utiliza* a religião. O Novo Testamento — o que o Cristianismo pode.

Seu antípoda: a moral dos animais de rebanho. De igual modo os livre-pensadores etc. Mostrar em V. Hugo: como os animais de rebanho pensam hoje o "homem superior".

Meus preparadores: Schopenhauer — em que medida eu aprofundei o pessimismo, e só por meio da invenção de seu supremo antagonismo pude trazê-lo todo para mim como sentimento.

Em seguida: os artistas ideais, aquela nova geração do movimento napoleônico.

Em seguida: os europeus superiores, precursores da *grande Política*.

Em seguida: os gregos e seu surgimento. Em *O nascimento da tragédia*, dei indicações sobre o relacionamento entre "necessidade constringente" e "arte".

Os *alemães* e o *espírito*.

A educação pessoal do filósofo na solidão.

O Dionisíaco.

35[47], maio-junho de 1885. In: KSA, vol. XI, p. 533s.

§ Nenhum crítico. A dificuldade. Finalmente "o homem científico". Inglês.

§ Nem pessimismo, nem otimismo. A grande posição de Schopenhauer — que a destruição de uma ilusão ainda não proporciona uma verdade, mas apenas um *pedaço de ignorância*, um alargamento de nosso "espaço vazio", um crescimento de nosso "deserto".

§ Pensamento fundamental: os novos valores têm primeiro que ser criados — isso permanece *reservado* para nós! O filósofo tem que ser um legislador. Novas espécies. (Como foram cultivadas até agora as espécies mais elevadas [por exemplo, gregos]: querer *conscientemente* essa espécie de "acaso".)

§ Seus meios: religiões, morais.

§ Significação do Cristianismo.

§ Significação do modo democrático de pensar.

§ Livres-pensadores pertencentes a esse movimento? Victor Hugo.

§ Contramovimentos inconscientes: Napoleão, os anos 30, Richard Wagner.

§ O novo filósofo só pode surgir em ligação com uma casta dominante, como sua suprema espiritualização. A grande política, o governo

da Terra está próximo; completa *falta de princípios* para isso — (Ironia sobre o *vazio* espírito alemão).
§ Os europeus e sua cultura [*Bildung*].
§ Período das grandes *tentativas*. Homens com um cânon de valor próprio. Instituição para o cultivo de homens superiores.
§ O "outrora" dos filósofos. Sua solidão.
§ Preparar o "Além de Bem e Mal". Estado [*Zustand*] da "Moral".
15 §§ Dionysos.
15:100/6
3 grandes páginas cada parágrafo.

40[15], agosto-setembro de 1885.
In: KSA, vol. XI, p. 634s.

O juízo é a crença: "isso é assim e assim". No juízo se encontra, portanto, a admissão de ter se deparado com um caso idêntico, ele supõe, portanto, comparação, com o auxílio da memória. O juízo *não* cria o caso idêntico que parece existir. Pelo contrário, ele acredita observar um tal caso; ele opera sob o pressuposto de que existam, em geral, casos idênticos. Como se chama, pois, aquela função, que tem que ser mais *antiga* e operar anteriormente, que equipara e assemelha casos desiguais? Como se chama aquela segunda [função], no fundamento da primeira etc.? "Aquilo que provoca sensações iguais é igual": como se chama, porém, o que torna sensações iguais, que as "toma" por iguais? — Não poderia haver juízos, se primeiramente não fosse exercida uma espécie de igualação entre as sensações: a memória só é possível com um permanente sublinhar do já vivenciado, habitual — Antes que haja juízo, *tem de ter sido feito o processo de assimilação*: portanto, também aqui preexiste uma atividade intelectual, que não ingressa na consciência, como no caso da dor, em consequência de um ferimento. Partir do corpo e utilizá-lo como fio condutor — o corpo é um fenômeno muito mais rico, que permite observações mais inequívocas. A crença no corpo é melhor estabelecida do que a crença no espírito.

2[13], outono de 1885-outono de 1886.
In: KSA, vol. XII, p. 71s.

Essa é minha desconfiança, que sempre de novo retorna, meu cuidado, que para mim nunca se põe a dormir, minha pergunta, que ninguém ouve ou consegue ouvir, minha esfinge, ao lado da qual está não apenas um abismo: creio que nos enganamos hoje acerca das coisas que nós europeus supremamente amamos, e que um cruel duende (ou nem sequer cruel, apenas indiferente e infantil) brinca com nosso coração e com seu entusiasmo, como ele talvez já brincou com tudo o que, de resto, viveu e amou —: creio que tudo o que hoje na Europa estamos habituados a venerar como "humanidade", "moralidade", "humanitarismo", "compaixão", justiça, com efeito pode ter um valor de fachada, como enfraquecimento e mitigação de certos impulsos fundamentais poderosos e perigosos, porém, a despeito disso, a longo prazo, não é nada além do que o apequenamento do inteiro tipo "homem", sua definitiva *mediocrização*, se me quiserem escusar uma palavra desesperada num assunto desesperado; creio que, para um divino expectador epicurista, a *commedia umana* teria que consistir em que os homens, por meio de sua crescente moralidade, em toda inocência e vaidade, presumem se elevar do animal ao nível dos "deuses" e das determinações supraterrestres, porém, em verdade, *decaem*; isto é, por meio do aperfeiçoamento de todas as virtudes graças às quais um rebanho prospera, e por meio da inibição de todas as outras, a elas opostas, que dão origem a uma nova espécie, superior, mais forte e senhorial, desenvolvem justamente apenas o animal de rebanho no homem, e talvez, com isso, *fixem* o animal "homem" — pois, até agora, o homem foi o "animal não fixado" —: creio que o grande, próspero e incontível, movimento *democrático* da Europa — aquilo que se denomina "progresso" — e, do mesmo modo, já sua preparação e prenúncio moral, o Cristianismo, significam apenas a formidável, instintiva conjuração global do rebanho contra tudo o que é pastor, animal de rapina, ermitão e César, em benefício da conservação e elevação de todos os fracos, oprimidos, malogrados, medíocres, meio estropiados, como uma prolongada rebelião de escravos, conscientes de si, contra toda espécie de senhor, finalmente até contra o conceito "senhor", como uma guerra de vida e morte contra toda moral que emerge do seio de uma espécie superior de homem, mais forte, como disse, senhorial —, uma espécie que, de alguma forma e sob algum nome, necessita da escravidão, como de seu fundamento e condição; creio, finalmente, que até agora, toda elevação do tipo homem foi obra de uma sociedade aristocrática, que acreditava em uma longa escada de hierarquia e diferença de valor entre homem e homem, e tinha necessidade da escravidão: sim, que sem o *páthos da distância*, tal como este cresce a partir da encarnada diferença entre os estamentos, do permanente contemplar e olhar para baixo, por parte das castas dominantes, para os submissos e instrumentos, e de seu igualmente constante adestramento em comandar, manter à distância e abaixo de si, também não pode surgir, em absoluto, aquele outro *páthos* mais cheio de segredo, aquela exigência de sempre novos alargamentos de distância no interior da própria alma, a configuração de estados sempre mais elevados, mais raros, mais remotos, mais tensionados, mais abrangentes, em resumo, a "autossuperação do homem", para tomar uma fórmula moral em um sentido extramoral. Uma pergunta me retorna sempre, uma pergunta tentadora, talvez má: seja ela dita aos ouvidos daqueles que têm um direito a tais problemáticas perguntas, as almas mais fortes de hoje, que também a si mesmas mantêm da melhor maneira sob seu poder: quanto mais o tipo "animal de rebanho" é agora desenvolvido na Europa, não seria tempo de fazer uma principial tentativa, artificial, consciente, de *criação* [*Züchtung*] do tipo oposto e de suas virtudes? E, para o próprio movimento democrático, não seria uma espécie de meta, redenção e justificação, se surgisse alguém que dele *se servisse*; de tal modo que, finalmente, para sua nova e sublime configuração da escravidão — assim como se apresentará alguma vez o acabamento da democracia europeia — fosse encontrada aquela espécie superior de espíritos, senhorial e cesárica, a qual então também tem *necessidade* dessa nova escravidão? Para *suas* novas, até agora impossíveis, visões de longo alcance [*Fernsichten*]? Para *suas* tarefas?

KSA, vol. XIV (Comentários dos Editores), p. 371.
Comentário dos editores ao aforismo 257 de
Para além de bem e mal:

257. Cf. vol. XII, 1[7,10]; 2[13]; prosseguimento riscado do aforismo no manuscrito para impressão: "A 'humanização' de tais bárbaros — em parte um processo involuntário, que se instaura espontaneamente [*von selbst*], em seguida a uma relativa estabilização das relações de poder — é essencialmente um processo de enfraquecimento, abrandamento, e se completa precisamente às custas daqueles impulsos aos quais eles deviam sua vitória e posse; e, desse modo, enquanto se apropriam de virtudes 'mais humanas', — talvez até com um ímpeto magnífico, de conformidade com sua 'avidez pela presa' [*'Beutelust'*] até mesmo no mais espiritual, como subjugadores de antigas culturas, artes, religiões, — completa-se também gradualmente, do lado dos oprimidos e escravizados, um processo inverso. Na medida em que estes são mantidos mais brandos, mais humanos e, por consequência, prosperam fisicamente de modo mais profuso, desenvolve-se neles o *bárbaro*, o homem fortalecido, o semianimal com os desejos da selva [*mit den Begierden der Wildniss*], o bárbaro que um dia se sente suficientemente forte para se defender de seus humanizados, isto é, enlanguescidos senhores. O jogo começa novamente: estão dados mais uma vez os primórdios [*Anfänge*] de uma cultura superior. Quero dizer: Toda vez, sob a pressão de castas e culturas dominantes, aristocráticas, configurou-se, partindo de baixo para cima, uma lenta contrapressão, uma imensa [instintiva] conjuração global, não combinada, em proveito da conservação e do crescimento de todo dominado, explorado, fracassado, medíocre, semimalogrado, uma prolongada indisposição e rebelião de escravos, de início arrastada, de início secreta, depois cada vez mais autoconsciente, como um instinto contra toda espécie de senhor, por último até mesmo contra o conceito 'senhor', como uma guerra de vida e morte contra toda moral surgida do seio e da consciência de uma espécie superior de homem, senhorial, uma espécie que, de alguma forma e sob algum nome, *necessita* da escravidão, como de seu fundamento e condição. Isso tudo sempre apenas até o momento [*Zeitpunkt*] em que tal raça de escravos se tornou

suficientemente poderosa — 'bárbara' o suficiente! — de imediato, estão aí os princípios e as morais *inversos*. Pois o ser-senhor tem seus instintos, como o ser-escravo: há 'natureza' em ambos —, e também 'moral' é um pedaço de natureza. —"

2[57], outono de 1885-outono de 1886.
In: KSA, vol. XII, p. 87s.

Doravante haverá precondições favoráveis para formações de domínios mais abrangentes, que ainda não tiveram similares. E isso ainda não é o mais importante; tornou-se possível o surgimento de comunidades de estirpe [*Geschlechts-Verbänden*] internacionais, que se impõem a tarefa de cultivar [*heraufzuzüchten*] os futuros "senhores da Terra": — uma nova, formidável aristocracia, construída sobre a mais dura autolegislação, na qual será dada duração por milênios à vontade de violentos homens filosóficos e tiranos-artistas: — uma espécie superior de homens que se servisse da democrática Europa, graças a seu predomínio em querer, saber, riqueza e influência, como de sua mais maleável e móvel ferramenta, para tomar em mãos os destinos da Terra, para esculpir, como artista, no próprio "homem".

Basta; chega o tempo em que aprenderemos sobre a política de maneira diferente.

5[90-91], verão de 1886-outono de 1887.
In: KSA, vol. XII, p. 223s.

Uma palavra de Napoleão (2 de fevereiro de 1809 a Röderer);
"J'aime le pouvoir, moi; mais c'est *en artiste* que je l'aime... Je l'aime *comme un musicien aime son violon*; je l'aime pour en tirer des sons, des accords, des harmonies." ["Quanto a mim, eu amo o poder, mas é como artista que o amo... Amo-o como um músico ama seu violino, amo-o para extrair dele sons, acordes, harmonias."]

(*Revue des deux mondes*, 15 de fevereiro de 1887. Taine)

"De súbito, desdobra-se a faculdade dominante: *o artista* encerrado no político, se retira de seu casulo; ele cria no ideal e no impossível. Reconhecemo-lo novamente como aquilo que ele é: o irmão póstumo de Dante e Michel Angelo: em verdade, em relação aos firmes contornos de sua visão, à intensidade, coerência e lógica interna de seu sonho, à profundidade de sua meditação, à força sobre-humana de sua concepção, ele é equivalente a eles: seu gênio tem o mesmo talhe e a mesma estrutura; ele é um dos três espíritos soberanos da Renascença italiana [*leur égal: son génie a la même taille et la même structure; il est um des trois esprits souverains de la renaissance italienne*]."
Nota bene — — —
Dante, Michel Angelo, Napoleon[5]

9[41], outono de 1887. In: KSA, vol. XII, p. 354.

O que é uma *crença*? Como surge ela? Toda crença é um *ter-por-verdadeiro*.
A forma mais extrema do niilismo seria: que *toda* crença, todo ter--por-verdadeiro é necessariamente falso: pois um verdadeiro mundo *não existe absolutamente*. Portanto: uma *aparência perspectiva*, cuja proveniência se encontra em nós (na medida em que nós *carecemos* permanentemente de um mundo mais estreito, encurtado, simplificado).
— que a medida da força é: quanto podemos admitir para nós a *aparência*, a necessidade da mentira, sem sucumbir.
Nessa medida, niilismo, como negação *de um verdadeiro mundo, poderia ser uma maneira divina de pensar:* — — —

9[153], outono de 1887. In: KSA, vol. XII, p. 424s.

Os fortes do futuro

Aquilo que em parte a necessidade constringente [*Not*], em parte o acaso, aqui e ali alcançaram, as condições para a produção de uma *espécie mais forte*: podemos agora compreender isso e, sabendo-o, *querer*: podemos criar as condições sob as quais uma tal elevação é possível.

Até agora, a "educação" tinha em vista a vantagem da sociedade: *não* a possível vantagem do futuro, porém a vantagem da sociedade precisamente existente. Quis-se "ferramentas" para ela. Suposto que *a riqueza em força fosse maior*, então se poderia pensar numa subtração de forças, cuja meta *não* se prestasse à vantagem da sociedade, porém a uma vantagem futura, —

Uma tal tarefa deveria ser colocada, quanto mais se compreendesse em que extensão a forma atual da sociedade estaria em forte transformação para, algum dia, uma vez, *poder não mais existir em razão de si mesma*: mas somente ainda como *meio* em mãos de uma raça mais forte.

O crescente apequenamento do homem é justamente a força propulsora para pensar-se na criação [Züchtung] de uma *raça mais forte*, que teria seu excesso justamente ali, onde a *species* diminuída tivesse se tornado fraca e mais fraca (vontade, responsabilidade, certeza de si mesmo, poder instituir metas).

Os *meios* seriam aqueles que a história ensina: o *isolamento* [Isolation], por meio de interesses de conservação inversos àqueles hoje vigentes em média; o exercício em avaliações inversas; a distância como *páthos*; a livre-consciência moral [Gewissen] a respeito do que hoje é o mais subestimado e o mais proibido.

O *nivelamento* [Ausgleichung] do homem europeu é o grande processo que não há que ser inibido: dever-se-ia ainda acelerá-lo.

A necessidade para uma *abertura de abismo, distância, hierarquia* está dada com isso: *não* a necessidade de tornar mais lento aquele processo.

Tão logo ela seja alcançada, essa espécie *nivelada* carece de uma *justificação*: esta se encontra em estar a serviço de uma espécie superior, soberana, que sobre ela se erige e somente sobre ela pode se elevar até suas tarefas.

Não apenas uma raça de senhores, cuja tarefa se esgotaria em governar; mas uma raça com *esfera vital própria*, com um excedente de força para beleza, coragem, cultura, maneiras até no que há de mais espiritual; uma raça *afirmadora*, à qual é lícito gozar todo grande luxo [...], suficientemente forte para não ter necessidade da tirania do imperativo da virtude, suficientemente rica para não ter necessidade de preservação e pedantismo, além de bem e mal; uma estufa para plantas especiais e seletas.

9[154], outono de 1887. In: KSA, vol. XII, p. 426s.

O homem é o *não animal* [*Unthier*] e o *além-do-animal* [*Überthier*]; o homem superior é o não homem e o Além-do-homem: de modo que isso se entrepertence. Com todo crescimento do homem em grandeza e elevação, cresce ele também no profundo e no terrível: não se deve querer uma dessas coisas sem a outra — ou, muito mais, quanto mais fundamentalmente se quer uma coisa, tanto mais fundamentalmente se alcança precisamente a outra.

10[3], outono de 1887. In: KSA, vol. XII, p. 455.

Meu novo caminho para o "Sim"

Minha nova concepção do *pessimismo*, como procura voluntária pelos lados temíveis e questionáveis da existência: com o que se tornam claros para mim fenômenos aparentados do passado. "Quanto de verdade suporta e ousa um espírito?" Pergunta de sua fortaleza. Um tal pessimismo *poderia desembocar* naquela forma de um dionisíaco *dizer-sim* ao mundo, como ele é: até ao desejo de seu absoluto retorno e eternidade; com o que seria dado um novo ideal de filosofia e sensibilidade.

Compreender não apenas como necessários, senão também como desejáveis, os lados até agora *negados* da existência; e não somente como desejáveis em vista dos lados até agora afirmados (a modo de complemento e precondição dos mesmos), porém por eles próprios, como os lados mais poderosos, mais fecundos, mais verdadeiros da existência, nos quais a vontade desta se expressa mais inequivocamente.

Avaliar os únicos lados que até agora foram *afirmados*; extrair aquilo que neles propriamente diz sim (uma vez, o instinto dos sofredores, o instinto do rebanho; por outro lado, aquele terceiro instinto: o instinto da maioria contra a exceção).

Concepção de uma espécie *superior* de seres [*Wesen*] como "amoral" [*unmoralisch*], segundo os conceitos de até agora: os princípios para isso [são encontráveis] na história (os deuses pagãos, os ideais da renascença).

10[5], outono de 1887. In: KSA, vol. XII, p. 456s.

Em lugar do "homem da natureza" de Rousseau, o século XIX descobriu uma *figura mais verdadeira* do "homem" — ele teve a *coragem* para tanto... No todo, foi conferida assim uma restauração ao conceito cristão "homem". Aquilo para o que *não* se teve coragem é aprovar justamente *esse* "homem em si", e nele ver garantido o futuro do homem. Do mesmo modo *não* se ousou compreender o *crescimento da terribilidade* do homem como fenômeno que acompanha todo crescimento da cultura; nisso se está sempre ainda sujeito ao ideal cristão, e toma-se o partido *dele* contra o paganismo e contra o conceito renascentista de *virtú*. Porém, desse modo, não se obtém a chave para a cultura: e *in praxi* se permanece na falsa moedagem da história em proveito do "homem bom" (como se somente ele fosse o *progresso* do homem), e no *ideal socialista* (a saber, no *residuum* do Cristianismo e de Rousseau no mundo descristianizado).

A guerra contra o século XVIII: suprema superação dele por *Goethe* e *Napoleão*. Também *Schopenhauer* combate contra ele [o século XVIII]; porém, involuntariamente, ele regressa ao século XVII, — ele é um Pascal moderno, com juízos de valor pascalianos *sem* Cristianismo... Schopenhauer não foi forte o suficiente para um novo *Sim*.

Napoleão: compreendido o necessário copertencimento do homem mais elevado ao mais temível. O "homem" restaurado; reconquistado à mulher, o devido tributo de desprezo e temor. A "totalidade" como saúde e suprema atividade: redescoberta a linha reta, o grande estilo no agir; afirmado o instinto mais poderoso, o da própria vida, a ânsia de domínio.

10[10], outono de 1887. In: KSA, vol. XII, p. 459.

A avaliação *econômica* dos ideais de até agora.

O legislador (ou o instinto da sociedade) seleciona um número de estados e afetos, com cuja atividade fica garantido um rendimento regular (um maquinalismo, como consequência das necessidades regulares daqueles afetos e estados).

Suposto que esses estados e afetos suscitem ingredientes penosos, então há que ser inventado um meio de superar esse penoso por meio de uma representação de valor, fazer sentir o desprazer como valoroso, portanto como prazeroso em sentido mais elevado. Resumido numa fórmula: *"como se torna agradável algo desagradável?"* Por exemplo, quando isso pode servir como prova de força, poder, autossuperação. Ou quando nele são honradas nossa obediência, nossa classificação na lei. De igual modo, como prova de senso comum, senso para o próximo, senso de patriotismo, para nossa "humanização", "altruísmo", "heroísmo".
Que façamos com prazer as coisas desagradáveis — *Propósito dos ideais.*

10[11], outono de 1887. In: KSA, vol. XII, p. 459s.

Eu experimento uma justificação econômica da virtude. — A tarefa consiste em fazer o homem tão utilizável quanto for possível e, na medida em que isso de algum modo importa, aproximá-lo de uma máquina infalível: para essa finalidade, ele tem que ser equipado com *virtudes de máquina* (— ele tem que aprender a sentir os estados nos quais trabalha de maneira maquinalmente utilizável como os de supremo valor: para tanto é necessário que os *outros* [estados] sejam tornados tanto quanto possível penosos, perigosos e suspeitos [...])
Aqui está a primeira pedra de tropeço, o *tédio*, a *uniformidade*, que traz consigo toda atividade maquinal. Aprender a suportar *isso* [uniformidade e tédio] e não somente suportar, mas aprender a ver o tédio envolto por um estímulo superior: essa foi até agora a tarefa de todo sistema de ensino superior. Aprender algo que não nos interessa; reconhecer justamente aí seu "dever", nessa atividade "objetiva"; aprender a avaliar separados um do outro o prazer e o dever — essa é a inestimável tarefa e realização do sistema de ensino superior. Por causa disso, o filólogo foi até agora o educador *em si*: porque sua atividade fornece o modelo de uma monotonia da atividade que atinge o grandioso: sob sua bandeira o discípulo aprende a "trabalhar como um boi" [*"Ochsen"*]: precondição inicial para uma ulterior aptidão para o maquinal cumprimento do dever (como funcionário do Estado, cônjuge, aprendiz de burocrata, leitor de

jornais e soldado). Ainda mais que qualquer outra, tal existência necessita, talvez, de uma justificação filosófica e uma transfiguração: por parte de alguma infalível instância; os sentimentos *agradáveis* têm de ser, em geral, desvalorizados como sendo de nível inferior; o "dever em si", talvez até o *páthos* da reverência face a tudo o que é desagradável — e essa exigência falando imperativamente, como além de toda utilidade, divertimento, finalidade... A forma de existência maquinal como a suprema, a mais digna de honra, idolatrando a si mesma. (— Tipo: Kant como fanático do conceito formal "tu deves").

10[17], outono de 1887. In: KSA, vol. XII, p. 462s.

Demonstrar a *necessidade* de que a um emprego sempre mais econômico de homem e humanidade, a uma sempre mais firmemente intrincada "maquinaria" de interesses e rendimentos *pertence um contramovimento*. Eu o designo como *extração de um excedente de luxo da humanidade*: nele deve vir à luz uma espécie *mais forte*, um tipo mais elevado, que tem outras condições de surgimento e de conservação que o homem mediano. Meu conceito, minha *alegoria* para esse tipo é, como se sabe, a expressão "Além-do-Homem".

Sobre aquele primeiro caminho, que é agora plenamente abarcável com o olhar, surge a adaptação, o nivelamento, o chinesismo superior, a modéstia do instinto, a satisfação no apequenamento do homem — uma espécie de *estado de repouso* no *nível do homem*. Se temos, primeiramente, aquela administração econômica global da Terra, inevitavelmente iminente, então a humanidade, como maquinaria, *pode* encontrar, a serviço dela, seu melhor sentido: como um imenso mecanismo de engrenagens sempre menores, sempre mais sutilmente "adaptadas"; como um sempre crescente tornar-supérfluo de todos os elementos que dominam e comandam; como um todo de imensa força, cujos fatores singulares representam *forças mínimas, valores mínimos*. Em oposição a esse apequenamento e a essa adaptação do homem a uma utilidade mais especializada, há necessidade do movimento contrário — a geração do homem *sintético, somatório, justificador,* para o qual aquela maquinalização da humanidade é uma precondição de existência, como uma armação sobre a qual ele pode inventar para si sua *forma superior de ser*. [...]

Ele necessita, na mesma medida, da *hostilidade* da multidão, dos "nivelados", do sentimento de distância em comparação com eles: ele se coloca sobre eles, vive deles. Essa forma superior de *aristocratismo* é aquela do futuro. — Dito moralmente, aquela maquinaria global, a solidariedade de todas as engrenagens, representa um maximum na *exploração do homem*: porém, ela pressupõe aqueles, por causa de quem essa exploração tem *sentido*. Em outro caso, ela seria, de fato, meramente o rebaixamento global, rebaixamento *de valor do tipo homem* — um *fenômeno de regressão* no maior estilo.

— Nota-se: o que eu combato é o otimismo *econômico*: como se, com o crescente prejuízo de *todos*, também o proveito de todos necessariamente tivesse que crescer. O contrário me parece o caso: *o prejuízo de todos se soma numa perda global*: o homem se torna *menor*: — de modo que não se sabe mais *para que* serviu, em geral, esse formidável processo. Um para quê? Um *novo* "para quê?" — é disso que a humanidade tem necessidade. [...]

10[53], outono de 1887. In: KSA, vol. XII, p. 482s.

A naturalização do homem no século XIX

(O século XVIII é o [século] da elegância, do refinamento e dos *généréux sentiments* [sentimentos generosos])

Não "retorno à natureza": pois ainda nunca existiu uma humanidade natural. A escolástica de valores não naturais e *anti*naturais é a regra, é o início; à natureza o homem chega depois de longo combate — ele nunca volta para "trás"... A natureza: isto é, ousar ser amoral [*unmoralisch*] como a natureza.

Somos mais grosseiros, mais diretos, mais cheios de ironia contra sentimentos *genereuse* [*generosos*], mesmo quando nos submetemos a eles.

Mais natural é nossa primeira *sociedade*, aquela dos ricos, dos ociosos: fazemos caça uns aos outros, o amor sexual é uma espécie de esporte, no qual o matrimônio oferece um obstáculo e um estímulo; entretemo-nos e vivemos por causa da satisfação; apreciamos os predicados corporais em primeira linha, somos curiosos e ousados.

Mais natural é nossa posição em relação ao *conhecimento*: temos a libertinagem do espírito em toda inocência, odiamos as maneiras patéticas e hieráticas, deleitamo-nos no que há de mais proibido, sequer saberíamos ainda de um interesse do conhecimento, se tivéssemos que nos entediar no caminho para ele.

Mais natural é nossa posição em relação à *moral*. Princípios se tornaram risíveis; ninguém se permite mais falar sem ironia de seu "dever". Porém, apreciamos uma intenção [*Gesinnung*] auxiliadora e benevolente (— vemos no *instinto* a moral e desdenhamos o resto —). Além disso, um par de conceitos de pontos de honra.

Mais natural é nossa posição *in politicis*: vemos problemas de poder, do *quantum* de poder contra um outro *quantum*. Não cremos num direito que não repouse sobre o poder de se impor: sentimos todos os direitos como conquistas.

Mais natural é nossa avaliação de *grandes homens e coisas*: contamos a paixão como um privilégio, não achamos nada de grande onde não esteja compreendido um grande delito; concebemos todo ser-grande como um colocar-se fora em relação à moral.

Mais natural é nossa posição em relação à *natureza*: não a amamos mais por causa de sua "inocência", "razão", "beleza", nós a "diabolizamos" e a "estupidificamos" lindamente. Porém, ao invés de desprezá-la por isso, sentimo-nos, desde então, mais em casa nela, mais aparentados com ela. Ela *não* aspira à virtude: nós a respeitamos por causa disso.

Mais natural é nossa posição em relação à *arte:* não exigimos dela as belas mentiras de aparência etc.; domina o brutal positivismo, que constata sem se excitar.

In summa: há sinais de que o europeu do século XIX se envergonha menos de seus instintos; ele deu um bom passo na direção de admitir alguma vez sua naturalidade incondicional, isto é, sua amoralidade [*Unmoralität*], *sem amargura*: ao contrário, suficientemente forte para ainda suportar apenas essa visão.

Em certos ouvidos, isso soa como se a *corrupção* tivesse progredido: e é certo que o homem não se aproximou da "natureza" de que fala Rousseau, porém deu um passo adiante na civilização que ele [Rousseau] *rejeitava horrorizado*. Nós nos *fortalecemos*: chegamos novamente mais perto do século XVII, a saber, do gosto de seu final (Dancourt Le Sage Regnard).

10[117], outono de 1887. In: KSA, vol. XII, p. 523.

Eu declarei guerra ao anêmico ideal cristão (juntamente com aquilo que lhe é proximamente aparentado), não com o propósito de destruí-lo, porém apenas para colocar um fim à sua *tirania*, e liberar lugar para novos ideais, para ideais *mais robustos* [...] *A permanência* do ideal cristão pertence às coisas mais desejáveis que há: e já por causa daqueles ideais que, ao lado dele, talvez sobre ele, querem se fazer valer — eles têm de ter adversários, adversários *fortes*, para tornarem-se *fortes*. — Desse modo, nós imoralistas necessitamos do *poder da moral*: nosso impulso de autoconservação quer que nossos *adversários* mantenham suas forças — ele quer apenas tornar-se *senhor sobre eles*.

10[176], outono de 1887. In: KSA, vol. XII, p. 560s.

Está espalhada hoje pela sociedade uma grande quantidade de consideração, de tato e cuidado, de benevolente deter-se diante dos direitos alheios, mesmo perante exigências alheias; mais ainda, vigora um certo benevolente instinto do valor humano em geral, que se dá a conhecer na confiança e no crédito de toda espécie; a *reverência* [*Achtung*] diante do homem, e, a saber, de modo algum apenas perante o homem virtuoso — é talvez o elemento que mais fortemente nos separa de uma valoração cristã. Temos uma boa parte de ironia quando ainda, em geral, ouvimos pregar moral; alguém se rebaixa a nossos olhos e se torna digno de zombaria, caso pregue moral.

Essa *liberalidade moralística* pertence aos melhores sinais de nosso tempo. Se encontramos casos em que ela decisivamente falta, então isso se nos afigura como doença (o caso Carlyle na Inglaterra, o caso Ibsen na Noruega, o caso do pessimismo schopenhaueriano em toda a Europa). Se algo se concilia com nosso tempo, então é essa grande porção de *imoralidade* que ele se permite sem, com isso, pensar menos de si. Ao contrário! — O que constitui, pois, a superioridade da cultura contra a não cultura [*Unkultur*]? Por exemplo, da Renascença contra a Idade Média? — Sempre apenas uma coisa: o grande *quantum* de imoralidade *admitida*. Disso se segue com necessidade como, aos olhos dos fanáticos da moral, todas as *elevações* da humanidade têm que se apresentar: como *non plus ultra* da corrupção (— pense-se no juízo de Platão sobre a Atenas de Péricles, no juízo de Savonarola sobre Florença, no juízo de Lutero sobre Roma, no juízo de Rousseau sobre a sociedade de Voltaire, no juízo alemão *contra* Goethe.)

14[174], primavera de 1888. In: KSA, vol. XIII, p. 360.

A vontade de poder como vida
   O homem não busca o prazer e evita o desprazer: compreende-se o célebre preconceito que contradigo com isso. Prazer e desprazer são meras consequências, meras aparições de acompanhamento — o que o homem quer, o que quer toda menor parte de um organismo vivo é um *plus* de poder. Ao esforço para isso segue-se tanto o prazer quanto o desprazer: a partir daquela vontade, ele procura por resistência, ele carece de algo que a ele se contraponha. O desprazer, como inibição de sua vontade de poder, é, portanto, um fato normal, o ingrediente normal de todo acontecer orgânico, o homem não se desvia dele, senão que, ao contrário, ele tem necessidade dele permanentemente: toda vitória, todo sentimento de prazer, todo acontecer pressupõe uma resistência superada.
   Tomemos o mais simples dos casos, aquele da nutrição primitiva: o protoplasma estende seus pseudópodes para procurar por algo que a ele resista — não por forme, mas a partir da vontade de poder. Em seguida, ele faz a tentativa de superá-lo, de apropriar-se dele, incorporá-lo: — aquilo que é denominado 'nutrição' é apenas uma aparição de acompanhamento, um emprego utilitário daquela vontade originária de tornar-se mais forte.

Não é possível tomar a fome como *primum mobile*: tampouco a autoconservação: a fome como consequência da subnutrição, isso quer dizer: a fome como consequência de uma vontade de poder *que não mais se assenhoreia*; a dualidade como consequência de uma unidade demasiado fraca.

Não se trata, em absoluto, de uma reparação de um prejuízo, — só mais tarde, em consequência de uma divisão de trabalho, depois que a vontade de poder aprende a trilhar caminhos completamente outros para sua satisfação, é que a necessidade de apropriação do organismo é reduzida à fome, à necessidade de ressubstituição do que foi perdido.

Portanto, o desprazer tem como consequência tampouco uma *diminuição de nosso sentimento de poder* que, na mediania dos casos, ele atua precisamente como estímulo para este sentimento de poder — o obstáculo é o estímulo dessa vontade de poder.

O desprazer foi confundido com uma espécie de desprazer, com aquela do esgotamento: esta última apresenta, de fato, uma profunda diminuição e rebaixamento da vontade de poder, uma mensurável perda de força. Isto quer dizer: desprazer como meio estimulante para o fortalecimento do poder e desprazer subsequente a uma dissipação de poder; no primeiro caso, um estímulo, e no último, a consequência de uma desmedida estimulação... A incapacidade para resistência é própria desta última espécie de desprazer: a exigência desafiadora daquilo que resiste pertence à primeira... O prazer que só é sentido ainda em estado de esgotamento é o adormecer; no outro caso, o prazer é a vitória...

A grande confusão dos psicólogos consiste em que eles não mantêm separadas uma da outra estas *duas espécies de prazer*, aquela do *adormecer* e aquela da *vitória*; os esgotados querem repouso, espreguiçar-se, paz, calmaria — é a *felicidade* das religiões e filosofias niilistas; os ricos e vivazes querem vitória, adversários superados, transbordamento do sentimento de poder sobre outros domínios além daqueles de até agora:

Todas as saudáveis funções dos organismos têm esta carência — e o organismo todo, até a idade da puberdade, é um tal complexo de sistemas em luta por crescimento de sentimentos de poder — — —

11[54], novembro de 1887-março de 1888.
In: KSA, vol. XIII, p. 24s.

Do domínio da virtude
De como se ajuda a virtude a chegar ao domínio
Um tractatus politicus
De
Friedrich Nietzsche

Prefácio

Este *tractatus politicus* não é para os ouvidos de todos: ele trata da *política* da virtude, de seus meios e caminhos para o *poder.* Quem desejaria proibir à virtude que ela anseie pelo domínio? Porém, *como* ela o faz! Não — se acredita nisso... Por isso, esse *tractatus* não é para os ouvidos de todos. Nós o determinamos para o proveito daqueles a quem importa aprender não como alguém se torna virtuoso, porém como se *faz* alguém virtuoso — como se leva a virtude ao domínio. Quero até mesmo demonstrar que, para querer uma coisa, o domínio da virtude, *não* é permitido, por princípio, querer a outra; precisamente com isso se renuncia a ser tornado virtuoso. Esse sacrifício é grande: porém uma tal meta compensa talvez o sacrifício. E mesmo ainda maiores!... E alguns dos grandes moralistas se arriscaram a tanto. A saber, já era conhecida e antecipada por eles a verdade que, com esse tratado, pela primeira vez deve ser ensinada: que *pode-se alcançar o domínio da virtude* simplesmente *só pelos mesmos meios* com os quais, em geral, se alcança qualquer domínio, em todo caso não *por meio* da virtude.

Esse tratado trata, como já foi dito, da política na virtude: ele institui um ideal para essa política, ele a descreve tal como ela teria que ser, se algo nessa Terra pudesse ser perfeito. Ora, nenhum filósofo estará em dúvida sobre qual é o tipo de perfeição na política; a saber, o maquiavelismo. Porém o maquiavelismo *pur, sans mélange, cru, vert, dans toute sa force, dans toute son âpreté* [puro, sem mistura, cru, verde, em toda sua força, em toda sua aspereza] é sobre-humano, divino, transcendente, jamais é alcançado por homens, no máximo roçado. [...] Também nessa espécie mais estreita de política, na política da virtude, o ideal parece nunca ter sido alcançado. Também Platão apenas roçou nele. Suposto que se tenha olhos para coisas ocultas, percebe-se, mesmo nos *moralistas* mais desenvoltos e conscientes (— é esse, com efeito, o nome para tais políticos da moral, para toda espécie de fundadores de novos poderes morais), marcas de que também eles pagaram seu tributo à fraqueza humana. Pelo menos em sua exaustão, *todos eles aspiraram, também para si próprios, à virtude*: primeiro e capital erro de um moralista — que, como tal, tem que ser *imoralista do feito*. Que ele *não pode parecer* precisamente isso, é uma outra coisa. Ou antes, isso *não* é uma outra coisa: uma tal autorrenegação por princípio (dito moralmente, disfarce) pertence intrinsecamente, ao cânon do moralista e à sua mais própria doutrina do dever: sem ela, jamais o moralista atingirá *sua* espécie de perfeição. Liberdade em relação à moral, *também em relação à verdade*, por causa daquela meta, que compensa todo sacrifício: *domínio da moral* — assim dispõe aquele cânon. Os moralistas têm necessidade da *atitude da virtude*, também da atitude da verdade; seu erro só principia onde eles *cedem* à virtude, onde perdem o domínio sobre a virtude, onde eles próprios se tornam *morais*, tornam-se *verdadeiros*. Entre outras coisas, um grande moralista é também necessariamente um grande ator; seu perigo é que, inadvertidamente, seu disfarce torne-se natureza, do mesmo modo como seu ideal é manter separados, de uma maneira divina, seu *esse* [*ser*] e seu *operari* [*agir*]; tudo o que ele faz, tem que fazê-lo *sub specie boni* [*sob o ponto de vista do bem*] — seu elevado, remoto, exigente ideal! Um ideal *divino*!... E, de fato, corre o ditado que, com isso, o moralista não imita nenhum modelo menor do que o próprio Deus: Deus, esse supremo imoralista do feito, mas que, inobstante isso, sabe continuar sendo o que ele *é*, o *bom* Deus...

11[333], novembro de 1887-março de 1888.
In: KSA, vol. XIII, p. 143.

A mudança absoluta, que irrompe com a negação de Deus —
 Não temos, em absoluto, mais nenhum senhor sobre nós; o antigo mundo de valoração é teológico — ele foi revirado [*umgeworfen*].

Mais concisamente: não há qualquer instância superior sobre nós: na medida em que Deus possa ser, nós mesmos somos agora Deus... Temos que conferir a nós os atributos que conferíamos a Deus...

> 11[374], novembro de 1887-março de 1888.
> In: KSA, vol. XIII, p. 167.

Nossa primazia: vivemos na era da *comparação*, podemos conferir, como jamais se conferiu: nós somos a autoconsciência da história em geral...

Nós gozamos de outro modo, sofremos de outro modo: a comparação de uma inexcedível multiplicidade é nossa mais instintiva atividade...

Nós compreendemos tudo, vivemos tudo, não retemos mais nenhum sentimento hostil... Se nós próprios nos damos mal com isso, nossa solícita e quase amistosa curiosidade lança-se desassombrada sobre as coisas mais perigosas...

"Tudo é bom" — custa-nos esforço negar...

Nós sofremos quando alguma vez nos tornamos tão pouco inteligentes para tomar partido contra alguma coisa...

No fundo, nós eruditos cumprimos hoje da melhor maneira a doutrina de Cristo — — —

> 16[6], primavera-verão de 1888.
> In: KSA, vol. XIII, p. 484s.

Educação: um sistema de meios para arruinar as exceções em proveito da regra. *Formação* [*Bildung*]: um sistema de meios para dirigir o gosto *contra* a exceção, em proveito do mediano. Dito dessa forma, isso é rude; entretanto, economicamente considerado, [é] completamente racional. Ao menos por um longo tempo, onde uma cultura ainda se mantém em pé com esforço, e toda exceção representa uma espécie de dissipação de força (algo que desvia, seduz, adoece, isola). Uma cultura da exceção, da tentativa, do perigo, da *nuance* — uma *cultura de estufa* para plantas não habituais só tem direito à existência quando encontra-se à disposição força suficiente para que, daí em diante, até mesmo a dissipação se torne econômica.

16[7], primavera-verão de 1888.
In: KSA, vol. XIII, p. 485.

O domínio sobre as paixões, *não* seu enfraquecimento ou extermínio! Quanto maior é a força dominadora de nossa vontade, tanto mais liberdade pode ser dada às paixões. O grande homem é grande pelo espaço de liberdade de suas paixões: ele é, porém, forte o suficiente, de modo que faz desses monstros seus animais domésticos...

16[8], primavera-verão de 1888.
In: KSA, vol. XIII, p. 485.

Em todos os degraus da civilização, o "homem bom" [é], ao mesmo tempo, o inofensivo e o útil: uma espécie de meio, a expressão, na consciência comum, de alguém a quem não há que se temer e, *entretanto* [*trotzdem*], a quem não se pode desprezar.

16[9], primavera-verão de 1888.
In: KSA, vol. XIII, p. 485.

Há muita razão na luta contra os *grandes homens*. Eles são perigosos, acasos, exceções, tempestade, suficientemente fortes para colocar em questão aquilo que foi lentamente construído e fundamentado, homens--ponto de interrogação face a credos firmados. Não só descarregar inofensivamente tais matérias explosivas, mas, quando possível, já *evitar preventivamente* seu surgimento e acumulação: a isso aconselha o instinto de toda sociedade civilizada.

16[10], primavera-verão de 1888.
In: KSA, vol. XIII, p. 485s.

Os ápices da cultura e da civilização estão separados entre si: não devemos nos deixar extraviar sobre o abissal antagonismo entre cultura e civilização. Moralmente falando, os grandes momentos da cultura sempre foram tempos de corrupção; e, novamente, as épocas da voluntária e coerciva *domação animal* ("civilização") do homem foram tempos de intolerância para as naturezas mais espirituais e ousadas. A civilização quer outra coisa que a cultura quer: talvez algo inverso. [...]

25[1], dezembro de 1888-início de 1889.
In: KSA, vol. XIII, p. 637s.

A grande política

Eu trago a guerra. *Não* entre povo e povo; não tenho palavras para exprimir meu desprezo pela política de interesses, digna de maldição, das dinastias europeias, que, da incitação ao egoísmo [*Selbstsucht*], à autopresunção dos povos uns contra os outros, faz um princípio e quase um dever. *Não* entre estamentos sociais. Pois não temos estamentos superiores, consequentemente também não inferiores: aquilo que hoje prevalece na sociedade é fisiologicamente condenado e, ademais — o que é a prova disso — tão empobrecido em seus instintos, tornado tão inseguro, que confessa sem escrúpulos o *contraprincípio* de uma espécie superior de homem.

Eu trago a guerra entre todos os absurdos acasos de povo, estamento, raça, profissão, educação, formação: uma guerra como entre ascensão e ocaso, entre vontade de vida e *ânsia de vingança* contra a vida, entre honestidade e pérfida mendacidade... Que todos os "estamentos superiores" tomem o partido da mentira, isso não se coloca livremente para eles — eles *têm* que fazer isso: não se pode manter afastados do corpo os instintos ruins. — Jamais, como nesse caso, fica manifesto quão pouco existe no conceito de "vontade livre": afirma-se o que se *é*, nega-se o que *não* se é... O número fala em prol dos "cristãos": *mediocridade* [*Gemeinheit*] do número... Depois que, por dois milênios, tratou-se a humanidade com contrassenso fisiológico, a corrupção [*Verfall*], a contradição dos instintos *tem* que ter chegado ao predomínio. Não é uma ponderação que causa temor a alguém que somente desde aproximadamente 20 anos todas as *mais importantes e próximas* perguntas sobre nutrição, vestimenta, alimentação, *saúde*, reprodução, sejam tratadas com rigor, com seriedade, com honestidade [?]

Primeira proposição: a grande política quer tornar a fisiologia senhora sobre todas as outras perguntas; ela quer criar um poder suficientemente forte para *cultivar* [*züchten*] a humanidade como um todo e como algo superior, com impiedosa dureza contra a degenerescência e o parasitário na vida, — contra aquilo que corrompe, envenena, calunia, faz perecer... e vê na destruição da vida o desenho de uma espécie superior de almas.

Segunda proposição: guerra de morte contra o vício; viciosa é toda espécie de antinatureza. O sacerdote cristão é a mais viciosa espécie de homem: pois ele *ensina* a antinatureza.

Segunda proposição: criar um partido da vida, forte o suficiente para a *grande* política: a *grande* política torna a fisiologia senhora sobre todas as outras perguntas — ela quer *cultivar* [*züchten*] a humanidade como todo, ela mede o nível das raças, dos povos, dos singulares segundo o seu futuro [—], segundo sua garantia para a vida que trazem em si — ela dá impiedosamente um fim a tudo o que é degenerado e parasitário.

Terceira proposição: O resto se segue daí.

25[6], dezembro de 1888-início de janeiro de 1889.
In: KSA, vol. XIII, p. 639s.

1.

Conheço meu fado. Alguma vez se ligará ao meu nome a lembrança de algo terrível, — de uma crise como não houve sobre a Terra, da mais profunda colisão de consciência, de uma conjurada decisão *contra* tudo o que foi acreditado, exigido, santificado. — E com tudo isso nada há em mim de um fanático; quem me conhece, toma-me por um simples erudito, talvez um pouco malvado, que sabe ser jovial com tudo. Esse livro oferece, como espero, um quadro inteiramente outro que o quadro de um profeta, eu o escrevi para destruir na raiz todo mito sobre mim —; há algo de soberbo ainda em minha seriedade: eu amo o ínfimo como o maior, sei como não perder minha felicidade em instantes de terríveis decisões, tenho a maior amplitude de alma que um homem já teve. Fatídico [e —] Deus ou bufão — isso é o involuntário em mim, isso sou eu. — E, a despeito disso, ou talvez *não* a despeito disso — pois todos os profetas foram até agora mentirosos —, a partir de mim fala a verdade. — Porém minha verdade é *terrível*: pois até agora chamou-se a *mentira* de verdade [...] Transvaloração de todos os valores, isso é minha fórmula para um ato de suprema autorreflexão da humanidade: meu fado quer que eu tenha que mergulhar o olhar nas questões de todos os tempos mais profunda, corajosa e honestamente do que jamais um homem até agora pode *descobrir*... Não desafio aquilo que agora vive, eu desafio contra mim vários milênios. Contradigo, e sou, apesar disso, o oposto de um espírito negador. Só a partir de mim há novamente esperanças, eu conheço tarefas de uma tal elevação que faltou ainda conceito para elas, — sou o *alegre mensageiro par excellence*, ainda que tenha que ser sempre também o homem da fatalidade. — Pois [quando um] vulcão entra em atividade, temos convulsões sobre a Terra, como ainda não houve nenhuma. [O] conceito de política ingressou inteiramente em uma guerra espiritual, todas as formações de poder explodiram no ar, — haverá guerras como ainda não houve nenhuma na Terra. —

2.

O que por enquanto ocorre me é repugnante, até mesmo para ser apenas o espectador disso. Nada conheço que se contrapusesse mais ao sentido *supremo* de minha tarefa do que incitamento, digno de maldição, ao egoísmo de povos e raças, que tem agora pretensão ao nome de "grande política"; não tenho palavras para exprimir meu desprezo pelo nível espiritual que agora — na figura do chanceler alemão e com atitudes de oficial prussiano da casa Hohenzollern — acredita-se chamado para diretor da história da humanidade; essa mais rebaixada espécie de homem que nem sequer aprendeu a perguntar ali onde eu tenho necessidade de relâmpagos de respostas trituradoras, nas quais o inteiro trabalho da honestidade espiritual de milênios se empenhou em vão — isso está demasiadamente *abaixo* de mim, para que pudesse ter apenas a honra de minha presença. Possam eles construir seus castelos de cartas! Para mim, "impérios" e "tríplices alianças" são castelos de cartas... Isso repousa sobre pressupostos, que *eu* tenho na mão... Há mais dinamite entre o céu e a terra do que se permitem sonhar esses purpúreos idiotas...

25[7], dezembro de 1888-início de janeiro de 1889.
In: KSA, vol. XIII, p. 641.

Um último ponto de vista, o mais elevado talvez: eu *justifico* os alemães, somente eu. Nós estamos em antagonismo, nós somos até mesmo intocáveis um para o outro, — não há nenhuma ponte, nenhuma pergunta, nenhum olhar entre nós. Porém essa é, em primeiro lugar, a condição para aquele grau extremo de *ipseidade* [*Selbstigkeit*], de autorredenção, que em mim tornou-se homem: eu sou a *solidão* como homem. [...] Que jamais uma palavra me tenha alcançado, isso me *forçou* a alcançar a mim mesmo. [...] Eu não seria possível sem uma espécie de antagonismo de raça, sem alemães, sem *esses* alemães, sem Bismarck, sem 1848, sem "guerras de liberdade", sem Kant, sem o próprio Lutero.

Os grandes delitos culturais dos alemães se justificam numa economia superior da cultura [...] Nada quero de outra maneira, também retroativamente — eu nada *poderia* [*dürfte*] querer de outra maneira... *Amor fati*... Mesmo o Cristianismo se torna necessário: a forma suprema, a mais perigosa, a mais sedutora do não à vida, é que primeiramente desafia sua suprema afirmação — *a mim* [...] O que são, por fim, esses dois milênios? Nosso *mais instrutivo* [*lehrreichstes*] experimento, uma vivissecção na própria vida... Meros dois milênios!...

O niilismo europeu: Lenzer Heide (10 de junho de 1887)*

1.

Que *vantagens* proporcionava a hipótese moral cristã?
1) Ela conferiu ao homem um *valor* absoluto, em oposição à sua pequenez e casualidade na corrente do vir-a-ser e do passar.
2) Ela serviu aos advogados de Deus, na medida em que concedia ao mundo, a despeito do sofrimento e do mal, o caráter de *perfeição* — incluída aquela "liberdade" — o mal aparecia como repleto de *sentido*.
3) Ela instituiu no homem um *saber* acerca de valores absolutos e, com isso, deu-lhe o *adequado conhecimento* justamente para o mais importante. Ela evitava que o homem se desprezasse como homem, que ele tomasse partido contra a vida, que ele desesperasse ao conhecer: ela foi um *meio de conservação*; — *in summa*: moral foi o grande *antídoto* contra o *niilismo* prático e teórico.

2.

Porém, entre as forças que a moral cultivou estava a *veracidade: esta* se volta, por fim, contra a moral, descobre sua *teleologia*, sua consideração *interessada* — e agora o *discernimento* dessa longa mendacidade encarnada — que desesperamos em afastar de nós — atua precisamente como estimulante. Para o niilismo. Constatamos agora em nós necessidades implantadas pela duradoura interpretação moral, que agora nos parecem como necessidades do não verdadeiro: por outro lado, são aquelas nas que parece se apoiar o valor, pelas quais suportamos viver. Esse antagonismo: *não* apreciar o que conhecemos, e não *podermos* mais apreciar aquilo com o que gostaríamos de nos enganar — resulta num processo de dissolução.

---

* *Idem. Nachgelassene Fragmente* [Fragmentos póstumos], 5[71], verão de 1886-outono de 1887. In: KSA, *op. cit.*, vol. XII, p. 211. Texto de valor inestimável para a compreensão da teoria do niilismo no pensamento maduro de Nietzsche, forma um conjunto coerente de conceitos e proposições filosóficas disposto, organizado e numerado pelo próprio autor num momento crítico de sua filosofia, em que o tema ocupava o centro de suas preocupações.

3.

De fato, não temos mais tanta necessidade de um antídoto contra o *primeiro* niilismo: a vida em nossa Europa não é mais em tal medida incerta, acidental, sem-sentido. Uma tão imensa *potenciação* do *valor* do homem, do valor do mal etc., já não é agora tão necessária; suportamos uma significativa *moderação* desse valor, podemos nos permitir muito sem-sentido e acaso: o alcançado *poder* do homem permite agora uma *redução* dos meios de disciplina, dos quais a interpretação moral foi o mais forte. "Deus" é uma hipótese demasiado extrema.

4.

Contudo, posições extremas não são substituídas por posições moderadas, mas novamente por posições extremas, porém *inversas*. E assim, a fé na absoluta imoralidade da natureza, na ausência de finalidade e sentido é o *afeto* psicologicamente necessário, quando a fé em Deus e numa essencial ordenação moral não pode mais ser mantida. O niilismo aparece agora *não* porque o desprazer na existência fosse maior do que antes, senão porque, em geral, nos tornamos desconfiados de um "sentido" no mal, sim, na existência. *Uma* interpretação soçobrou: porém, porque ela valia como *a* interpretação, parece como se não houvesse absolutamente nenhum sentido na existência, como se tudo fosse *em vão*.

5.

Fica por demonstrar que esse "em vão!" é o caráter de nosso niilismo atual. A desconfiança contra nossas antigas avaliações intensifica-se até a pergunta: "não são todos os 'valores' meios de sedução com os quais se prolonga a comédia, mas sem chegar mais perto, de modo algum, de uma solução?" A *duração*, como um "em vão", sem meta nem finalidade, é o pensamento mais *paralisante*, a saber, quando ainda se compreende que fomos enganados e, todavia, não temos o poder de não nos deixarmos enganar.

6.

Pensemos esse pensamento em sua forma mais terrível: a existência, assim como ela é, sem sentido e meta, porém inevitavelmente retornando, sem um *finale* no nada: "o eterno retorno".
Essa é a mais extrema forma do niilismo: o nada (o "Sem-Sentido") eterno!
Forma europeia do budismo: a energia do saber e da força *compele* a uma tal crença. É a mais *científica* de todas as hipóteses possíveis. Negamos metas terminais: se a existência tivesse alguma, ela teria de ter sido alcançada.

7.

Compreende-se, pois, que aqui se almeja uma oposição ao panteísmo: pois "tudo perfeito, divino, eterno" constrange *do mesmo modo para uma crença no "eterno retorno"*. Pergunta: tornou-se impossível, com a moral, também essa panteísta postura afirmativa para com todas as coisas? No fundo, apenas o Deus moral está superado. Tem sentido pensar um Deus "além de bem e mal"? Seria possível um panteísmo *nesse* sentido? Afirmamos o processo *a despeito* de suprimirmos dele a representação de uma finalidade? — Esse seria o caso se algo fosse *alcançado* no interior daquele processo, em cada momento — e sempre o mesmo.
Spinoza conquistou uma tal postura afirmativa, na medida em que todo momento tem uma necessidade *lógica*: e, com seu instinto lógico fundamental, ele triunfou sobre uma *tal* constituição do mundo.

8.

Porém o caso dele é apenas um caso singular. *Todo traço fundamental de caráter*, que jaz no fundo de *todo* acontecimento, que se expressa em todo acontecimento, se fosse sentido por um indivíduo como *o seu* traço fundamental de caráter, teria que impelir esse indivíduo a aprovar triunfalmente cada instante da existência universal. Depende de que se sinta com prazer em si mesmo esse traço fundamental de caráter como bom.

9.

Ora, a *moral* protegeu a vida do desespero e do salto no nada, por parte de tais homens e estamentos, que foram violentados e oprimidos por *homens*: pois a impotência perante homens, *não* a impotência perante a natureza, gera a mais desesperada amargura contra a existência. A moral tratou os detentores do poder, os violentos, os "senhores" em geral, como os inimigos, contra os quais tem que ser protegido o homem comum, isto é, *primeiramente encorajado, fortalecido*. Consequentemente, a moral ensinou, da maneira mais profunda, a *odiar* e *desprezar* o que é o traço fundamental de caráter daqueles que dominam: *sua vontade de poder*. Destruir, negar, dissolver essa moral: isso seria prover o impulso mais odiado com uma sensação e valoração *inversas*. Quando o sofredor, o reprimido *perdesse a fé* em ter um direito a seu desprezo pela vontade de poder, ele entraria num estágio de desespero sem esperança. Esse seria o caso, se esse traço fosse essencial à vida, se resultasse que mesmo naquela "vontade de moral" estaria dissimulada apenas essa "vontade de poder", que também aquele odiar e desprezar é ainda vontade de poder. O reprimido compreenderia que ele se encontra *no mesmo solo* que o opressor e que ele não tem nenhum *privilégio*, nenhum *posto superior* àquele.

10.

Antes *pelo contrário*! Nada há na vida que tenha valor além do grau de poder — suposto, justamente, que a própria vida é vontade de poder. A moral protegeu do niilismo os *malogrados*, ao conferir a *todos* um valor infinito, um valor metafísico, e inseri-los numa ordenação que não está de acordo com aquela do poder e da hierarquia mundana: ele ensinou a resignação, a humildade etc. *Suposto que perece a crença nessa moral*, então os fracassados não teriam mais seu consolo e *pereceriam*.

11.

O *perecer* apresenta-se como um — *dirigir-se ao perecimento*, como uma seleção instintiva daquilo que tem que *destruir*. Sintomas dessa autodestruição dos fracassados: a autovivissecção, o envenenamento, a embriaguez, o romantismo, sobretudo a instintiva coerção para ações com as quais tornamos os poderosos *inimigos de morte* (— como que cultivando para si seus próprios carrascos) a *vontade de destruição* como vontade de um instinto ainda mais profundo, do instinto de autodestruição, da *vontade de nada*.

12.

Niilismo com sintoma de que os fracassados não têm mais nenhum consolo: de que eles destroem, para serem destruídos, que eles, desligados da moral, não têm mais motivo algum para "se resignar" — que eles se colocam sobre o solo do princípio oposto, e, também de sua parte, *querem poder*, ao *coagir* os poderosos a serem seus carrascos. Essa é a forma europeia do budismo, o *fazer-não*, depois que toda a existência perdeu seu "sentido".

13.

A "necessidade constringente" [*Noth*] não se tornou como que maior: ao contrário! "Deus, moral, resignação" eram meios de cura da miséria, em graus terríveis e profundos: o *niilismo ativo* surge em circunstâncias configuradas de modo relativamente mais favorável. Que a moral seja sentida como superada já pressupõe um grau considerável de cultura espiritual; esta, por sua vez, um relativo bem-viver. Um certo cansaço espiritual, devido ao longo combate de opiniões filosóficas, levado até o ceticismo sem esperança *contra* a filosofia, caracteriza igualmente o nível de modo algum *inferior* daqueles niilistas. Que se pense na situação em que Buda surgiu. A doutrina do eterno retorno teria pressupostos *eruditos* (como os teve a doutrina de Buda, por exemplo, o conceito de causalidade etc.).

14.

O que significa agora "malogrados"? Sobretudo *fisiologicamente*: não mais politicamente. A espécie mais *doentia* de homens na Europa (em todos os estamentos) é o solo desse niilismo: ela sentirá a crença no eterno retorno como uma *maldição*, atingida pela qual não mais se recua perante nenhuma ação: não extinguir-se passivamente, porém *fazer* extinguir tudo aquilo que, nesse grau, é sem sentido e sem meta: a despeito de que isso é apenas uma contração, um furor selvagem perante o discernimento de que tudo aí estava desde eternidades — também esse momento de niilismo e prazer na destruição. — O valor *de uma tal crise* é que ela *purifica*, que ela reúne os elementos aparentados e fá-los arruinar-se uns pelos outros, que ela indica tarefas comuns a homens de maneiras de pensar opostas — trazendo à luz, também entre eles, os mais fracos, mais inseguros e, dessa maneira, dá o impulso para uma *hierarquia das forças*, a partir do ponto de vista da saúde: reconhecendo aqueles que comandam como comandantes, os que obedecem como quem obedece. Naturalmente à margem de todas as ordenações sociais existentes.

15.

Quais se demonstrarão aí como os *mais fortes*? Os mais comedidos, aqueles que não têm *necessidade* de extremos artigos de fé, aqueles que não apenas admitem, como amam, uma boa parte de acaso, absurdo, aqueles que podem pensar a respeito do homem com uma significativa redução de seu valor, sem com isso tornar-se pequeno e fraco: os mais ricos em saúde, aqueles que estão à altura da maioria dos *malheurs* [infortúnios] e por isso não temem tanto esses *malheurs* [infortúnios] — homens que *estão seguros de seu poder* e, com orgulho consciente, representam a *alcançada* força do homem.

16.

Como pensaria tal homem no eterno retorno?

Notas

ASSIM FALOU ZARATUSTRA

1. Cf. Mateus, XVI, 13-15: "Chegando Jesus à região de Cesareia de Filipe, perguntou aos seus discípulos: 'Quem os outros dizem que o Filho do Homem é?' Eles responderam: 'Alguns dizem que é João Batista; outros, Elias; e, ainda outros, Jeremias ou um dos profetas'. 'E vocês', perguntou ele: 'Quem vocês dizem que eu sou?'"

2 Cf. Gênesis, VI, 5: "O Senhor viu que a perversidade do homem tinha aumentado na terra e que toda a inclinação dos pensamentos do seu coração era sempre e somente para o mal." A tradução luterana desse versículo tornou-se proverbial na Alemanha. Nietzsche a retoma quase *ipsis verbis* na expressão *"all mein Dichten und Trachten"*.

3. Cf. as palavras de Mefistófeles, no *Fausto*, versos 1.338-1.340: "Eu sou o espírito que nega! E com razão, pois tudo o que nasce é digno de perecer."

FRAGMENTOS PÓSTUMOS SELECIONADOS

4. Nessa passagem, o sentido mais provável do substantivo *Wesen*: essência, por vezes também ser, deve estar ligado a *Gemeinwesen*: comunidade, ser-comum, sociedade; dessa maneira, a expressão indicaria comunidade, ou sociedade democrática. (*Nota do organizador.*)

5. No primeiro fragmento 5[90], Nietzsche transcreve uma citação em francês, literalmente reproduzida aqui. No segundo, 5[91], misturam-se no texto da anotação tanto a tradução de Taine, feita por Nietzsche, quanto formulações diretamente extraídas por ele do original francês.

Este livro foi composto na tipografia Classical
Garamond, em corpo 11/15 e impresso em
papel off-white no Sistema Cameron da
Divisão Gráfica da Distribuidora Record.